서울대학교 아시아연구소
세계 속의 아시아연구 시리즈 035

모두를 위한 양질의 교육

-아시아편-

유성상, 방용환, 박경희, 김가형

교육과학사

Quality Education for All in Asia

유성상
YOO Sung-Sang

방용환
BANG Yonghwan

박경희
PARK Kyunghee

김가형
KIM Gahyung

아시아의 교육은 어떻게 더 좋게 만들 수 있을까?

이렇게 질문하고 보면 마치 우리는 아시아에 대해 잘 알고 있는 듯하다. 사실 아시아라는 지정학적 지형에 익숙한 상황에서 우리는 "아시아 사람"이라고 불리고, 또 그렇게 부르는 것이 당연하다고 생각한다. 마치 우리는 아시아라는 고유명사를 일반명사처럼 이해하며, 또 그런 명사가 전달하는 일반적인 의미를 말하는 사람이나 이를 듣는 사람 모두 이해하고 있다고 여긴다. 그러나 잠깐만 시간을 두어 생각해보면 "아시아" 혹은 "아시아다움"은 일반명사로 이해하기에는 그 안에 담긴 의미가 너무나 크고, 전달하는 주체들 간의 이해의 폭 역시 매우 넓다. 서구에 알려진 아시아란 대체로 발전된 산업과 도쿄의 활기찬 도시로 대변되는 일본의 이미지라든가, 독특한 음식과 풍성한 문화적 유산으로 대표되는 중국의 이미지, 혹은 금융산업과 해운업에 기대 동양과 서양을 이어주고 있는 홍콩이나 싱가포르 정도의 이국적인 모습이다.

그러나 어디 아시아라는 지리상의 시공간 내에 이런 이미지만 있겠는가? 빈곤, 전쟁, 기후변화, 난민, 종교 공동체 간 분쟁, 독재와 군사적 대치, 환경오염, 빈부격차, 여성혐오, 역사를 둘러싼 논란, 영토분쟁, 민주화 투쟁 등 그 어느 것 하나 방치하고 외면할 수 없는 인간 삶의 오랜 문제들이 고스란히 자리 잡고 있다. 이런 문제들은 어제 오늘의 일이 아니었고, 아마도 앞으로도 쉽게 사라지지 않을 우리 주변의 가장 일상적인 아시아적인 모습일 것이다. 또한 '아시아 사람'은 아시아라는 지리적 위치에 살고 있는 사람을 의미하는 것일까? 아시아라는 일종의 공유할 수 있는 문화적 자산을 함께 영유하고 또 가치롭게 여기는 사람들을 의미하는 것일까? 그것도 아니면 특정한 방식으로 '아시아다움'을 추구해 지리적 환경을 문화적 자산으로 만들어가는 데 참여하는 사람들을 의미하는 것일까?

그래서 아시아의 교육을 어떻게 더 낫게 할 것인지를 묻기 전에 우리는 아시아가 어떤 곳인지 먼저 물어야 한다. 도대체 아시아는 어떤 사회적 실재를 보여주는 상징인가? 도대체 아시아는 어떤 곳일까?

아시아는 지구상의 면적에서 가장 넓은 부분을 차지하는 대륙으로 유럽 및 아프리카와 맞닿아 있다. 지구 전체 면적의 8% 정도, 바다를 제외한 땅의 대략 30% 정도를 차지한다. 인구는 47억 명(2022) 정도로 다른 대륙에 비해 가장 많은 인구가 살아가는 곳이기도 하다. 이는 아시아라는 그 지리적 위치 속에 전 세계에서 가장 인구 규모가 큰 두 국가인 중국(14.3억)과 인도(14억)를 포함하기 때문이다. 아시아라는 워낙 큰 대륙에 대해 한 가지 특징으로 이야기하기 어려운 이유는 아마도 인종, 문화적 다양성 때문일 것이다. 인종적 차이도 크게 고려해야 하지만, 아시아라는 상징 속에는 형용할 수 없는 정도의 큰 문화적 다양성이 존재한다. 아시아라는 지리적 틀 속에서 '아시아'라는 상징에 담긴 문화적 다양성에는 문명의 발상지이자 거대한 제국이 전쟁을 거치며 이어온 역사적 의미가 존재한다. 유대교, 불교, 유교, 힌두교, 조로아스터교 등 대부분의 고등 종교는 아시아라는 문화지리적 조건에서 등장해 발전해 왔다(암스트롱, 2010). 언어 또한 다양하게 분포하고 있는데, 국가의 수에 비견할 수 없을 정도의 소수민족으로 구성된 문화적 공동체가 유지, 존속하면서 자신들의 독자적인 언어체계를 보존하고 있다. 인도네시아에는 700여 개가 넘는 토착 언어가 있고, 인도에는 400개, 필리핀에는 100여 개 정도의 소수민족 언어들이 여전히 통용되고 있다. 안타깝게 지역별로 현대 문화의 발전과 체제의 근대화가 진행되면서 태평양 지역을 포함한 아시아의 언어 및 문화적 다양성은 점차 감소하고 있는 추세다. 예를 들어, 아시아 태평양 지역에서 수년 내에 사라질 언어가 392개, 좀 더 있으면 사라질 위기의 언어는 1167개로 보고되고 있다(UNESCO & UNICEF, 2021). 그럼에도 불구하고 100개 이상의 언어가 사용되는 필리핀, 그 두 배 이상의 언어와 종족이 공존하고 있는 인도네시아는 문화 다양성의 상징처럼 여겨지고 있다.

그래서인지 아시아라는 커다란 덩어리를 하나의 단일한 생활 공동체로 인식하는 것을 넘어 구분해서 이해하려는 시도가 오래전부터 있어 왔다. 아시아는 지리적 위치를 중심으로 대체로 동쪽과 서쪽, 북쪽과 남쪽으로 구분해 각 지역에 속한 국가들의 연합된 방식으로 인식되어왔다. 동남아시아에는 11개국인 브루나이, 캄보디아, 동티모르, 인도네시아, 라오스, 말레이시아, 미얀마, 필리핀, 싱가포르, 태국, 베트남이 포함된다. 유럽에서 EU의 역할과 유사하게 동남아시아 국가 연합(Association of Southeast Asian Nations, ASEAN)은 이 국가들의 공동 목표를 추구해 나가는 국제기구로 발돋움하고 있다. 동북아시아에는 중국을 포함해 한국, 일본, 대만, 북한, 몽골을 포함시켜 이해하고 공통된 사회문화적 특징을 찾으려는 시도 또한 존재한다. 서아시아는 유럽 및 아프리카와 아시아가 조우하는 지역으로 이란, 튀르키예, 이라크, 사우디아라비아, 예멘 등의 주요 국가가 자리한다. 흥미롭게도 이들 국가의 종교는 대체로 이슬람교이면서도 다양한 사회문화적 특징을 보여준다. 더욱이 안타깝게도 문화적 유산을 둘러싼 분쟁과 갈등, 자원을 둘러싼 국제사회의 정치외교 전쟁이 끊이지 않는 곳이기도 하다. 남아시아에는 방글라데시, 부탄, 인도, 몰디브, 네팔, 파키스탄, 스리랑카가 있다. 부탄을 제외하고 영국의 식민지였다는 역사적 특징을 공유하지만 사회문화적 체제가 안정적이지 못해 정치적 긴장과 갈등이 이어지는 곳이기도 하다. 중앙아시아에는 소위 '-스탄(형제의 나라)' 국가들이 차지하고 있다. 아프가니스탄, 카자흐스탄, 키르기스스탄, 타지키스탄, 투르크메니스탄, 우즈베키스탄이 있는데, 이전 소비에트연방의 국가들로 1990년 이래 독립국가로서의 정치체제를 이어가고 있다. 이 외에도 러시아가 있는데, 북유럽과 북부 아시아를 포괄하는 광대한 영토를 가진 국가이다.

이렇게 지리적인 위치를 중심에 두고, 이름을 붙이고 공동체로서의 이미지를 만들어가려고 하지만, 해당 지역 국가들을 하나의 공동체로 묶어 내는 일도 사실은 거의 불가능할 정도다. 한국이 속한 동북아시아만 생각해도 그렇다. 이 지역에는 스스로 세상의 중심을 일컫는 '중화사상'을 내세우는 중국과 전 세계 산업자본주의의 대장급으로 여겨지는 일본이 있다. 또한 이념적 분쟁을 거치며 전 세계 정치, 군사, 경제적 갈등의 장이 되어버린 한반도의 두 국가가 위치하고 있고, 대만 및 홍콩은 중국의 일방적인 통합 정책과 힘에 기반을 둔 외교체제에 오랜 투쟁을 이어오고 있다. 러시아의 지배를 받았던 몽골은 여전히 근대적인 국가로의 발돋움에 안간힘을 쓰는 취약한 개발도상국의 지위를 벗어나고 있지 못하다. 이들 간에 어떤 공통적 정체성과 공동의 사회문화적 공감대를 끌어낼 수 있을까? 비판을 각오하고 아주 단순화시켜 이야기할 내용이 없는 것은 아니지만, 그 단순화된 내러티브는 던져지는 순간 바로 폐기되거나 논쟁의 대상이 될 수밖에 없다.

우리는 아시아라는 구체적인 시공간을 지정하는 것도 쉽지 않을 뿐만 아니라, 아시아라는 말을 두고 함께 이해하고 소통할 수 있는 공통의 내러티브를 찾아 정리하는 것이 매우 어렵다는 것을 안다. 그러니 "아시아는 이러한 것이야", "아시아의 특징은 이렇게 정리할 수 있어" 혹은 "아시아가 다른 지역과 구분되는 것은 말이지..." 식의 내러티브는 내놓기 어렵다. 아시아가 어떤 것이고 또 어떤 특징이 있는지를 한번 만들어 보자고 시작한 이야기는 결국 아시아가 무엇인지 규정하고 아시아의, 혹은 아시아와 관련된 무엇인가를 한 마디로 정리하기 어렵다는 결론에 도달한다.

그렇다 보니 '아시아의 교육'을 화두로 논의하려는 본서는 어떻게든 이 용어를 통해 실현하려는 대화의 화두를 좁히고 좁혀, 서로 이해 가능하고 소통 가능한 수준의 차원이 되도록 해야 했다.

이에 본서에서 다루는 내용의 핵심은 아시아에 위치하고 있는 10개국의 사례를 통해 개발도상국의 교육을 지속가능발전목표(Sustainable Development Goals, SDGs) 실현의 관점에서 분석하는 것이다. 이는 아시아라는 지리적, 문화적, 사회적 특징을 앞세운 상황에서 공통된 무엇인가를 전제하고 이들의 교육이 실천, 수행되는 특징을 찾아 정리하려는 시도와는 거리가 멀다. 특히 본서에서 개념화하는 교육은 한 사회의 실재로서 설명되고 분석되는 내용으로, 이는 교육을 하나의 철학적이고 이념적인 지형으로 온당한 가치를 추구하는 내재적 의미와 실천으로 다루진 않는다. 당장 아시아에 위치한 10개의 국가, 그것도 경제성장 기준에 따라 구분되는 개발도상국 10개 국가의 교육과 발전에 관한 추상적인 가치는 분명 논하기 어려운 분석 대상이다. 물론 SDGs에서 제기하는 구체적인 목표치를 넘어 교육이 추구해야 할 의미를 다루는 마지막 장에서 우리는 교육을 좀 더 가치 중심적이고 사회문화적인 공동체의 정체성을 찾아가는 내재적 실천으로 이해하고 또 이를 실현하기 위한 공동의 교육정책에 대해 논의할 것이다.

이러한 배경에 더해 본서는 다음과 같은 내용을 바탕으로 세 개 부로 구성되어 있다.

우선 1부는 서문에 이어 국제사회의 교육개발협력의제, 그리고 아시아에서의 교육이슈를 포괄적으로 제시하고 있다. 1부는 포용적이고 형평성 있는 양질의 평생교육을 실현한다는 SDGs의 네 번째 과업이 어떻게 규정되고 있는지를 설명하고 교육발전을 위한 전 지구적인 차원의 현황과 성과, 그리고 도전과제를 설명한다. 나아가 아시아에서의 현황과 성과, 그리고 과제로 이어간다. 2030년까지 목표를 달성하겠다고 내세운 SDGs는 성과를 둘러싼 다양한 중간평가의 단계에 들어서 있다. 교육 분야도 UN 및 유네스코 등 국제기구의 성과평가를 위한 자료를 근거로 전 지구적인 차원 및 아시아 지역에서 어떤 성과를 거두었는지 그리고 여전히 남아있는 주요 도전과제를 다룬다.

2부에서는 앞서 소개한 10개 국가의 교육 분야 SDGs 달성 현황과 도전과제를 기술하고 있다. 본서에서는 앞서 제시한 모두를 위한 양질의 교육 프레임을 바탕으로 각 국가의 교육발전 사례를 다룬다. 이를 위해 각 국가의 사례를 국가 및 교육제도에 대한 개괄 및 현황, 교육 분야 SDGs 달성 정도 및 주요 성과, SDGs 목표 달성을 위한 주요 이슈 형태로 구조화해 제시하고 있다. 네팔, 미얀마, 방글라데시, 베트남, 스리랑카, 인도네시아, 캄보디아, 파키스탄, 필리핀, 라오스 10개국의 사례는 각국의 교육에 대한 이해와 함께 포용적이고 형평성 있는 양질의 교육을 달성한다는 SDGs 목표를 어떤 방식으로 달성하고 있는지, 혹은 그렇지 못한지에 대해 비판적 관점으로 제시한다.

3부에서는 각 국가의 사례를 토대로 양질의 교육을 분석하기 위한 분석틀에 기초해 대상이 되었던 아시아 지역 10개국의 사례를 비교하고 있다. 각 국가는 SDGs를 실현하는 다양한 정책적 결정을 통해 교육 발전을 꾀하여 왔다. 가장 크게 나타난 성과로는 여러 학교급의 교육 접근성이 높아졌고, 교육시설 확충, 그리고 학업성취수준을 위한 평가체제에 적극 대처하게 되었다. 뿐만 아니라 젠더 형평성을 위한 지표에서도 상당한 개선이 있다. 그러나 여전히 각 국가는 양질의 교육을 실현하기 위한 도전과제에 직면해 있다. 더욱이 교육발전을 위한 각 국가의 노력과 성과가 다른 상황에서 정치경제 및 사회문화적인 차이가 빚어내는 교육발전의 주요 도전과제 또한 큰 차이를 나타내고 있다. 3부 후반부에서는 이런 각국의 도전과제가 어떤 양상을 띠는지, 이런 문제를 어떻게 바라보고 이해해야 하는지를 보여준다.

통상적으로 교육은 국가 차원의 경제성장을 위한 도구로 인식되어 왔다. 이념적으로, 그리고 실질적으로 교육의 도구적 기능은 쉽게 바뀌지 않고 다양한 맥락에서 주요한 발전모델로 작동하고 있다. 하지만 교육이 발전이란 개념과 관련지어지는 양상은 다양할 수 있다. 간단히 이야기하자면, 교육이 발전과 관련지어지는 개념적 모델을 5가지로 구분해 제시할 수 있다. 첫째, 교육이 발전에 식민화되어 있는 모델, 둘째, 교육이 발전과 일부 관련되어 있는 모델, 셋째, 교육이 발전을 식민화하고 있는 모델, 넷째, 교육이 발전과 동등하게 인식되는 모델, 다섯째, 교육을 발전의 다양한 단계를 이어주고 견인해주는 발전성장의 매개로 인식하는 모델. 현실 세계에서 어떤 특정한 모델이 교육과 발전의 관계를 설명한다고 명료히 하기는 어렵다. 하지만 교육과 발전의 관계를 통해 한 사회의 교육발전이 추구해나가야 할 이상과 방향을 설정하고 또 현실적인 도전과제를 문제로 인식하는 방식이 달라질 것이다. 이러한 이론적 논의는 아시아 지역의 교육발전에 대한 다양한 사례에서 도출된 논의를 이론화하고 향후 양질의 교육을 실현해나갈 수 있는 교육발전의 관점을 제공해 줄 것이다.

다시 강조하는데, 본서에서 다루는 아시아라는 구체적인 시공간에 대한 이야기는 공통의 내러티브에 근거해 논의되진 않는다. 연구대상이 되는 국가의 지리적 위치를 아시아라는 곳에 근거해 추출했다는 것, 이들의 사회문화적 실천이 아시아라는 역사적 흐름 속에 있다는 것, 교육실천에 대한 유사한 이해와 교육적 성취에 대한 기대와 열정의 깊이에서 나름 익숙한 느낌을 공유할 수 있다는 것 정도로 아시아라는 상징과도 같은 단어의 의미를 잠깐 고민하게 될 것이다. 분명한 것은 본서에서 지향하는 아시아의 교육에 대한 발전주의적 논의는 2015년 이후 사회의 지속 가능한 발전 담론 속에서 교육에 대한 기대와 실제 교육이 감당하고 있는 기능, 교육이 국가의 경제성장이라는 구체적 과제를 넘어 사회발전, 인간발전으로 나아가도록 하는 역할을 어떻게 수행할 수 있도록 할 것인지에 관심을 갖는다는 것이다. 적어도 본서가 단지 사례를 통해 아시아 지역의 교육적 성과와 도전적인 문제를 현상 기술로 끝내지 않은 이유다. 따라서 아시아에 위치한 10개의 개발도상국에 대한 교육 현황과 도전과제를 둘러싼 논의에 기대어, 교육의 장구하고 지속 가능한 발전을 위한 이론적 모델이 향후 보다 확장되어 심도 깊게 논의될 수 있기를 기대해 본다.

본서는 서울대학교 아시아연구소의 저서저술지원사업의 일환으로 추진되었다. 국제교육개발협력 및 세계시민교육에 전문성을 가진 연구자 4인의 협력적 합작품이기도 하다. 우리 저자들은 2015년 지속가능발전

목표가 국제사회의 개발협력의제로 확정된 이후 교육이 지속가능한 발전을 실현할 수 있는 주요 동력으로 자리잡을 수 있기를 희망하면서 이 연구에 참여했다. 비록 양질의 교육을 위한 아시아 10개국의 사례와 분석이 주요 내용으로 구성되었지만, 우리는 이 책을 쓰면서 아시아를 넘어서는 지역과 사회, 그리고 다양한 공동체의 교육과 발전에 대한 고민을 발전시킬 수 있기를 기대하고 있다. 향후 이런 논의를 담은 후속 연구서가 등장하리라 희망하면서 말이다. 서로의 전문성과 강점을 살릴 수 있는 저작이기를 의도했지만, 여전히 부족한 점과 한계가 많은 내용임을 인정하지 않을 수 없다. 독자들의 너그러운 양해를 바란다.

무엇보다 본서가 출간될 수 있도록 지원해준 서울대학교 아시아연구소에 감사 인사를 드린다. 앞으로 무성할 숲을 희망하며 부족한 지역연구의 싹을 키워내는 연구소의 헌신과 지원에 다시 한번 고개 숙여 감사 인사드린다. 또한 본 연구의 각 국가별 사례를 위해 자료를 수집하고 정리해준 지역연구자들께 감사 인사드린다. 전민정(네팔), 신민경 박사(미얀마), 라수정 박사(베트남), 박소연(스리랑카), 장가윤 박사(인도네시아), 이은정(캄보디아), 서리라(파키스탄), 양지철(필리핀), 김보영(라오스)의 도움이 없이 본 연구서의 출간은 불가능했다고 생각한다. 마지막으로 기꺼이 본서의 출간을 맡아준 교육과학사 및 편집진에 감사드린다. 어려운 출판 시장 상황을 모르는 것 아니면서도 출간을 부탁하는 연구진의 열정을 마음으로 응원해주신 것으로 생각한다. 국제교육개발협력이 하나의 학문 영역으로 자리잡게 된다면 관련 저서를 홀로 출간해준 교육과학사의 헌신적인 지원 때문이라고 생각한다. 부디 본서가 국제사회의 교육과 발전에 관심있는 연구자뿐만 아니라 이 시대 교육의 역할과 사명에 대해 고민하는 많은 이들에게 귀한 자료로 활용될 수 있기를 기대한다.

2024년 12월

차례

제 1 부

SDGs 시대, 교육과 발전의 아시아적 문제

1. 지속가능발전을 위한 교육 목표
2. 양질의 교육을 위한 노력, 무엇을 성취했는가?
3. 아시아에서의 양질의 교육을 향한 성과와 도전

1. 지속가능발전을 위한 교육 목표

세계교육포럼(World Education Forum, WEF)이 2015년 5월 인천 송도에서 열렸다. 2000여 명이 넘는 전 세계 교육관계자와 전문가들이 모여 이 포럼을 통해 국제사회의 교육문제에 대해 논의하고, 공동으로 실현해 나갈 미래교육비전 2030 의제를 결정하기 위한 회의를 가졌다. 사실 이 회의는 이후 UN에서 논의하게 될 지속가능발전목표(Sustainable Development Goals, SDGs)의 교육 의제를 잠정 결정하는 자리였다. SDGs는 2000년 선포되었던 새천년개발목표(Millenium Development Goals, MDGs)의 성과와 한계를 성찰하고 2030년까지 함께 만들어가야 할 미래사회의 발전 목표로서 발전을 위한 전 지구적 공동의 과제이기도 했다. 빈곤타파를 앞세운 총 8개의 목표가 동일한 목표를 맨 앞에 둔 17개의 목표로 확대되면서 목표의 내용이 다양해지고 구체화되었고, 이들은 인간을 지구 생태계의 활동 주체이자 생태계를 보호하고 지속시켜야 할 책무의 주체로 못 박는 내용이었다. 즉, SDGs에서 인간은 발전하고 성장해야 할, 그래서 지원받고 번영해야 할 주체로 등장했다. 전술한 바와 마찬가지로 SDGs는 총 17개의 영역별 목표와 169개의 하위 과제(targets)로 구성되어 있다. 이를 준비한 사람들과 SDGs가 어떻게 이행되고 있는지를 검토하고 평가하는 사람들도 동일하게 인식하고 있는 바는, SDGs는 상당히 야심찬 기획이라는 점이다. 한마디로 주어진 기간 동안 목표를 달성하기는 정말 어려울지도 아니 불가능할지도 모른다는 말이다.

SDGs의 4번째 목표는 "포용적이고 공평한 양질의 교육 보장과 모두를 위한 평생학습 기회 증진"을 목표로 7개의 세부목표와 3개의 추진 전략을 제시한다. SDGs는 모든 국가를 위한 보편적인 의제로서 기존의

MDGs가 개발도상국의 빈곤과 발전을 위한 도약에 초점이 맞춰진 내용으로 구성된 것과 달리 개발선진국 및 모든 형태의 공동체가 실현해 나가야 할 좋은 삶에 대한 목표라고 할 수 있다. 특히 교육 의제는 모두를 위한 평생학습기회를 광범위하게 보장하고, 형평성과 포용성, 양성평등에 초점을 두며, 효과적인 학습 및 학습의 적절성을 강조한다. 이를 위해 SDGs 4번째 목표는 다음과 같은 세부 과제를 제시하고 있다.

세부목표 4.1. 2030년까지 모든 여아와 남아가 적절하고 효과적인 학습성과를 거둘 수 있도록 공평한 양질의 무상 초등교육과 중등교육의 이수를 보장한다.

세부목표 4.2. 2030년까지 모든 여아와 남아의 양질의 영유아 발달, 보육 및 취학 전 교육에 대한 접근을 보장하여, 이들이 초등교육을 준비할 수 있도록 한다.

세부목표 4.3. 2030년까지 모든 여성과 남성에게 적정비용의 양질의 직업기술교육훈련 및 대학을 포함한 고등교육에 대한 평등한 접근을 보장한다.

세부목표 4.4. 2030년까지 취업, 양질의 일자리, 창업활동에 필요한 전문기술 및 직업기술을 포함하는 적절한 기술을 지닌 청소년과 성인의 수를 실질적으로 늘린다.

세부목표 4.5. 2030년까지 교육에서의 양성불평등을 해소하고, 장애인, 토착민, 취약상황에 처한 아동을 포함한 취약계층이 모든 수준의 교육과 직업훈련에 평등하게 접근할 수 있도록 한다.

세부목표 4.6. 2030년까지 모든 청소년과 상당수 성인 남녀의 문해력과 수리력 성취를 보장한다.

세부목표 4.7. 2030년까지 모든 학습자들이 지속가능발전 및 지속가능

생활방식, 인권, 양성평등, 평화와 비폭력 문화 증진, 세계시민의식, 문화 다양성 및 지속가능발전을 위한 문화의 기여에 대한 교육을 통해, 지속가능발전을 증진하기 위해 필요한 지식 및 기술 습득을 보장한다.

여기에 더해 교육시설의 확충, 국제교육 장학 수혜 확대, 교사의 질 제고 등을 모두를 위한 양질의 교육을 실현하기 위한 추진 전략으로 제시하고 있다.

그렇다면 이런 총 10가지의 교육목표가 달성되었는지 그렇지 않은지, 목표 달성의 방식이 무엇이었는지 어떻게 알 수 있을까? 이를 위해 SDGs에서는 성과를 모니터링하고 평가하기 위한 평가지표를 제시하고 있다. 예를 들어, 교육 분야의 첫 번째 목표인 "2030년까지 모든 남아와 여아가 적절하고 효과적인 학습성과를 거둘 수 있도록 공평한 양질의 무상초등교육과 중등교육의 이수를 보장한다"를 위해 '초등학교 2-3학년', '초등교육이 끝나는 시기(5-6학년 정도)', '전기 중등교육이 끝나는 시기(8-9학년 정도)'에 읽기 및 수학 분야에서 학업성취 수준이 최소 숙달수준에 도달하도록 하되, 이들의 비율 및 성별 비율을 통해 각 국가의 교육목표 달성 진전 상황을 검토하도록 한다. 이 밖에 국가 단위의 학습성취도평가 시행, 학교급별 이수율 및 진학/진급률, 학령기 학교 밖 아동·청소년의 비율 등을 통해 제시된 교육의 목표로서 양질의 초, 중등교육을 이수하도록 하는지 확인하게 된다.[1)]

제시된 모든 목표는 이런 지표체계를 통해 정기적인 모니터링과 평가를 거치며, 국가별 지표 모니터링 및 검토를 위한 위원회를 두고 보고 및 진전 상황을 논의하도록 하고 있다. 이상의 모니터링 및 성과지표는 크게 두 가지로 구분된다. 하나는 글로벌 지표, 다른 하나는 국가별 지표

1) 문답으로 풀어보는 지속가능발전목표 교육 2030, 유네스코(2017), pp. 33-35 참조.

이다. 글로벌 지표는 특정 지역이나 맥락과 상관없이 적용되는 지표 체계로 SDG4에서 가장 중요하게 간주되는 내용이다. 국가별 지표는 각 국가별로 해당 분야의 지표를 맥락에 적절하게 조정하거나 운영할 수 있는 지표다. 따라서 위에서 제시한 SDG4 목표를 위해 모든 성과지표가 모든 지역과 국가에서 동일하게 모니터링되고 구체적인 성과로 인식, 평가되는 것은 아니다. 그럼에도 불구하고 위의 지표에 따라 전 세계의 각 공동체가, 각 개인이 포용적이고 형평성 있는 양질의 평생교육을 어떻게 누리고 있는지 살펴볼 수 있다는 점은 분명하다.

2. 양질의 교육을 위한 노력, 무엇을 성취했는가?

UN의 통계자료에 따르면[2] 국제사회는 2015년을 기점으로 시작된 지속가능발전목표 교육 의제는 상당한 성과를 거두었다고 평가하고 있다. 이를 몇 가지 하위 과제를 중심으로 살펴보고자 한다.

가. 중등학교 졸업률과 교육 접근성이 향상되었다?

우선 중등학교 졸업률이 향상되었다. 지난 십여 년(2010-2019) 동안 전 세계의 중등학교 졸업률은 46%에서 53%로 증가했다. 지역적으로 가장 큰 변화를 보인 곳은 중앙아시아와 남아시아 지역으로 38%에서 50%로 증가했다. 가장 적게 증가한 지역은 사하라 이남 개발도상국들로 지

2) UN 통계국 2021년의 자료에 근거한 것으로 온라인으로 접근 가능한 자료를 기반으로 저자가 재구성함(출처: https://unstats.un.org/sdgs/report/2021/goal-04/)

난 10년 동안 3%가 증가한 29%의 중등학교 졸업률을 보였다. 다른 영역보다 중등학교 졸업률을 SDGs의 주요 지표로 먼저 제시한 이유가 있다. 기초교육에 해당하는 9년(초등학교 6년+중학교 3년) 동안의 교육 기회에 대한 접근성은 지난 MDGs 기간(2000-2015년) 동안 상당한 성과가 있었다. 대부분의 국가에서 기초교육 단계의 학교교육을 무상으로 제공할 뿐만 아니라 양질의 기초교육을 제공하는 것을 국가의 의무로 규정하는 제도가 마련되었기 때문이다(UNSTAT, 2021). 그러나 여전히 해당 학년의 연령에 해당하는 학생인구의 비율을 보면 온전한 기초교육의 제공과 접근성 보장이 실현되었는지에 대해서는 의문이 크고, 남학생과 여학생의 성별 격차에 관한 사회문화적 편견이 보고되고 있는 것은 사실이다. 하지만 적어도 기초교육에 대한 국가와 지역사회의 지지와 학생들의 학교교육 참여는 보편적으로 이뤄지고 있다고 평가할 수 있다. 하지만 중등단계의 학교교육에 대해서는 여전히 보편적 취학과 학습이라는 목표에 이르지 못하고 있는 상황이다. 그런 점에 있어 SDGs에서 중등단계의 교육 접근성을 향상시키기 위한 다양한 정책의제를 제시하고 이를 구체적인 개혁과제로 추진하는 것은 당연한 수순으로 보인다.

그러나 지역 간 중등학교에 대한 접근성, 좀 더 나아가 중등학교를 졸업하는 학생 인구의 비율에는 큰 차이가 있다. 지역 간 졸업률의 격차는 중등학교 정책 이후 직업기술교육훈련 및 고등교육으로의 연계와 질적 향상에 적잖은 영향을 끼친다고 할 수 있다. 특히 지역적으로 사하라 이남 지역의 개발도상국에서 중등학교에 대한 취학률이 낮다. 실제 지난 10여 년 동안의 향상 정도 역시 가장 낮은 수준에 속한다. 이런 현황은 2020-2022년 동안 전 세계적 을 지나면서 오히려 악화된 측면이 있다. 실제 SDGs에 정책적 힘을 모으기 시작한 2015년 이래로 거의 변화를 가져오지 못한 것으로 평가할 수 있다. 이에 반해 아시아 지역으로만 한정해 보면 대부분의 아시아 지역에서는 상당한 중등학교 졸업률의 증가를 확인할 수 있다. 이와 같은 진학률 및 졸업률의 지역 간 차이에 어떤 요인이 작동하고 있는지 살펴보는 것은 흥미로운 연구주제가 될 수 있을 것이다.

이에 더해 교육시스템 속에서 중등교육이 차지하는 위상과 기능의 관점에서 개발도상국의 상황과 맥락을 좀 더 깊게 논의해야 한다. 기초교육이 권리적인 측면에서 제공되는 것이라면 중등교육은 좀 더 실용적인 측면에서 강조되고 있다. 즉, 고등교육 전 단계에서 구체적인 성과를 기대하는 교육의 영역으로 간주되는 경향이 짙다. 대학의 쓰임새는 개인적으로는 직업과 연계하며, 국가는 고등교육의 성과를 국가의 산업 혁신 및 경제성장과 연계하고 있다. 즉, 고등교육에 대한 교육지원은 투자로서 이야기되고, 투자에 대한 소기의 성과가 어떻게 나타나는지 평가한다. 이때, 대학 교육과 연계되는 접점으로 대학의 특성을 좀 더 강조하는지, 혹은 그렇지 않고 기초교육과의 접점을 강조하는지에 따라 한 사회에서 중등교육에 대한 입장을 볼 수 있다. 우리나라의 경우에는 이 두 가지 모두 강조되지만 기초교육에 초점이 강조되는 경향이 더 짙은 것으로 나타난다. 물론 국가는 산업계와의 연계를 한 번도 포기한 적이 없지만 교육에 참여하는 주체들은 기초교육의 연장선에서 중등교육을 보려는 경향이 강하고, 이 두 입장이 부딪히고 있는 실정이다.

아시아 대부분의 국가를 포함한 개발도상국은 이보다 사정이 복잡하다. 그 이유는 대학교육에 대한 정부의 지원이 크지 않은 상황에서 중등교육에 대한 지원 또한 강조되지 못하고 있기 때문이다. 즉, 어느 입장을 취하는가와 상관없이 대부분의 교육재원이 기초교육에 투입되고 있는 상황에서 중등교육에 대해 특정 입장을 취하고 이에 따라 선별적인 방식으로 정책을 이어나가기 쉽지 않다는 점이다. 많은 개발도상국에서 중등교육은 고등교육과 더 많은 접점을 갖는 듯하다. 따라서 중등교육은 대학교육이 개인의 능력과 재정적 부담에 의존하는 것처럼 국가 차원의 지원에 의존하지 않고, 중등교육의 교육과정 또한 대학교육을 준비하는 예비학교로서의 성격과 함께 다른 한편으로 개인의 직업을 준비하는 직업기술교육훈련 정도로 이해되고 있다. 여전히 중등학교 진학률이 낮은 이유는 국가 차원의 재정지원 및 정책적 지원이 미약하다는 것이 가장 중요 이유이다. 그러나 학부모 및 학생들조차 중등단계에서 교육을 각 개인에게 부여된 권리로서 마땅히 제공받아야 한다고 여기지 않는다는 측면 역시 존재한다. 이런 상황에서 서아프리카에 위치한 가나에서는 2017-18학년도에 중등교육(고등학교) 등록금을 전면 폐지하는 정책을 단행했다. 개발도상국에서 흔치 않은 정책으로 원칙적으로는 환영할 만한 일임에 분명하다. 하지만 정부의 재원이 전혀 확보되지 않은 상태에서 학생들의 등록금에 의존하지 않고 중등학교의 혁신적 학습을 지원할 방안을 마련하지 않은 채 된 것이라, 가나의 등록금 폐지를 통한 무상중등학교 교육정책은 인기 없는 정부의 정치적 인기 영합에 따른 정치행위 정도로 비판받고 있다.

나. 취학 전 교육과 교육 준비성이 높아졌다?

다음으로 취학 전 유아교육에서 진전이 있었다. 관련 자료에 따르면 전 세계적으로 취학 전 1년 동안의 유아교육을 받고 있는 유아 인구 비중은 2019년 기준 73%에 이르고 있다. 이는 SDGs 이전인 2010년 기준

65%에서 8% 향상된 수준이다. 지역적으로 살펴보면, 오세아니아에 해당하는 호주와 뉴질랜드에서 자그마치 30% 정도의 취학 전 유아교육 참여 인구 비율이 높아졌다. 이미 높은 수준에 이른 북미, 유럽, 남아메리카의 경우에는 95% 정도의 보편적인 취학 전 유아교육 수준을 보여주고 있다. 이에 반해 중앙아시아는 2019년 기준 58%로, 2019년 46%에 비추어 12% 정도 향상되었고 북아프리카 및 서아시아의 경우에도 동일 기간 44%에서 52%로 8% 정도 향상되었다. 사하라 이남 개발도상국의 경우를 보면 2019년 기준 43%를 보이고 있는데, 이는 2010년 기준 36%에서 7% 진전된 상황이지만 다른 지역에 비해 낮은 수준을 보이고 있다. 개발도상국만을 놓고 볼 때 취학 전 1년 동안의 교육 기회를 갖는 비중은 2022년 기준 43%이다(UNESCO, 2022).[3]

물론 이 수치는 취학 전 유아교육의 접근에 대한 기회 측면만을 언급한 것으로 얼마나 질적으로 우수한 교육 경험을 받고 있는지에 대해서는 별 정보를 제공하고 있지 못하다. 예를 들어, 학급당 학생 수는 어떠한지, 교사들은 전문적인 취학 전 아동을 위한 교수학습 기술을 익힌 것인지, 교수학습이 일어나고 있는 교실 수업에서의 학습 자료들은 어떠한지, 일주일 단위 교육에 참여하는 시간은 어떻게 되는지, 혹 아동에게 간식이나 급식이 제공되고 있는지, 아동 1인당 정부에서 배정하는 교육비는 어느 정도인지, 취학 전 아동의 발달을 평가할 수 있는 표준화된 도구와 평가 기제를 통해 취학에 필요한 지적, 인지적, 정서적 발달이 온전히 준비되고 있는지, 실제 이들을 위한 국가 차원의 정책적 비전과 개혁의 방향은 어떻게 마련되고 있는지 등의 의제는 개발도상국 교육의 질에 대한 논의를 좀 더 심화시킨다.

---

3) https://www.education-progress.org/en/articles/access

SDGs의 다른 목표들을 보면, 아동, 특히 취학 전 아동에 대한 접근은 교육보다 돌봄에 집중하고 있고, 돌봄의 가장 중요한 영역은 영양과 적절한 발달 상황으로 집약되고 있다. 출산 전 산모 및 태아의 영양과 건강, 안전한 출산 환경 및 지원, 태어나 1년 이내에 사망하지 않도록 적절한 영양을 공급하고 안전하게 성장할 수 있는 환경을 제공하는 것은 취학 전 아동에 대한 교육의 접근성을 어떻게 높이고, 교육의 질적 수준을 어떻게 더 낫게 할 것인가의 문제보다 더 시급하고 중요한 일이다. 즉, 교육의 필요가 충분히 인정받기 위해서는 아동의 건강과 안전한 생활 환경이 함께 갖추어져야 하고, 영유아교육에 대한 접근성은 이런 사회문화적 지지의 틀에서 제공되어야 한다. 그러나 영유아의 성장 환경과 발달에 대한 관심이 아동이 속한 가정이나 몇몇 가정으로 묶인 사회적 공동체를 넘어서지 못하는 듯 보인다. 그런 점에서 가정을 넘어선 통치의 주체는, 아동의 건강, 안전한 신체 발육, 사회정서적인 성장을 위한 기초 문해력 습득이 유기적으로 아동의 웰빙을 지지하는 토대가 될 수 있도록 관심을 제고하고 지원할 수 있도록 정책이행을 강화해야 한다.

다. 학습친화적이고 안전한 학교 환경으로 변하고 있다?

다음으로는 교육에 관련된 학습환경 및 시설에 진전이 있었다. 제도로 수행되는 학교교육은 가르치고 배우는 교육의 실제를 둘러싸고 다양한 환경적 요소가 필요하다. 당연히 학교건물이 있어야 하고 여기에 발달단계에 따른 학년을 구분해 교실에 배치하고 이들에게 적절하고 적합한 내용의 지식을 담은 교육과정을 제공해야 한다. 교육과정은 개념적으로 눈에 보이지 않는 문화적 내용을 가리키고 이를 구조화해 만든 체계화된 지식이지만, 이를 학습 가능한 형태로 만든 교과서, 학습지도서, 교수학습 기자재, 학습자료, 학습교구 등을 갖추어야 한다. 뿐만 아니라 학교라는 시공간에서 일종의 사회적 공동체가 함께 살아간다는 점에서 인간생활에 필요한 제반 시설(교사 관사, 화장실, 기숙사, 쓰레기장, 조리실, 휴게실 등)이 갖춰져 있어야 한다. 학교 건물 또한 학교가 위치한 국가와 지역사회에 영향을 받는 것으로 생김새, 유형, 고려해야 할 맥락들이 학교별로 다양하게 존재한다. 그러나 학교시설과 기능이 학생들의 배움에 친화적이도록 기획되어야 하고, 학생의 배움이 보다 즐겁고 진취적이고 창의적인 배움의 결과로 이어질 수 있도록 촉진하는 환경으로 작동해야 한다는 것은 공통의 이야기이다.

이 점에 있어 지난 10여 년(2010-2019) 동안 우리는 상당한 진전을 확인할 수 있었다. 학교에 화장실 및 식수 이용 가능 시설이 설치된 학교의 비중은 전 세계적으로 56%에서 78%로 높아졌으며 전기공급이 이뤄지는 학교 또한 33%에서 73%로 높아졌다. 컴퓨터실을 갖춘 학교의 비중이 2019년 기준 48%, 인터넷이 보급된 학교의 비중 또한 40%에 이르고 있다.[4] 이런 상황은 학교라는 공간이 보다 학습친화적인 공간으로 탈바꿈하는 데 혁신적인 기술을 도입하고 또 이를 지원하기 위한 시설이 많아졌다는 점에서 고무적이다.

그러나 다양한 보고서에 등장하는 통계 자료에서 제대로 보여주고 있지 못한 부분이 있다. 첫째, 국가 간 격차가 크다. 사하라 이남 지역이나 동남아시아 지역의 학교에서는 여전히 화장실 및 식수대가 설치되지 않은 학교가 많다. 더욱이 학생 수가 수백 명에 이르는 곳에 겨우 남학생용 2칸, 여학생용 2칸의 화장실이 설치되어 있어 분명 학교에 화장실이 있다

4) https://unstats.un.org/sdgs/report/2021/goal-04/

고 보고되고 있지만, 사실은 전혀 기능한다고 보기 어려운 수준의 상황이 자리하고 있다.

둘째, 한 국가 내 지역 간 격차 역시 크다. 대부분의 학습친화적인 시설은 도시 중심의 대규모 학교에 집중되어 있고, 상급학교에 우선적으로 지원되고 있다. 따라서 도시에서 멀리 떨어진 시골 지역의 기초단계 학교(초등학교, 중학교)에는 교실 이외의 부가적인 시설이 부족하고 기능하지 않는 경우가 많다.

셋째, 학교에서 더 많은 보호가 필요한 아동 유형(여학생, 장애학생, 원거리 통학생, 가난한 학생 등)에 대한 배려가 많지 않다. 여학생들은 남학생에 비해 사적인 공간이 더 필요하고, 이런 공간을 지키고 보호함으로써 안전한 학습공간을 마련해줘야 한다. 장애학생의 경우 다양한 보조 기구 및 시설이 필요하고 이들의 학습을 지지하는 인식 속에서 학습에 참여할 수 있어야 한다. 원거리 통학생들에게는 통학에 필요한 교통편뿐만 아니라 필요할 경우 기숙사가 마련돼야 한다. 가난한 학생들은 부가적인 학교 찬조금이나 부식비, 각종 교육비용을 지원받아야 한다. 하지만 이런 구체적인 교육활동에 필요한 지원사항은 아예 고려되지 않거나, 있다고 하더라도 형식적인 수준에 그치는 경우가 허다하다.

넷째, 컴퓨터와 인터넷 공급, 전기 시설은 온라인 학습에 필요한 전제 조건이다. 한국이나 일본 혹 구미의 개발선진국 학교의 교실 상황을 보다 보면 이런 시설이 어떻게 설치되었는가가 아니라 이런 기기들을 통해 어떤 콘텐츠를 제공하고 있는지, 학생들은 이를 어떻게 학습하는지가 핵심이라는 것을 알 수 있다. 하지만 많은 개발도상국에서 학습에 필요한 기자재들은 거의 없거나 있더라도 기능하기 어려운 환경 속에서 방치되어 있는 경우가 많다. 더욱이 기기가 작동할 수 있는 환경에서도 기기를 통해 학습하는 내용, 즉 지식으로서의 콘텐츠가 충분히 마련되지 않아 학습에 별 도움이 되지 않는 경우 또한 발생한다.

결론적으로, 학습친화적인 환경이 구축되는 것의 중요성에 대해 누구나 공감하지만, 정작 학교라는 물리적인 공간이 실제 학습친화적인 공간으로 탈바꿈하기 위한 지원과 성과에는 도전적인 문제들이 산재해 있다.

라. 아동의 학습성취도가 향상되었다?

다음으로 학습 성과에 있어서의 성취다. MDGs가 전 세계의 발전 목표로 제시되고 또 이를 실현하기 위한 과제로 추진되었고, 교육 분야는 초등학교 취학률의 보편화에 집중했다. 물론 다른 분야에 대한 포괄적인 관심과 지원이 없었던 것은 아니지만 각 국가에서 제시하는 핵심 지표는 초등교육의 보편화로 모였다. 그러다 2008년 MDGs의 중간 평가 과정에서 학교에 다니는 학생들이 정작 제대로 배우지 못하고 있는 것 아니냐는 비판에 직면하게 되었다(UNESCO, 2008). 학교에 다니는 아이들이 제대로 읽을 줄도, 수를 셈할 줄도 모르고, 학년에 적절한 수준의 교과 지식을 익히고 활용할 줄 아는 능력을 갖추지 못하고 있다는 비판이 이어졌다. 학습성과(learning outcome)라는 개념은 교육 접근성이 강조되던 교육 목표의 수정을 강하게 요구하였고, 결국 2015년 WEF와 SDGs에서 교육 의제는 학교에서 배우는 내용과 그 익힘의 정도인 학습성과를 구체적으로 성취해야 할 교육의 과제로 내세우게 되었다. 따라서 SDGs는 '학생들이 학교에 다니게 되었는가?'라는 질문을 넘어 '학생들이 학교에서 제대로 배우고 있는가?'라는 질문을 던지고 있다.

그렇다면 SDGs 이후 학습성과는 높아졌을까? UNESCO에서 매년 정기적으로 발간하고 있는 모니터링 보고서에 따르면, 전 세계의 아동은 적어도 2015년 이전보다 학습성과 면에서 진전했음을 보여준다. 그러나 여전히 학교 접근성에서 엄청난 진전을 보인 국가에서 배움의 문제는 별 진전이 없는 경우 역시 보여주고 있다. 예를 들어, 나이지리아, 콩고(DR Congo)의 일부 지역 학교에서는 초등학교 3학년 아동 80% 이상이 단어 하나조차 읽지 못한다고 보고되었다. 유럽 및 북미와 오세아니아, 그리고 동/남아시아에선 초등학교를 졸업함에 따라 그에 기대되는 학습성과를 실현하리라 기대되는 학생 비율이 높다. 그러나 전 세계 평균은 대략 53% 정도로 학생 절반 정도만 졸업과 함께 그에 적합한 학습성과를 성취할 것이라고 기대되고 있다(UNESCO, 2022).[5] 그렇다면 나머지 절반은 도대체 어떤 상황인 것일까?

사하라 이남 아프리카 지역의 국가들을 보면 졸업과 함께 배움에 성공한 학생 비중은 겨우 10%로, 이 외에 37%는 중도탈락할 학생, 53%는 졸업은 하지만 학습 성과를 성취하지 못할 것으로 예상되는 학생들이다. 중앙아시아 및 남아시아의 경우에도 그 수치는 상당히 높은데, 졸업과 함께 학습성과가 나타나리라 기대되는 학생 비중은 48%이고 중도탈락 비중은 12%, 졸업과 함께 학습성과를 얻지 못하리라 기대되는 학생 비중은 39%에 이른다. 북아프리카 및 서아시아의 경우에도 이 수치는 비슷한데, 각각 49%, 11%, 40%이다(UNESCO, 2022). 즉, 이상의 세 지역에 속한 개발도상국의 초등학교에서는 중도탈락 및 적절한 수준의 학습성과를 얻지 못하는 학생의 비중이 절반에서 9/10에 달한다고 할 수 있다. 도대체 학교에 다니는 것이 배움으로 이어지지 못한다면 어떤 의미가 있는 것일까?

---

5) https://www.education-progress.org/en/articles/learning

그리고 이런 지표상의 성취와 지역 간 격차는 지난 2020년의 과정에서 적잖은 퇴행적 현상을 가져왔다. 여러 형태로 발간되고 있는 UN의 보고서들에 따르면 으로 인해 학생들의 언어 능력이 크게 낮아졌음을 살펴볼 수 있다. 즉, 코로나 이전 시기 수월하게 언어 능력을 보여주던 아동의 비중은 2020년, 을 거치면서 크게 낮아졌다.[6] 이런 학습성과의 퇴행은 단지 개발도상국만의 문제가 아니라 유럽, 북미, 동아시아를 포함한 일반적으로 학교교육이 안정적이고 높은 수준으로 운영되던 곳에서도 똑같이 나타났다는 점을 강조하지 않을 수 없다.

마. 교사교육 및 전문성 함양

마지막으로 교사교육 및 훈련에 있어서의 진전이다. 교사교육 및 훈련은 교육시스템 속에서 학생의 배움과 학습성과에 연계되는 가장 중요한 요소이다. 적절하고 적합한 훈련과 교육을 통해 준비된 교사를 학교교실에 배치하고 이들이 자율적인 권한을 활용할 수 있도록 교실 수업이 이뤄져야 한다. 그런 점에서 교사가 어떻게 준비되고 있는지, 즉, 예비교사 단계에서 어떠한 교사교육을 받고 있는지, 교사교육의 시간은 적절한지, 양질의 교육과정을 갖춘 교사교육기관에서 전문성을 갖춘 교사훈련가들에게 교사교육을 받고 있는지 물어야 한다. 또한 이들이 교사 임용과정에서 지닌 능력에 대한 평가가 제대로 이뤄지고, 학교에 선발, 배치되는 체계가 전문성에 근거해 이뤄지고 있는지, 질 높은 교사를 채용하고 교수학습 동기를 부여하기 위해 학교 차원의 환경과 여건이 갖춰져 있는지 살펴봐야 한다. 이에 더해, 교사가 된 이후 교수학습법의 혁신, 새로운

6) https://unstats.un.org/sdgs/report/2021/goal-04/

교수학습자료 및 기자재, 활용 가능한 학습도구 및 교구, 동료 교사들과의 전문적 학습공동체에 대해 이해하고 참여하고 활용할 수 있는 능력을 배양시켜야 한다. 이는 현직교사훈련을 통해 진행되는 것으로, 각국은 교원 정책을 통해 교사들의 직무연수 및 교과지식에 관해 다양한 연수를 기획, 추진하고 있다.

그러나 개발도상국의 경우 교사들에게 전문성을 함양하고 배양하기 위한 다양한 연수를 제공하는 것은 고사하고, 교사가 되기 이전 단계의 예비교사교육을 제대로 받았는지, 그 과정이 적절했는지 묻는 것조차 어려운 경우가 많다. UNESCO가 이런 교사교육의 질적 수준을 함양하고자 모든 교사교육기관의 자격을 4년제 대학 학사학위 수준으로 상향조정시켜야 한다는 개혁의제를 내놓기는 했지만, 정작 각 국가의 교사교육 및 예비교사들을 위한 교육적 지원은 이에 한참 못 미치는 경우가 많다. 지난 20여 년 동안 빠른 속도로 교사교육 기한 및 자격 기준이 변화하면서 학교 현장에서는 평균적으로 교사들의 전문성을 논하기 어려운 자격의 다양성이 존재한다. 여기에는 무자격 교사 또한 포함된다. 그렇다고 이들을 위한 현직교사연수가 적절히 제공되느냐 하면, 그렇지도 않은 실정이다. 전 세계 교사들은 대체로 자격 기준을 갖추고 전문성을 기반으로 교수자로서의 역량을 발휘한다고 간주하고 있지만, 사하라 이남 아프리카 국가들에서는 전체 교사의 2/3 정도만이 자격을 갖춘 교사라고 보고하고 있다.[7)]

---

7) https://unstats.un.org/sdgs/report/2021/goal-04/

3. 아시아에서의 양질의 교육을 향한 성과와 도전

UN에서 제시한 SDGs를 기준으로 삼을 때 아시아의 교육이 가야 할 길은 상당히 멀어 보인다. 더욱이 2020년부터 3년이나 지속된 코로나 팬데믹 상황은 절대빈곤층을 확대하고, 산업발전을 위한 토대를 약화시킨 것과 함께 모든 이들에게 공평하고 질 높은 교육의 기회를 제공할 수 있는 사회제도적 지원체제를 약화시켰다. 아시아는 모든 이들에게 양질의 교육을 제공해야 하는 목표를 향한 여정에서 무엇을 성취하였고, 또 어떤 도전과제를 갖고 있을까?

UN 산하기구인 아시아태평양지역경제사회위원회(The Economic and Social Commission for Asia and the Pacific, ESCAP)는 2022년 SDGs의 진전을 검토한 보고서를 발간했다.[8] 이 위원회에 가입되어 있는 회원국은 아시아를 넘어 북미, 유럽 일부, 오세아니아, 태평양 도서국이 포함되어 있다. 그러나 이 보고서를 통해 지금까지 아시아 지역에서 SDGs, 특히 교육 분야의 목표가 어떻게 추진되어 왔는지, 어떤 성과와 도전과제가 있는지를 살펴볼 수 있다.

위 보고서에 따르면 회원국의 SDGs의 여러 다양한 목표를 달성하는 데 큰 진전이 있었던 것은 분명하지만 몇몇 영역의 목표 달성은 오히려 퇴행적이기까지 하다는 점이 강조된다. 안타깝게도 교육은 5번 목표(양성평등), 6번 목표(물과 위생), 8번 목표(적절한 직업기회), 11번 목표(지속 가능한 도시공동체), 14번 목표(해양 생태계)와 더불어 큰 진전이 없고 오히려 퇴행적인 모습까지 보인다(ESCAP, 2022).

8) https://www.unescap.org/sites/default/d8files/knowledge-products/ESCAP-2022-FG_SDG-Progress-Report.pdf

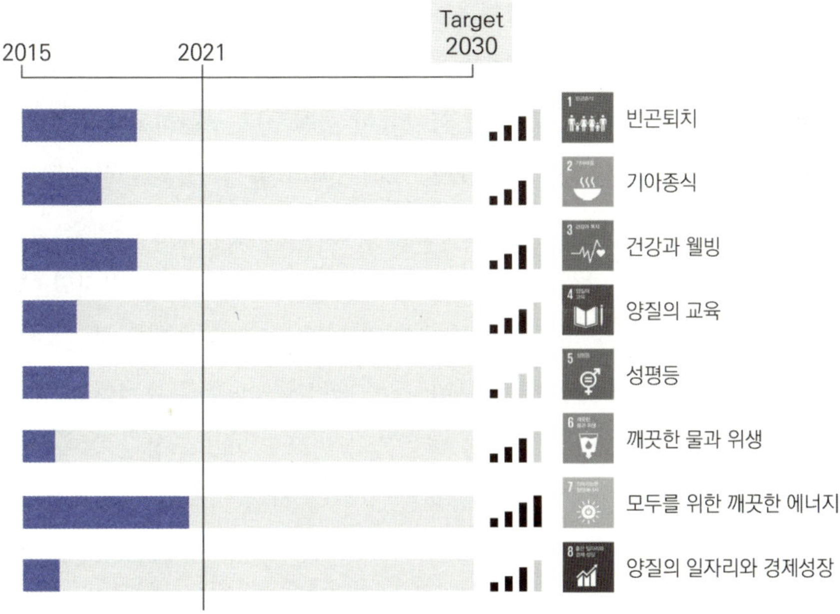

출처: ESCAP(2022), p. 3.

[그림 1-1] 2021년 SDGs 달성 현황(아시아 태평양 지역 한정)

가능한 자료를 바탕으로 살펴본 교육 분야의 세부목표에 관한 진전은 다음과 같이 제시되고 있다.

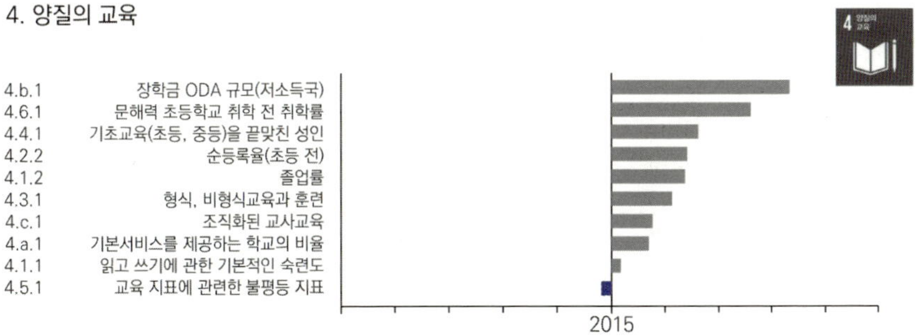

출처: ESCAP(2022), p. 9.

[그림 1-2] SDGs 교육 분야 세부목표

전술한 내용을 상기해본다면 SDG4의 성과를 모니터링하고 측정하기 위해 제시된 지표는 글로벌 지표와 국가별 지표로 구분된다. 여기서 제시된 지표는 글로벌 지표로 여러 국가들이 공통으로 구현하고 있는 교육개발목표라고 할 수 있다. 지금의 이 그래프에서 볼 수 있는 것은 아시아 지역과 함께 다른 지역이 포함되어 있어 아시아 지역에 한정해 어느 정도로 교육 분야 목표 달성이 실현되었는지 판단하기는 조심스럽지만, 한 가지 분명한 것은 지금의 측정값보다 훨씬 낮은 수준의 성과를 보일 것이라는 점이다. 이러한 진전에는 북미, 유럽 선진국들, 호주-뉴질랜드도 포함되어 있기 때문이다. 구체적인 내용을 살펴보면 개발도상국 인재들을 공여국으로 불러들여 교육을 제공하는 장학금 사업은 상당한 진척을 보이고 있는 데 반해 비형식교육에 대한 정책적 지원, 교사교육 및 훈련, 기초적인 수준의 학습성과에서는 거의 진전이 없는 상황이고, 교육형평성 및 교육격차 해소는 오히려 퇴행한 모습을 살펴볼 수 있다.

물론 이런 경향을 일반화하기는 어렵다. 가장 큰 이유는 2020-2022년 동안 코로나 팬데믹을 거치며 다양한 개발목표 진전을 위한 노력에 공백이 생겼기 때문이다. 따라서 퇴행적이기까지 하다는 개발목표의 성과에 대한 혹평에는 코로나라는 전 지구적인 감염병에 대한 서운함과 통제 불가능한 재해에 대한 안타까움이 녹아있다.

이렇듯 아시아 지역 내 교육목표 달성에 있어서 진전이 크지 않았다는 내용은 다른 보고서에서도 살펴볼 수 있다(UNESCO & UNICEF, 2021). 교육2030 의제를 공동으로 추진하고 있는 UNESCO와 UNICEF는 2021년 아시아 태평양 지역 SDG4의 성과를 중간 점검하면서 코로나 팬데믹의 여파를 조심스럽게 추적하는 보고서를 내놓았다. 이에 따르면 교육 분야의 목표 달성에 있어 일정한 진전이 있는 것은 분명하지만 코로나 팬데믹 시기를 거치며 일부 퇴행적인 모습을 보인다는 결론을 도출하였다. 이는 앞선 ESCAP의 2022년 보고서 내용과 거의 다르지 않은 결론이다. 하지만 SDGs 전 영역에 대한 중간 점검이 아니라 교육 분야의 목표에만 집중해 성과와 한계를 논의하고 있다는 점에서 아시아 지역에서의 교육성과를 좀 더 상세하게 살펴볼 수 있다. 이에 따른 성과를 몇 가지 주요 성과 지표를 통해 살펴보고자 한다.

우선 교육 접근성에서의 성과에 대해 생각해보자. 평균적으로 아시아 지역에서 기초교육단계의 초등학교 접근성은 상당히 보편화되어 있다고 할 수 있다. 보고서에 따르면, 2018년 기준 아시아 국가들은 초등학교의 총등록률이 100%를 넘어서고 있으며, 초등학교 졸업률/잔존율 또한 대체로 90% 정도에 다다른다. 그러나 아프가니스탄, 파키스탄, 동티모르, 방글라데시, 미얀마, 라오스를 포함한 일부 국가에서는 여전히 초등학교의 졸업률은 평균보다 상당히 낮은 수준을 보여준다(UNESCO & UNICEF, 2021, p. 46).

초등학교 단계를 넘어서면 상급학교의 졸업률은 더 낮아진다. 앞서 전 세계적인 차원에서 중등학교에 대한 접근성에 진전이 있었다고 해도 여전히 절반에도 미치지 못하는 수준의 진학률 및 졸업률이 일반적인 현상임을 기술했었다. 아시아 지역의 많은 국가에서 중등학교에 대한 접근성은 다른 지역에 비해 낮은 수준에 머물러 있다. 따라서 학교교육에 대한 접근성을 높이고 학생들이 해당 학교교육을 마치기까지 정책적 지원과 더불어 교육의 질적 수준을 높여야 할 필요가 있다.

특히 중등단계의 교육에 진학하지 못하고 적절한 직업기술교육훈련을 받지 못한 채 학교 밖에 머무는 학령기 아동의 숫자에 관심을 기울여야 한다. 보고서에서는 아시아 태평양 지역의 학교 밖 아동·청소년의 숫자가 1,280만 명(2019년 기준)이라고 보고하고 있다. 2015년 이후 4년 동안 자그마치 780만 명이 줄어든 숫자다. 이 수치는 전 세계 학교 밖 아동·청소년 총수로 여겨지는 인구의 절반에 해당하는 것으로, 여전히 잠정적인 수치이다. 이에 더해 학교 밖 아동·청소년 문제가 가장 심각한 지역은 남아시아 지역(인도, 파키스탄, 스리랑카, 네팔, 아프가니스탄)으로 아시아 지역 전체 학교 밖 아동·청소년 인구 중 65%를 차지한다. 실제 숫자는 이보다 높을 것으로 추정되는데, 특히 코로나 팬데믹을 거치면서 학교 밖 아동·청소년의 숫자가 급증했기 때문이다. 따라서 학교 밖 아동·청소년에 대한 정책적 관심과 제도적 지원이 필요한 상황이다(UNESCO & UNICEF, 2021, p. 48).

다음으로 학습성과에 진전이 있었는가의 문제다. SDGs가 발표되고 각 국가별로 구체적인 목표 이행이 시작된 시점에서 교육정책은 학교 진학률과 함께 학습성과 측정을 통한 학업성취도 향상에 맞추어졌다. 이후 개발도상국에서는 언어와 수학의 학습성과를 측정하기 위한 제도적 장치들을 도입하고 학습내용에 대한 성과가 어느 정도 나타나는지에 관심을 기울이고 있다. 그러나 보고서에 따르면 아시아 지역 국가에서 초등학교 저학년 단계의 학생 중 겨우 절반 정도만이 언어와 수학 기초숙달 수준에 도달한 상황이다. 다른 방식으로 이야기하면 학생 중 절반은 기초숙달 수준에 도달하지 못했고, 초등학교를 마치는 시점과 중학교 수준에서의 언어 및 수학 교과 기초숙달 수준 비율은 더 낮다(UNESCO & UNICEF, 2021, p. 50).

이 지점에서 우리는 학습성과를 논의하기 위한 이와 같은 데이터를 어떻게 얻게 되었는가를 짚고 갈 필요가 있다. 우리나라의 경우 학교 안팎으로 학생들이 치러야 하는 평가 종류와 평가방식이 다양하기 때문에 시험을 자신의 학업성취수준을 판단하게 하는 도구라고 인식하게 된다. 하지만 개발도상국, 특히 동남아시아, 남아시아, 중앙아시아의 일부 국가들은 전국적으로 학생들의 학업성취 정도를 평가할 수 있는 국가수준의 학력평가 역량이 부족해 학교급별, 학년별, 교과별 학습성과를 측정하고 이를 학력평가의 기준으로 삼는 데 어려움이 있다. 예를 들어, 아시아 태평양 지역에 속한 50여 개 국가 중 SDG4 지표에서 요구하는 학습성과 측정 시점(초등 2학년, 3학년, 초등학교 졸업 시점, 중학교 졸업)에 학업성취도를 측정하고 평가하고 있는 국가는 겨우 31개 국가 정도다. 이러한 국가 중 일부는 학업성취 수준을 판단하기 위한 평가가 외부의 원조기관 도움을 받거나 혹은 여러 국가가 포함된 지역의 평가 전담 기구를 통해 수행된 경우가 많다. 이렇게 수행된 평가가 문제인가 하면 그렇지는 않다. 하지만 주기적인 평가가 어렵고, 자국의 교육과 맥락에 적합하고 적절한 평가가 이뤄지기 어렵다는 점에서 학습성과에 대한 논의에 한계가 존재한다.

둘째, 교육예산 확보의 문제이다. SDG4에 따르면 각 국가는 교육목표를 달성하기 위해 교육예산 확보에 노력해야 하며 그 수준은 최소 정부예산의 15-20%, GDP 대비 4-6%여야 한다고 제안한다. 그러나 [그림 1-3]에서 볼 수 있듯이, 왼쪽 아래 사분면에 위치한 국가(연한 색)들의 경우에는 이 두 기준을 모두 충족하지 못하고 있다. 방글라데시, 파키스탄, 카자흐스탄, 스리랑카, 미얀마, 캄보디아 등이 그렇다. 오른쪽 위에 위치한 국가(부탄, 키르기스스탄, 우즈베키스탄, 말레이시아)를 제외한 다른 국가들의 경우에는 일부 충족하는 경향을 보이지만, 이러한 교육예산의 절대적인 규모가 어느 정도인가에 따라 정부예산 대비 교육예산의 비중, 혹은 GDP 대비 교육예산의 비중이 갖는 의미를 해석할 수 있을 것이다.

즉, 세금에 기반한 정부예산의 절대 규모가 작다면 이 중 교육예산의 비중이 크다고 하더라도 실제 교육 실제에 투입되는 교육 재원으로 기대되는 목표를 달성하기는 어려울 것이며, GDP 또한 이와 다르지 않다.

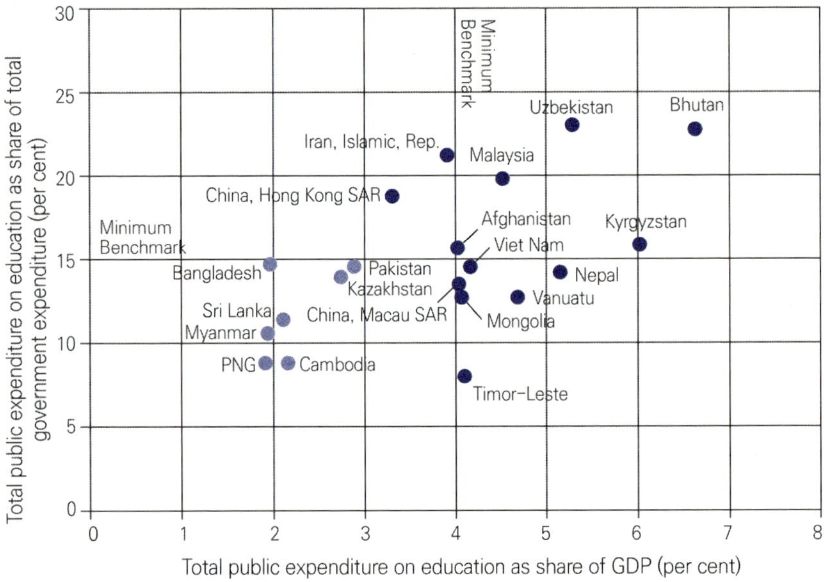

출처: UNESCO & UNICEF(2021), p. 72

[그림 1-3] 국가별 교육예산 투자 비중(2015-2019)

정부예산 중 교육예산의 비중이 중요한 이유는 이것이 낮으면 교육적 성취에 소요되는 재원을 국가가 아닌 민간(학부모, 학생)이 감당해야 하기 때문이다. 우리나라처럼 교육예산이 안정적으로 투입되는 국가의 경우에도 공적 재원 이외에 민간의 투입 재원이 크게 나타나는데, 이는 SDGs에서 이야기하고 있는 상대적인 공적 재원의 규모와는 다른 차원의 문제다. 즉, 우리나라의 교육시스템에서 사부담이 크게 나타나는 이유는 과도한 입시경쟁에 따라 학교교육 이외의 사교육비에 사용하는 비용이 많기 때문이다. 취학 전 교육부터 고등학교 교육에 이르도록 학교교육에 소요되는 재원을 국가가 책임지며, 기타 비교과활동을 위한 사부담은 최소화되어 있는 상황에서, 높은 사교육비 지출은 과도한 교육 경쟁의 결과라고 할 수 있다. 대부분의 개발도상국에서 겪게 되는 교육비의 사부담은 학교교육을 위한 것으로, 부당한 등록금, 학습교구(교과서, 책걸상, 학용품, 교복, 급식비), 심지어 부족한 교원 급여를 충당하기 위한 비용도 있다. UNESCO와 UNICEF(2021, p. 71)에서 보고하고 있는 인도네시아의 사례는 흥미로운데, 인도네시아 정부는 2015년 기준 교육예산으로 GDP 대비 4%를 지출하고 있는데 교육에 지출하는 사부담 교육비는 GDP 대비 3%에 이른다.

이처럼 개발도상국의 공교육에 대한 사부담 비중이 높다는 문제는 국가의 경제상황, 국가 내 지역(도시, 도심 변두리, 시골) 간 교육격차를 심화시킨다. 무엇보다 개발도상국의 시골 지역 학교에 대한 재정지원과 정책적 관심은 늘 우선순위에서 밀리는 현상을 보인다. 여기에 더해 장애학생, 소수문화(언어, 종교 등) 공동체 학생, 이주민(국내외 난민 포함) 등에 대한 교육지원은 더더욱 열악한 상황에 놓여있다.

셋째, 학교가 안전한 학습환경으로 기능하는지에 대한 문제이다. 사하라 이남 아프리카 지역을 다니다 보면 여전히 학교 건물 하나 없이 아이들이 큰 나무 밑둥치에 모여 공부하는 모습을 볼 수 있다. 나무학교(Tree School)라고 불리는 학교 건물 없는 학교의 모습은 이제 사라지고 있지만, 학교 건물이 있다고 하더라도 필요한 서비스가 부재한 학교의 모습은 어느 곳에서나 볼 수 있다. 아시아 지역에서도 상황은 그리 다르지 않다. 위 보고서의 내용에 따르면, 저소득국 및 중저소득국에서 초등학교의 교수학습 기자재 설비나 서비스는 부재하거나 극히 미비한 상태라고 나타난다. 앞에서도 이야기한 바와 마찬가지로 학습친화적인 교육적인 공간이 되기 위해선 교무 공간, 운동장, 식수대(우물, 수도 등) 및 화장실(여학생들의 위생시설 포함해 'WASH(Water, Sanitation and Hygiene)'라고 약칭), 쓰레기장, 기숙사, 교사 관사, 과학 실험실, ICT 학습실, 기타 공간이 마련되어야 한다. 이를 가동시키기 위한 동력으로 전기 및 인터넷이 제공되어야 하고, 장애학생 접근을 위한 보조 장치들이 제공되거나 건물 설계 및 시공이 장애학생 친화적이어야 한다. 그러나 코로나 팬데믹으로 학교에서의 보건위생에 대한 인식이 커지게 된 상황에서 아시아 지역 내 중소득국 이하 국가들의 초등학교에서 보건위생 시설(손 씻을 수 있는 수도 및 설비 등)은 거의 마련되어 있지 않은 상황으로 조사되었다(p. 85).

넷째, 교실수업을 담당하는 교사들의 질이 얼마나 향상되었는가의 문제이다. 교육이 가진 본질적이지만 추상적인 목표를 잠시 미뤄두고 SDGs가 실현하려는 제도적인 측면의 교육으로 초점을 맞춰보면 교실수업에서 그 구체적인 현상을 확인할 수 있다. 즉, 우리는 교실에서 교사와 학생이 만나 지식화된 교육과정을 통해 일어나는 교수학습과정을 교육이라고 개념화하고 있다. 양질의 교육을 위해 교사가 왜 중요하고 어떤 방식으로 중요한가를 논의하는 것은 이전 시기의 중요한 화두였다. 이를 측정하기 위한 지표로는 주로 교사 1인당 학생 수 비율이 얼마나 높고 낮은지를 중심으로 논의되어 왔다.[9]

---

9) 한국의 교사 1인당 학생 수는 학교교육의 질적 수준이 어떤지를 보여주고 판단할 수 있는 중요한 지표였다. 세계은행에서 제공하는 자료에 따르면, 1980년대가 시작하는 시점에 한국의 교사 1인당 학생수는 초등학교 48명, 중학교 46명, 고등학교 33명이었다. 2022년에 들어서면 각급학교의 교사 1인당 학생수는 각각 14명, 12명, 9명으로 낮아졌다. (출처: https://databank.worldbank.org/)

그런데 SDGs 시대에 들어서면서 양질의 교육을 실현하기 위한 교사 관련 논의는 단지 교사의 수가 얼마나 많은가 적은가, 얼마나 더 필요한가의 문제를 넘어섰다. 즉, 교사의 수 자체가 아니라 교사교육을 받은 훈련받은 교사 비율(Percentage of Trained-Teacher Ratio, PTTR), 혹은 교사자격을 갖춘 교사 비율(Percentage of Qualified-Teachers Ratio, PQTR)을 조사하고 교사교육의 질적 수준을 판단하는 지표로 활용하기 시작했다. 일반적으로 아시아 지역의 교사에서 여전히 양적 수준의 교사 수(PTR)만큼 교사의 질적 수준(PTTR)이 낮은 수준을 살펴볼 수 있다. 대체로 이 둘 사이의 간격이 크지 않지만, 여전히 아시아 지역 국가에서 교사로 일을 하지만 적절한 교사교육이나 훈련을 받지 않고 학교에서 가르치는 경우가 있다.

예를 들어, 남아시아의 국가들(아프가니스탄, 파키스탄, 네팔, 인도, 방글라데시, 몰디브)의 훈련받은 교사의 비율(2013-2020년)의 변화를 중심으로 살펴보자. 시간이 지나면서 이 지역의 전체 교사 중 훈련받은 교사의 비중이 높아지리라 기대되는 것과 달리, 2015-2018년 사이는 이런 비중이 이전보다 낮아진 것을 볼 수 있다. 이런 경향은 다른 국가에서도 흔히 보게 되는데, 이는 SDGs가 선포되고 구체적인 목표로 학생의 학교 접근성을 높이고 학교 및 교실 수를 늘리면서 교사 수가 부족한 상황을 임시방편으로 해결하려 한 결과라고 볼 수 있다. 즉, 훈련받지 않은 미자격 교사들을 교사(임시, 계약직, 기타)로 발령하고 교실수업을 진행하게 한 것이다. 혹은 국가 규정상 필요한 수준의 훈련보다 낮은 정도의 교사교육 및 훈련을 이수하게 하고 교실 수업을 담당하게 한 결과라고 할 수 있다. 유사한 지역이라고 하더라도, 상황이 다르게 나타나기도 한다. 2019-2020년을 기준으로 보면, 인도 및 방글라데시의 경우 크게 변화가 없거나 훈련받은 교사의 수준이 높아지는 것과 달리, 파키스탄, 스리랑카의 경우에는 훈련받은 수준의 교사의 비중이 현저하게 낮아지는 경향을 보이고 있다.[10]

10) https://databank.worldbank.org/

제 2 부

교육 발전을 향한 아시아의 교육

2015년 제70차 UN 총회에서 2030년까지 전 세계가 총 17개의 SDGs를 채택하여 이행하기로 약속하였다. 이에 따라 선진국뿐만 아니라 개발도상국을 포함한 모든 국가가 SDGs를 국가발전계획, 국제개발협력 등 국가의 주요 발전계획 및 전략 수립 방향으로 제시하여 실행하고 있다. 아시아 10개국 역시 그 다양함과 공통 속에서 SDG4 달성과 양질의 교육체계를 구축하기 위한 나름의 방향을 세우고 이를 실행하고 있다. 따라서 본 2부에서는 17개의 SDGs 중 네 번째 목표인 교육 분야의 포괄적 목표와 세부 목표가 무엇인지 알아보고 각 국가에서 SDG4 목표를 어느 정도 이행하고 있는지 현황을 분석할 것이다.

이를 위해, 우선 각 국가의 사회적 맥락으로 역사, 지리, 문화, 경제, 정책 등의 조건들과 이러한 배경이 교육시스템에 어떤 영향을 미치고 있는지 살필 것이다. 그리고 이러한 사회맥락에 기반해 교육시스템은 어떻게 구성되어 있는지 그리고 교육 현황에 대해 개괄적으로 살필 것이다. 나아가 그 세부 내용을 면밀히 이해하기 위해선 SDGs를 양질의 교육을 위한 핵심 프레임워크로 하여 SDG4의 세부 목표 달성 현황을 지표와 함께 살펴보고자 한다. 실로 SDG4인 교육 목표는 교육 기회 확대 및 교육의 질 제고, 교육 내용 혁신 등과 같은 다양한 교육 분야의 주요 이슈를 포괄적으로 반영하여 제안한다. SDGs는 SDG4를 통해 지속 가능한 사회를 위한 교육 분야의 포괄적 목표와 함께, 이를 점진적으로 달성하고, 보다 깊이 이해하기 위해 7개의 세부 목표와 3개의 이행 방안을 제시하고 있다. 이를 바탕으로 본서에서 다루는 아시아 10개국에서의 SDG4 이행 시 주요 이슈를 제시하고, 이를 달성하기 위한 도전과제를 제시함으로 각 국에 대한 포괄적인 이해를 돕고자 한다.

제 1 장 필리핀의 교육발전과 주요 이슈

가. 들어가며

필리핀은 7,461개의 섬으로 이루어진 섬나라이며, 아열대 기후와 더불어 환태평양 조산대에 있어 태풍, 홍수, 지진, 화산 폭발과 같은 자연재해가 빈번하게 발생한다. 또한, 문화적으로는 다민족 및 다종교 국가로서 타갈로그족, 수바논족, 카팜팡간족 등 약 13개 민족과 100개 이상의 부족 집단이 있으며, 로마가톨릭, 기독교, 이슬람, 그 외 많은 종교가 존재한다. 대부분의 동남아시아 국가들이 서구 열강의 식민 지배 경험을 가진 반면, 필리핀은 1946년 독립하기까지 약 400년 이상을 여러 나라로부터 장기간 식민 지배를 당해온 쓰라린 역사가 있다. 그 과정을 개괄적으로 살펴보면, 스페인인이 필리핀에 상륙한 1521년부터 1898년까지 약 350년간 스페인의 통치를 받았으며 1898년 이후에는 미국-스페인 전쟁 결과로 파리 조약이 맺어졌고, 그 결과로 필리핀에 대한 지배권이 미국으로 넘어가게 되었다. 1898년부터 1941년까지 이어오던 미국의 통치는 1941년 일본의 무력 침략으로 종료되었고, 이듬해인 1942년부터 1945년까지 3년간 필리핀은 일본의 식민 통치를 받게 되었다.

이러한 지리 문화적 요소와 역사적 요소는 필리핀 교육의 특징을 결정지었다. 우선 지리적 측면에서, 필리핀의 군도 국가적 특징은 작은 섬 지방의 아동 청소년들의 기본교육 접근성을 제한하고, 주요 섬으로 인구 집중화를 유발하여 교육 공급에 어려움을 초래하고 있다(DepEd, 2022). 이러한 문제를 개선하고자 필리핀에서는 대안학습체계(Alternative Learning System)가 발달하였으며 학교 밖에서 형식교육을 보완하는 역할을 담당하고 있다. 문화적 측면에서 다민족 특징은 최근 모어(母語) 교육에 대한 논의를 만들고 있다.[1] 교수학습 언어가 공용 필리핀어(타갈로그어)와 영어로 지정되어있는 만큼, 토착어를 모어로 가지고 있는 아동에 대한 교육의 질 문제가 발생하였고, 이를 해결하기 위해 유치원부터 초등학교 3학년 과정까지 모어 중심의 교과과정 운영을 지시하고 있다.

더욱이 식민지 역사는 필리핀 교육 체계의 두 가지 큰 특징을 만들었다. 첫째, 필리핀은 동양권 문화에 속한 국가임에도 서구적 형태에 가까운 학교교육 체제를 가지고 있다. 필리핀의 형식교육 역사는 스페인 식민지 시대부터 시작하는데 「1863년 교육 법령」을 통해 일반 학교 창설과 3년의 무상 초등교육이 시행되었고(Musa & Ziatdinov, 2012), 미국 식민지 시대에는 「Malolos 헌법」이 제정되면서 무상 의무교육이 처음으로 실시되었다(Magallanes, 2018). 또 다른 특징은 필리핀어와 영어를 교수학습 언어로 사용한다는 점이다. 미국 식민 지배 시기에 영어가 필리핀의 공식 언어로 지정되었고, 1901년에 제정된 교육법은 모든 학교 수준에서 영어를 교수학습 언어로 사용하도록 규정하였다. 또한, 미국 선교

1) 2022년 기준, 필리핀에는 170개 이상의 토착 언어가 존재하며, 약 1,400-1,700만 명의 토착민이 110개의 민족언어집단에 속해있는 것으로 추정하고 있다(DepEd, 2022).

사들이 “마을학교(Barangay School)”를 설립하여 대중교육과 영어를 보급하며(유석춘, 1998, p. 114) 영어가 필리핀 전역으로 전파되었다. 이러한 이유로 식민역사 과정에서의 근대 학교교육, 특히 미국식 교육의 도입이 필리핀의 학교교육 체제가 구축되는 데 결정적인 영향을 주었다고 평가된다(정용교, 2010).

최근 10년간 필리핀의 경제는 빠르게 성장하였다. 2010년부터 2019년까지 평균 6.4%의 GDP 상승률을 기록하였으며(DepEd, 2022), 2018년에는 역대 최저 빈곤율인 16.7%를 기록하였고, 만약 팬데믹 사태가 없었다면 2020년에 중하위 소득 국가에서 중상위 소득 국가로 올라갔을 것으로 예측되었다(NEDA, 2022, p. xiv). 그러나 세계은행(World Bank, 2022a)은 필리핀 상위 1%의 소득자가 국가 전체 소득의 17%를 차지하고 있고, 하위 50%는 단지 14%를 차지하고 있다고 경고하면서, 소득 격차 문제 해결을 필리핀 경제의 핵심 사항으로 지적하고 있다.

이러한 소득 격차 문제는 형평성 측면에서 필리핀 교육이 직면한 많은 문제와 연결되어 있다. 구체적으로 소득분위에 따른 고등교육 접근성(World Bank, 2022a; David, Albert, & Vizmanos, 2018), 남학생의 높은 중도 탈락률(David, Albert, & Vizmanos, 2018), 기본 및 기능문해율의 지역 간 편차(Reyes 외, 2019) 등이 제시된다.

나. 교육시스템 및 현황

필리핀의 교육 거버넌스의 가장 큰 특징은 분권화된 구조를 취하고 있다는 점이다. 1991년에 많은 동남아시아 국가들이 분권화된 교육 거버넌스 구조를 가지거나 만들려는 움직임을 보였고, 필리핀도 이에 동조하여 의회 교육위원회의에서 교육 거버넌스의 삼중화(Trifocalization of Education)를 채택하면서 세 개의 주요 정부 기관들이 각 교육 영역을 전담하는 구조가 만들어졌다. 이에 더해 2013년에는 공화국법 제10410호가 시행되면서 영유아보육교육에 대한 전담 기관으로 영유아보육 및 발달 위원회(Early Childhood Care and Development Council)가 조직되었다. 따라서, 현재 필리핀에서는 ECCD Council, 교육부, 고등교육위원회(Commission on Higher Education, CHED), 기술교육개발청(Technical Education and Skills Development Authority, TESDA)이 각각 영유아보육교육, 유치원 교육 및 기본교육, 고등교육, 기술 및 직업교육 영역을 담당하고 이를 각 기관과 연계하는 방향으로 교육 거버넌스를 구성하고 있다.

교육부는 형식교육 영역에서의 기본교육에 대한 정책, 기획, 프로그램 및 프로젝트를 수립, 실시, 조정하며, 기초교육 분야의 공공 및 민간 기관을 감독하여 초·중등교육에 대한 관리 및 운영을 하고 있다(Magallanes, 2018, p. 28). 또한, 교육부 내에 대안교육국을 설립하여 비형식교육 영역에서 기본교육도 전담하고 있다(DepEd, 2022). 이 밖에도 「공화국법 제10533호」(기본교육강화법)과 「공화국법 제10157호」(유치원법)에 의거하여 유치원 교육이 기본교육 체계에 편입되면서 초등교육 이전 만 5세 아동에 대한 유치원 교육 제공 및 현재 운영되고 있는 공립 및 사립 유치원에 대한 관리 및 감독을 수행하고 있다(Bustos-Orosa, 2022). 또한, TESDA는 1994년에 제정된 「공화국법 제7796호」(기술교육 및 역량 개발법)를 통해 조직되었으며, 중급 수준의 기술 및 직업교육에 대한 관리 및 운영 책무를 가지고 있다(UNESCO-IBE, 2011). 구체적으로 인력 및 기술 계획 수립, 기술에 대한 적정 수준의 표준 및 시험 설정, 인력 관련 정책과 프로그램 조정 및 감독, 공공 및 민간 영역의 직업기술교육훈련 기관에 자원 할당에 대한 정책 방향 및 가이드라인 제공 역할을 수행한다. 마지막으로 CHED는 필리핀 고등교육 체계의 개발과 효율적인 운영을 위한 정책, 계획 및 프로그램을 제시하고 실행하며, 공립 및 사립 고등교육 기관과 중등교육 이후에 제공되는 모든 학위 부여 프로그램을 관리하고 있다(UNESCO-IBE, 2011).

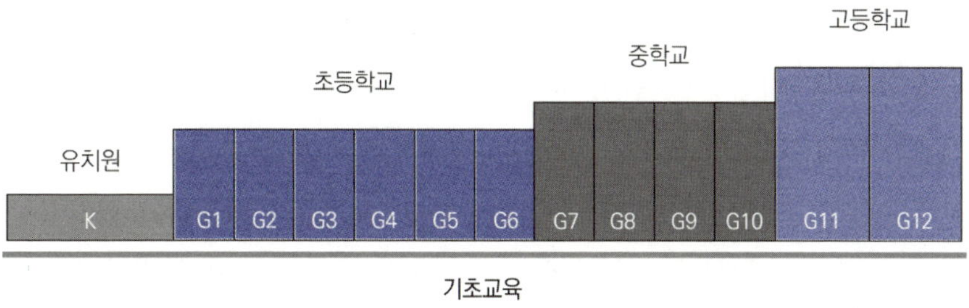

출처: DepEd, 2022, p. 23

[그림 1-1] K-12 교육과정에 따른 학제 개편

필리핀의 교육시스템은 크게 학교교육을 포함한 형식교육 영역과 대안학습체계(Alternative Learning System)로 대표되는 비형식교육 영역으로 구분할 수 있다. 학교교육의 경우, 필리핀은 2012년에 K-12 교육과정을 도입하였으며, 2017년에는 모든 학교에 이를 전면적으로 시행했다. K-12를 시행하기 전에는 초등교육 6년과 중등교육 4년으로 구성된 10년 학제를 50년 이상 고수해왔다. 하지만 2012년에 기본교육강화법과 유치원법이 제정되면서 만 5세 아동에 대한 초등교육 이전 교육과 2년의 상급 중등교육 과정이 추가되어 유치원 교육 1년, 초등교육 6년, 중등교육 4년으로 이루어진 13년의 무상 의무교육체계를 구축하였다.

또한, 학제 개편 이외에도 K-12 교육과정 도입에 따른 세 가지 주요 변경 사항이 존재한다. 첫째, 모어 기반 다언어교육(Mother Tongue Based Multilingual Education, MTB-MLE)을 시행하여 이전에 타갈로그어와 영어로 교수 및 학습이 이루어지던 모든 교과 과정과는 다르게 유치원부터 초등학교 3학년까지 모든 교과과정의 교수학습 언어가 모어로 대체되었다. 또한, 초등학교 4-6학년에서는 점진적으로 교수학습 언어가 영어와 필리핀어로 전환되고 중등교육 과정부터 모든 과목에 대한 교수학습 언어가 영어와 필리핀어로 통일된다. 둘째, 나선형 교육방식이 도입되어 특정 과목의 학습을 학년이 올라갈수록 간단한 개념에서 보다 복잡한 개념으로 접근할 수 있도록 하였다. 예를 들어, 이전의 중등교육 과정은 2학년이 생물, 3학년이 화학, 4학년이 물리로 과목이 구성되어 있었지만, K-12 교육과정에서는 특정 과목의 학습이 특정 학년에서 종결되는 대신에, 각 학년에서 점진적인 학습을 통해 학년이 오를수록 더 복잡한 개념을 학습할 수 있게 되었다. 마지막으로, K-12 교육과정으로 추가된 상급 중등과정(고등학교)에서 학생은 필수 교과과정을 학습하는 것 이외에도 향후 진로에 따라 세 개의 트랙(track) 중 하나를 선택하게 된다. 현재 아카데믹(Academic) 트랙, 기술-직업-생활(Technical-Vocational-Livelihood, TVL) 트랙, 체육 및 예술 트랙이 존재하며, 아카데믹 및 TVL 트랙의 경우 각각 대학 진학과 취업 및 창업으로 연결된다. 특히 학생이 TVL 트랙을 수료한 경우, 2단계 수준의 국가자격증이 수여된다.

비형식교육 영역을 살펴보면, 비형식교육은 학교 밖 아이들과 학교교육을 제대로 받지 못한 성인에게 대안적 기회를 제공하는 교육 체계로 작동하고 있으며, 대안학습체계(ALS)라는 명칭으로 교육부의 대안교육국에서 관리 및 운영하고 있다. 특히, 2020년에는 공화국법 제11510호

(대안학습체계법) 제정을 통해 기존 대안학습체계에 K-12 교육과정을 반영하였으며, 또한 고등교육 및 직업교육과의 연계를 강화하여 학습자가 학점인정체계(Accreditation & Equivalency, A&E)를 통해 초등교육과 중등교육 이수 자격을 획득하면 고등교육 및 직업교육 등 상위 교육단계로 학습을 이어나갈 수 있도록 조치하고 있다(DepEd, 2022).[2] 이외에도 이 법을 통해 모든 시도 단위에 최소한 하나 이상의 지역학습센터(Community Learning Center, CLC)를 운영할 것을 규정하고 있다.[3]

구체적으로 대안학습체계는 형식교육과는 별개의 학습 체계로 기본교육에 대한 보완이 필요한 학습자에게 대안적 기회를 제공하는 것을 목적으로 하고 있다. 이 체계 안에서 문해 및 기본교육 관련 프로그램과 이에 필요한 학습자원이 학습자에게 제공되며, 학습자는 기본 문해 평가, 기능 문해 평가, 포트폴리오 평가, 그리고 일종의 검정고시인 A&E 등 다양한 평가체계를 통해 학습 결과를 인정받는다. 교수학습 활동은 교육부에 고용된 대안학습체계 교사, 교육부 혹은 지방정부와 계약한 지역사회 대안학습체계 시행자, 민간 영역에 고용된 학습 퍼실리에이터가 전달하며 지역에 위치한 CLC에서 이루어진다.[4] 2019년 기준, 약 76만 명의 학습자

2) 대안학습체계 학습자는 A&E 프로그램을 통해 초등학교, 중학교(Junior High School), 고등학교(Senior High School) 과정에 대한 이수 자격을 획득할 수 있다(DepEd, 2022).

3) 교육부(DepEd, 2022)는 CLC를 학교 밖 아동・청소년과 성인을 대상으로 한 학습 프로그램을 운영하거나 지역사회 발전과 지역주민의 양질의 삶을 위한 대면 학습 활동이 이루어지는 물리적 공간으로 규정하고 있다. CLC는 다음과 같은 총 다섯 종류로 분류된다(DepEd 홈페이지): 1) 책상과 간이 칠판으로 구성된 한시적 공간, 2) 기본적인 가구와 학습 장비를 갖춘 반콘크리트 구조물, 3) 기본 가구 및 학습 장비를 갖추고 시멘트 및 기타 콘크리트 재료로 만들어진 마을(Barangay) 단위 학습센터, 4) 기본 가구와 첨단 ICT 학습 장비를 갖춘 2-3층 건물, 5) 대안학습체계 학습자료뿐만 아니라 기타 학습자원을 갖춘 영구적인 건물.

4) https://www.deped.gov.ph/als-programs/

가 대안학습체계 프로그램을 통해 기본교육을 이어나가고 있으며, 이 중 75%는 중등과정 A&E에 등록되어 있다(DepEd, 2022).

다. SDG4 이행 현황과 주요 이슈

필리핀 국가경제개발청(National Economic and Development Authority, NEDA)은 국가 경제 발전과 계획에 책무를 가지는 내각 수준의 기관으로, SDGs 글로벌 지표 체계(SDGs Global Indicator Framework)를 활용함으로써 SDGs 이행과 더불어 필리핀의 중・장기 발전계획을 적절하게 모니터링하면서 시너지 효과를 기대하고 있다(NEDA, 2022). 이러한 배경에서 NEDA 산하기관인 필리핀 통계청(Philippine Statistics Authority, PSA)은 SDGs 지표에 대한 통계를 만들고 보관하는 업무를 담당하고 있으며, 필리핀 개발연구소(Philippine Institute for Development Studies)는 이 통계를 활용하여 자발적 국가검토보고서(Voluntary National Review)의 작성을 지원하는 역할을 하고 있다(Reyes 외, 2019).

현재 SDG4 이행을 모니터링하기 위한 국가 지표 체계는 2015년부터 2017년까지 PSA를 중심으로 진행된 워크숍을 통해 논의되었으며, 2017년에 통계청 위원회 결의안 제9호를 채택하면서 102개의 SDGs 글로벌 지표, 28개의 프록시 지표, 25개의 보조 지표 등 총 155개의 지표를 국가 1티어 지표로 선정하였다(Reyes 외, 2019). 그렇다면 현재 지표 달성 현황은 어떠한가?

첫째, 세부 목표 4.1인 무상 초등교육과 중등교육의 이수 보장과 관련해, 필리핀의 초등학교와 중학교의 이수율, 코호트 생존율, 중도탈락률 모두에서 상당한 수준으로 개선된 상황이다. 2011년부터 2019년까지 초등학교의 이수율과 코호트 생존율은 각각 약 25% 상승하였으며, 중도탈락률의 경우에는 6.4%에서 5.8% 감소해 0.6%의 매우 낮은 수준이다. 같은 기간 중학교의 이수율과 코호트 생존율은 약 10%가량 향상되었고, 중도탈락률의 경우에는 7.8%에서 4.7%로 3.1% 하락하였다. 특히, 이러한 상승 추세가 「기본교육강화법」이 제정된 2013년 이후로 가파르게 나타나, 법 제정과 K-12 학제가 4.1 목표 달성에 긍정적으로 작용했음을 확인할 수 있다.

다만, 새롭게 추가된 고등학교 과정(SHS)의 경우, 모든 지표에서 악화되고 있는 것으로 나타나, 이에 대한 원인 분석과 그에 맞는 개입이 필요한 상황이다. 또한, 팬데믹 기간 동안 모든 단계에서의 이수율과 생존율은 상당한 수준으로 떨어지고, 중도탈락률 역시 증가했다. 초등학교의 경우 모든 지표가 2014년 수준으로 역행한 수준이 되었다. 이를 어떻게 회복할 것인지, 그리고 위기 상황에서 어떻게 탄력적이고 유연하게 교육 기회를 제공할 것인지에 대한 논의가 필요한 상황이다.

둘째, 필리핀은 영유아 교육을 강화하기 위해 2012년 「유치원법」을 제정하였고, 이에 따라 만 5세 아동에 대한 유치원 교육이 무상·의무 기본교육으로 재정비되었다. 다만, 이것이 실제로 실효성을 보이고 있는지는 의문인 것이, 유치원 순 등록률의 급격한 변동 때문이다. 2011년 74.3%였던 유치원 교육 참여 비율은 2014년까지 점진적으로 상승하여 81.9%를 기록하였으나, 이후 가파르게 하락하여 2016년에는 66%를 기록하였다. 2016년에 가파르게 떨어진 원인에 대해 교육부는 당시 유치원이 선택 교육이 아닌 의무교육으로 전환되는 과정에서 만 5세 아동의 가정들이 이를 인지하지 못하면서 발생한 문제라고 해명하였다(Reyes 외, 2019).[5]

다만, 이러한 해명에도 불구하고 유치원 순 등록률은 2017년 83.7%로 다시금 급격히 상승하였다가 2018년 76.5%, 2019년 63.4%로 다시 급격히 감소하는 추세를 보였다. 이와 같은 원인으로 불충분한 공급을 고려할 수 있는데, 실제로 필리핀에서 민간 영역이 차지하는 유치원 등록률은 매우 낮다. UNESCO와 UNICEF(2021, p. 52)는 필리핀 사립 유치원에 등록한 아동은 전체의 11%에 불과하며 이는 주변국들과 비교했을 때 매우 낮은 수치라고 지적한다.

셋째, 직업기술교육훈련과 고등교육에 대한 접근성은 전체적으로 개선되고 있다. UIS 통계에 따르면, 지난 12개월 동안 형식 및 비형식교육 및 훈련에 참여한 청소년 및 성인의 비율은 2012년 13.3%에서 2020년 15.7%로 점진적으로 상승하였다. 직업기술교육훈련 프로그램에 참여한 학습자 수는 2011년 약 157만 명에서 2019년 약 249만 명으로 증가하였다(TESDA, n.d). 대학 등록자 수의 경우, 2011년 약 13만 명에서 2015년 17만 명으로 증가하다가 2년의 고등학교 과정 도입으로 진학이 중단된 2016년과 2017년에는 감소하는 추세를 보였고, 점차 회복 후 2021년에는 약 21.7만 명까지 증가하였다.[6] 특히, 2017년부터 그 상승 폭이 두드러지게 나타나는데 이러한 배경에는 「공화국법 제10931호」(양질의 고등교육에 대한 보편적 접근법)에 따라 일부 고등교육기관 및 직업교육기관에 대한 무상화가 작용한 것으로 보인다.

그러나 교육의 접근성이 개선되고 있는 추세와 다르게 교육 결과 측면

5) 실제로 유치원 의무교육에 관한 구체적인 입학연령 설정은 2016년에 발효된 교육부 행정명령 제47호(DepaEd Order No. 47, s. 2016)에서 처음으로 규정하고 있다. 이 행정명령은 유치원 의무교육 입학 나이를 6월 1일까지 만 5세가 되는 아동으로 설정하였다. 다만 8월 말까지 만 5세가 되는 아동에 대해서는 개학 일정에 따라 유치원에서 입학 여부를 고려할 수 있도록 명시해두었다.

6) https://ieducationphl.ched.gov.ph/overview-of-philippine-education/

에서 두 교육 영역은 상반된 모습을 보여왔다. 직업기술교육훈련 영역에서 학습자의 프로그램 이수, 자격 평가, 자격 획득으로 이어지는 자격획득률은 꾸준히 상승하고 있는 반면에, 고등교육의 경우에는 전공 자격시험 합격률이 2012년 42.6%를 제외하고 모든 연도에서 40%를 밑돌고 있다.

세부 목표 4.4 이행을 모니터링하기 위한 지표로 필리핀은 인터넷에 노출된 인구 비율을 제시하고 있다. 이와 같은 지표를 선정하게 된 배경으로는 ICT와 관련된 지식과 기술 보유가 급변하는 고용시장에서 이점을 가진다는 맥락에서(Albert 외, 2018), 인터넷 접속이 ICT와 관련된 기술을 활용하는 수단이기 때문으로 보인다(Reyes 외, 2019). 2013년까지 인터넷에 노출된 인구 비율은 48.1%로 인구의 절반에도 미치지 못했으며 SNS 등과 같이 사회적 상호작용 목적과 직무 및 학습 목적을 위한 인터넷 사용 비율 또한 비슷했다. 하지만 2019년도 기능문해, 교육, 대중 매체 조사(Functional Literacy, Education and Mass Media Survey, FLEMMS) 결과에 따르면(PSA, 2021), 전체 비율이 75.4%로 급격하게 증가하였으며 사회적 상호작용 목적으로 인터넷을 사용하는 비율도 73.9%로 조사되었다. 그러나 직무 및 학습 목적으로 인터넷을 사용하는 비율은 63.6%로 전체 및 사회적 상호작용 목적에 비해 그 상승 폭이 낮음을 알 수 있다.

다음으로 세부 목표 4.5와 관련해 젠더에 따른 교육 불평등은 필리핀의 교육 영역에서 해결해야 할 중요한 문제이다. 교육단계에 따른 여성 대 남성의 비율은 초등학교 0.9, 중학교 1, 고등학교 1.1, 고등교육 영역 1.2-1.3으로 교육단계가 높아질수록 점차 여성의 비율이 높아진다. 여학생의 비율이 남학생보다 높아지는 시기는 9학년(중학교 3학년)으로(DepEd, 2022), 이를 통해 여학생들의 이수율, 생존율, 중도탈락률이 남학생들보다 높음을 유추할 수 있다. UNESCO와 UNICEF(2021)는 데이터가 수집 가능한 대부분의 나라에서 중등교육 수준의 읽기에 대한 최소한의 숙련도가 여학생에게서 높게 나타나지만, 필리핀의 경우 그 차이가 1.3배로 다른 국가들에 비해 높다고 지적했다. 이외에도 모든 교육단계에서 여학생의 순 등록률이 더 높게 나타나고 있으며, 이는 남학생에 비해 여학생이 적정 나이에 알맞은 교육단계에 진학하고 있음을 보여준다.

이러한 불평등의 원인을 David, Albert, Vizmanos(2018)는 가정의 경제적 상황과 젠더 이슈가 상호작용한 결과로 제시했다. 모든 소득 분위에서 남학생의 중도탈락률이 여학생보다 높게 나타나지만 낮은 소득 분위일수록 그러한 경향이 더욱 분명하기 때문이다. 즉, 가난한 가정일수록 가정의 생계를 위해 어린 나이부터 남자아이가 "비정규 노동자"로서 취업 전선에 뛰어들고 있는 것이다.

비록 필리핀의 국가 지표로 제시되고 있지는 않지만, 세부 목표 4.5와 관련된 이슈로는 성 불평등 문제 이외에도 지역 간 교육 격차 문제가 있다. 특히, 민다나오 무슬림 방사모로 자치구(Bangsamoro Autonomous Region in Muslim Mindanao, BARMM)의 경우, 거의 모든 교육 관련 지표에서 가장 낮은 결과를 보인다. 예를 들어, 메트로 마닐라의 교육단계별 순 등록률은 유치원 57.2%, 초등학교 89.9%, 중학교 89.7%, 고등학교 62.3%인 데 비해, BARMM의 경우에는 각각 53.7%, 71.5%, 36.5%, 10.6%로 나타난다(DepEd, 2022). 또한 2017년 기준, 학교 밖 아동·청소년 비율은 메트로 마닐라가 3%인 데 반해 BARMM은 12.2%로 4배 이상 차이 나는 것을 확인할 수 있다(David, Albert, & Vizmanos, 2018).

종교 역시 이러한 불평등의 주요 원인이다. 교육부는 무슬림 지역의 교육 여건을 개선하고자 2010년 "Arabic Language and Islamic Values Education(ALIVE)" 프로그램을 시행하고 있다. ALIVE는 일종의 교과과정 프로그램으로 무슬림 학생들에게 정규 기본교육 교과과정 이외에 아랍어와 이슬람 가치관 과목을 추가로 제공한다(Sali & Marasigan, 2020). 다만, 교보재 등과 같은 교육 자원의 부족, 높은 전문 마드라사(Madrasah) 교사와 학생 간의 비율, 교사의 자격 등과 같은 문제가 여전하다(Harad & Arriola, 2022).

세부 목표 4.6 문해력 관련 지표로 필리핀의 기본문해력은 2003년도부터 93% 이상을 유지하고 있으며, 기능문해율 역시 2003년 84.1%에서 2019년 91.6%로 꾸준히 증가해왔다. 다만, 문해율에 있어 성별, 지역, 교육 정도에 따른 격차는 여전히 개선이 필요한 문제로 남아있다. 2019에 따르면(PSA, 2021), 기본 및 기능문해율 모두 여성이 남성보다 높았고 기능문해율에서 그 격차가 더 큰 것으로 나타났다. 지역 간 격차 측면에서는 가장 높은 지역(메트로 마닐라)과 가장 낮은 지역(BARMM)의 차이는 기본문해율 16.1%, 기능문해율 24.9%로 나타났다. 더욱이 교육 정도에 따른 기능문해율 차이의 경우 중등교육 이수자(100%)와 기본교육 미이수자(2.7%)의 차이가 97.3%에 달하였다. 다만, 중등교육 이수자와 초등교육 이수자(85.7%) 간의 차이는 14.3%로 그 차이가 상당히 줄어드는 것이 확인되었다. 이를 근거로 필리핀 정부는 아이들이 지속해서 교육에 참여하고 학교에 남게 하기 위한 지원과 보조금 지급을 하고 있다(Reyes 외, 2019).[7)]

이 외에도 문해력 관련 프로그램으로 필리핀은 대안학습체계 내 기본문해교육 프로그램을 통해 학교 밖 아동・청소년과 기본교육 기회를 갖

---

7) 대표적인 보조금 관련 정책으로는 현재 필리핀 사회복지개발부가 시행 중인 Pantawid Pamilyang Pilipino Program(4Ps)가 있다(DepEd, 2022). 이는 일종의 조건부 현금 이체 프로그램으로서 가난한 가정이 자녀를 학교에 등록하고 지속해서 다니게 할 경우 금전적 인센티브를 제공한다.

지 못한 성인이 문해교육을 받을 기회를 제공하고 있다. 또한 최근에는 A&E 평가 체계와 연동하여 초・중등교육 이수 자격 획득 체계를 마련함으로 직업교육과 고등교육 기회를 가질 수 있도록 하고 있다(DepEd, 2022).

그렇다면 각 세부 목표를 달성하기 위한 수행목표 3가지의 달성 현황은 어떠한가? 우선 효과적인 학습 보장에 관한 세부 목표 4.a 지표와 관련해 필리핀 정부는 2009년부터 다양한 교육 시설 개선 프로그램으로 컴퓨터화 프로그램, 직업기술 장비 패키지 프로그램, 학교 기자재 프로그램, 전기시설 개선 프로그램, 인터넷 연결성 프로그램 등을 실시하고 있다(Reyes 외, 2018). 현재까지 필리핀 교육 시설 개선 현황을 살펴보면, 전기 접근성의 경우, 모든 기본교육단계에서 증가했다. 교육용 컴퓨터 시설의 경우, 초・중등학교에서 관련 지표의 수치가 소폭 하락하였지만 고등학교에서는 급격하게 개선되었음을 확인할 수 있다. 이는 2016년 고등학교 과정이 추가되면서 교육 관련 장비 및 교보재 지원을 우선적으로 할당하면서 생긴 결과로 보인다. 교육용 인터넷 접근성의 경우, 초・중・고등학교 모두에서 상당히 증가하였다. 특히, 모든 단계의 학교에서 그 접근성이 가장 낮았던 연도에 비해 두 배 이상 개선되었다.

교육 시설 개선 프로그램 이외에도 위생시설 개선과 관련하여 교육부는 Water, Sanitation & Hygiene in School(WinS) 프로그램을 운영하고 있으며, 이를 통해 학교 내 학습자의 위생 활동 개선과 학교의 위생시설 관리에 대한 가이드라인을 제공하고 있다. 구체적인 위생시설 개선 현황을 살펴보면, 손 씻기 시설에 대한 개선이 초등학교와 중학교에서 눈에 띄게 향상되었다. 다만 초등학교의 위생 관련 시설이 전반적으로 모두 개선된 것에 비해, 중학교는 기초 위생시설, 고등학교는 손 씻기 시설과 기초 식수시설 모두에서 전반적으로 현상 유지를 하고 있는 것으로 나타난다.

이와 함께 교사는 교육의 질을 가늠할 수 있는 주요 지표로서 SDG4의 세부 목표 4.c는 자격을 갖춘 교사 공급의 실질적 확대를 제시하고 있다. 다만, 현재 필리핀은 세부 목표 4.c와 관련된 국가 1티어 지표로 기본교육에서의 교사 관련 지표는 채택하고 있지 않으며, 대신 고등교육과 직업기술교육훈련 영역에서의 교원 및 교육 담당자 수를 관련 지표로 제시하고 있다. 우선 고등교육 관련 지표를 살펴보면, 고등교육기관에서 최소 석사학위 이상을 가진 교원의 비율은 2020년 기준 석사학위 소지자 39.9%, 박사학위 소지자 15.5%로 나타난다. 석사학위 소지자 비율의 경우, 2015년부터 2020년까지 40.3%에서 39.9%로 소폭 하락하였고, 박사학위 소지자 비율의 경우, 12.6%에서 15.5%로 소폭 증가하였다. 즉, 2015년부터 2020년까지 학사학위 혹은 학사 이전 학위 소지자 비율이 50% 이상을 유지하고 있음을 확인할 수 있다.

직업기술교육훈련 영역의 경우, 훈련받은 교육 담당자 수가 2016년에 비해 2017년에 눈에 띄게 증가하였다. PSA 통계자료에 따르면, 2016년 훈련받은 교육 담당자 수는 6,518명에 불과하였으나, 2017년에는 11,159명으로 증가하였고 2019년까지 매년 1만 명 이상의 교육 담당자를 배출하고 있다. 지표가 눈에 띄게 향상된 배경에는 2017년에 설립한 국립직업기술교육훈련 트레이너 아카데미(National TVET Trainer Academy, NTTA)가 있는데, TESDA는 현재 교육 담당자 계발 프로그램 운영과 모니터링을 목적으로 NTTA를 운영하고 있으며 교육 담당자는 프로그램 이수를 통해 Trainer's Methodology(TM) 자격을 부여받는다(UNESCO Jakarta, 2021).

고등교육과 직업교육에서의 교원 및 교육 담당자 공급에 대한 차이는 교육의 질에 영향을 미치는 중요한 요소이다. 직업기술교육훈련 학습자의 자격획득률은 꾸준히 상승하는 반면, 대학생의 전공 자격시험 통과율은 40% 이하를 유지하고 있다. 이러한 사실에 비추어 볼 때, 고등교육의 질을 개선하기 위한 교원 정책이 시급하다.

비록 국가 지표로 선정되어 있지 않지만 기본교육 내 교사 공급에 대한 이행 현황을 살펴보면, 우선 필리핀은 교사자격에 대한 엄격한 기준을 설정해두고 있다. 필리핀 정부는 2005년 「교사법」 제정을 통해 4년의 사범대학 학위과정과 교사 자격시험을 통과해야만 교사 자격을 부여하는 것으로 제도화하였다(Osman, Aziz & Khairuddin, 2022). 이에 대한 결과로 UIS 통계자료에 따르면, 모든 기본교육단계에서 자격[8)]을 갖춘 교사의 비율은 100%를 유지하고 있다.

또한, 교사 공급 측면에서도 점진적으로 개선되고 있다. 초등교육 영역 내 학생-교사 간 비율은 2014년 31.4%에서 2020년 25.2%로 상당히 개선되었고, 중등교육 영역에서도 동 기간 27.0%에서 24.6%로 점진적으로 향상되는 추세이다. 그러나 이러한 학생-교사 간 비율은 주변국들과 비교했을 때 여전히 높은 정도이다. Ghazali, Munjin, Wardhani(2021)에 따르면, 2018년 기준 브루나이, 인도네시아, 말레이시아의 초등교육 학생-교사 간 비율은 각각 9.9%, 16.0%, 11.7%로 필리핀 27.1%에 비해 상당히 낮은 수준을 유지하고 있다. 또한 중등교육에서도 필리핀은 25.0%의 수치를 보이는 반면, 다른 인접국가들은 브루나이 8.5%, 인도네시아 15.7%, 말레이시아 11.4%로 나타나 여전히 상당한 개선이 필요한 이슈로 보인다.

---

8) 자격을 갖춘 교사는 정규 학업 트랙을 밟은 교사를 말하며, 훈련받은 교사는 정규 학업 트랙 이수의 여부와 관계없이 교육학 관련 훈련을 받은 교사를 의미한다 (Ghazali, Munjin, & Wardhani, 2021: 29).

라. SDGs 달성을 위한 도전과제

필리핀 정부는 효과적인 개발정책 수립 및 이행을 위해 국가 중・장기 발전계획을 2030 SDGs 의제와 연계하여 추진하고 있다. 두테르트 필리핀 전 대통령은 2017년도 행정명령 제27호를 통해 지방정부를 포함한 모든 정부기관 및 기구에서 중기 정책인 2017-2022 필리핀 발전계획(Philippine Development Plan 2017-2022)[9)]과 공공 투자 프로그램에 기반하여 사업을 수행할 것을 지시하였는데, 이때 필리핀 발전계획 수립에 기반을 1) 장기발전계획 AmBisyon Natin 2040, 2) 0-10 사회경제 아젠다, 3) SDGs를 위한 2030 아젠다에 두고 있음을 명시하고 있다(NEDA, 2019). 이러한 기조에 맞춰 교육부도 2022년에 2030 기본교육 발전계획(Basic Education Development Plan 2030, BEDP 2030)이라는 필리핀의 첫 장기 교육발전계획을 수립하였고, 그 기반을 1) AmBisyon Natin 2040, 2) Philippine Development Plan 2017-2022, 3) Sulong Edukalidad[10)], 4)

9) Philippine Development Plan 2017-2022 전략적 프레임워크 내에서 교육의 역할은 '인적 자본 발전 가속화'에 강조를 두고 있다. 필리핀 정부는 학습자에게 인적 자본 발전을 위해 평생학습 기회를 보장하는 것을 주요 도전과제로 제시하고 있으며, 이를 위한 전략으로 ① 기본교육에 대해 적절한 준비를 할 수 있도록 영유아 보육 및 발달 프로그램 강화, ② K to 12 정책 전면적 시행, ③ 포용 프로그램 강화, ④ 어린이들이 계속해서 학교에 남을 수 있도록 공적 개입 발전 및 개선, ⑤ 지속적인 교과과정 개혁, ⑥ 교사역량 강화, ⑦ 21세기 역량 통합, ⑧ 교육의 질을 보장하는 메커니즘 강화를 제시하고 있다. 양질의 교육을 통한 인적 자본 개발과 더불어, Philippine Development Plan 2017-2022에서는 교육의 형평성에도 초점을 맞추고 있다. 이는 빈곤, 인종, 장애유무 등 취약계층과 형식교육이 전달되는 영역 밖의 학습자에게 교육 기회를 충분히 제공해야 함을 강조하는 것이다(DepEd, 2022).

10) Sulong Edukalidad는 우리나라 말로 '선진 교육'이라는 의미를 가지며, 양질의 기본교육을 달성하기 위한 국가적 가이드라인으로 볼 수 있다. 이 가이드라인에서는 질적 제고를 위한 교육 개혁 방향성을 1) K-12 교육과정 검토 및 최신화, 2) 학습환경 개선, 3) 교사에 대한 숙련화와 재숙련화, 4) 지원 및 협업을 위한 이해관계자 참여로 제시하고 있다(Briones, 2019).

SDGs 달성을 위한 2030 아젠다를 기반으로 하고 있음을 명시하고 있다(DepEd, 2022).

BEDP 2030은 “모든 필리핀 사람들이 그들의 잠재력을 최대한으로 발휘할 수 있고 화합하는 국가를 건설하는 데 의미 있는 기여를 하는 것”을 목표로, 이를 위한 중간 결과로서 1) 교육 접근성 향상, 2) 교육 형평성 향상, 3) 교육의 질 제고, 4) 탄력회복력과 웰빙을 제시한다. 또한, 각 중간 결과마다 하위 중간 결과를 포함하고 있다. 우선 교육 접근성 향상의 경우, 모든 만 5세의 아동의 입학 및 이수, 각 단계별 모든 학습자의 생존 및 이수, 다음 단계로의 효과적 진학, 마지막으로 모든 학교 밖 아동·청소년의 형식 혹은 비형식 기본교육 기회 참여 및 이수이다. 교육 형평성의 경우에는 모든 학령기 아동 및 청소년 그리고 취약계층의 성인이 포용적인 기본학습 기회에 참여하고 양질의 교육을 받는 것으로 제시되었다.

또한, 교육의 질 향상과 같은 경우 관련해 다음과 같은 단계별 목표를 제시한다.

- 1단계 학습자(유치원-초등교육과정 3학년)의 기본적인 문해 및 수리 역량 확보
- 2단계 학습자(초등교육과정 4-6학교)의 해당 단계에 맞는 문해 및 수리 역량 확보와 학습자의 다양한 생활세계에서 21세기 기술 적용
- 3단계 학습자(중등교육과정 7-10학년)의 해당 단계에 맞는 문해 및 수리 역량 확보 및 학습자의 다양한 생활세계 속에서 21세기 기술 적용
- 4단계 학습자(중등교육과정 11-12학년)의 해당 단계에 필요한 지식 습득 및 학습자가 선택한 상급 중등과정에서의 21세기 기술 발전

• 대안학습체계 내 학습자의 초등 및 중학교 과정 수료 및 자격 획득

마지막으로 탄력회복성 및 웰빙의 경우, 학습자가 모든 교육 수준에서 권리 기반 프레임워크를 준수하는 정부기관으로부터 교육을 받을 권리, 위협과 인적 및 자연재해로부터 안전하게 보호받을 권리, 그리고 삶의 다양한 도전에 대처하고 위험을 관리할 수 있는 기본적인 신체적, 정신적, 정서적 용기를 얻는 것을 강조한다.

다만, 이와 같은 필리핀의 기본교육 발전계획이 성공적으로 이행되기 위해서는 교육의 질 향상에 초점을 맞추는 것이 우선되어야 한다. 2020년 기준으로 필리핀의 학교교육에서 보정된 학습 기간(learning-adjusted years of schooling)은 7.5년으로, 실제 13년의 기본 의무교육 기간에 비해 5.5년이나 부족한 것으로 나타났다. 이러한 상황의 결과로 낮은 학업 성취도는 국제평가 결과에서도 분명하게 드러난다. 필리핀은 2018년 처음으로 PISA에 참여하였고 79개국 중 읽기는 78위, 수리는 79위를 기록하였다(OECD, 2019). 또한 2019년도 TIMSS에서는 69개국 중 읽기와 수리 모두에서 가장 낮은 결과를 받았다. 즉, 교육의 접근성 향상 속도를 교육의 질이 따라가지 못하고 있는 것으로 양질의 기본교육을 위해서는 우선적으로 교육의 질을 향상시키기 위한 방안이 필요하다.

그렇다면 이러한 교육의 질 문제를 타개하기 위해 무엇이 필요한가? 가장 우선되어야 할 부분은 충분한 교사 공급이다. 앞서 언급한 것처럼 필리핀은 교육의 질적 제고를 위해 모든 교육단계에서의 교사의 자격률을 100%로 유지하고 있다. 그럼에도 국제평가체계에서 낮은 결과를 보였다는 것은 높은 교사자격이 교육의 질과 반드시 긍정적인 관계가 있지 않다는 것을 시사한다(Orbeta Jr. & Paqueo, 2022). 오히려 필리핀은 인

접국에 비해 여전히 높은 학생-교사 간 비율을 보이고 있으며, 엄격한 자격 기준으로 자격 시험 통과율이 낮아 충분한 교사를 확보하는 것에 어려움을 겪고 있다(Orbeta Jr. & Paqueo, 2022). 따라서, 교사자격 기준과 평가체계에 대한 재검토 및 교사 훈련 체계 구축을 통해 공식 자격이 없더라도 훈련된 교사를 채용하여 획기적으로 교사의 수를 늘릴 필요가 있다.

교육의 질 향상을 위한 교사 공급 확대 필요성과 함께 교육의 질 제고가 필요한 그 핵심 영역은 직업 및 고등교육 영역으로 보인다. 고등교육에 대한 보편적 접근은 한 사람의 인권으로써 중요할 뿐만 아니라 개인과 국가의 사회·경제적 발달에 핵심적 요소이다(UNESCO-IESALC, 2020). 세계은행 통계에 따르면, 2012년부터 2020년까지 고등교육 등록률은 32%에서 40%로 약 8% 상승하였다. 반면, 동 기간 필리핀의 고등교육 등록률은 31.21%에서 33.37%로 약 2% 상승에 불과하다. 필리핀 정부는 고등교육 및 직업교육에 대한 교육 접근성을 개선하기 위한 다양한 정책을 시행하고 있다. 그중 가장 대표적인 정책은 고등교육과 직업교육 무상화에 대한 정부 지원을 법제화한 「양질의 고등교육에 대한 보편적 접근법」이다.

현재 이 법에 기반한 4개의 프로그램들이 운영되고 있는데(Ortiz 외, 2019), 첫 번째는 무상 고등교육(Free Higher Education, FHE) 프로그램으로 주립대학교 및 CHED가 인정한 지방대학교의 학비와 기타비용을 무상화하는 내용을 담고 있다. 2018년 기준, 이 프로그램을 112개의 주립대학교와 78개의 지방대학교에 적용했으며, 1,132,620명의 대학생들이 혜택을 받았다(NEDA, 2021). 두 번째 프로그램은 무상 기술 및 직업기술 교육훈련(Free Tech-Voc Education and Training, FTVET)으로, TESDA

에 등록된 공공 및 민간기관의 직업기술교육훈련 관련 프로그램의 학비를 전액 지원하는 것뿐만 아니라 훈련 비용을 지원하기 위한 보조금(예: 생활비, 교수학습용 도구비, 국가역량평가 응시 비용 등)도 제공한다. 세 번째는 고등교육 보조금(Tertiary Education Subsidy, TES) 프로그램으로 소득분위가 낮은 가정배경을 가진 학생들이 학업을 지속하기 위한 경제적 지원 내용을 담고 있다. 마지막은 단기 학생 대출 프로그램(Student Loan Program)으로 일 년을 초과하지 않는 단기 경제적 유동성 문제를 가진 학생에게 그 비용을 제공한다.

운영 측면에서 프로그램들을 체계적으로 운용하기 위해 CHED 산하기관인 UniFAST가 통합하여 예산 집행, 관리, 시행하고 있으며, 재정적 측면에서는 연간 일반세출법(Annual General Appropriations Act)에 관련 예산을 포함하도록 규정하고 있다. 2018년에는 전체 프로그램에 400억 페소(약 한화 9,090억 원)의 예산이 배정되었으며, FHE 16억, FTVET 7억, TES 16억, SLP 1억 페소가 각각 할당되었다.[11)]

이 법을 통해 고등교육 접근성과 형평성이 개선된 측면은 분명히 존재한다. 앞서 설명한 바와 같이, 직업교육과 고등교육 등록자 수는 점진적으로 상승해왔다. 특히 전체 등록 비율 중 낮은 소득분위의 가정이 차지하는 비율이 눈에 띄게 증가하였다. Ortiz 외(2019)에 따르면, 전체 고등교육기관의 등록률 중 가장 낮은 소득분위가 차지하는 비율은 2011년부터 2015년까지 8%를 유지하다가 2017년 12%로 상승하였고, 공립고등교육기관으로 한정하면 11%에서 17%로 더 높게 나타났다. 특히 이와 같은 상승이 2017년에 급격하게 나타난 점에서 그 실효성이 입증된 것으로 보인다.

다만, 이와 같은 무상화 프로그램이 장기적 관점에서 성공하기 위해서

11) https://unifast.gov.ph/

는 시스템 및 교육의 질 개선이 동반되어야 한다. 우선 첫째, 취약계층 및 저소득계층에 대한 기본교육 강화와 더불어 입학정원의 일정 부분을 우선 할당할 필요가 있다. Orbeta Jr와 Paqueo(2022)에 따르면 필리핀의 고등교육은 기본적으로 경제적 상위층의 전유물이며 실질적으로 취약계층 교육 수준을 고등교육기관에 입학할 수 있는 수준으로 높이지 않는 이상, 무상화 프로그램을 통한 고등교육 접근성 및 형평성 문제는 해결되지 못할 것으로 보았다. 둘째, 실제 수요에 대응하는 행정 체계를 구축할 필요가 있다. 현재 「양질의 고등교육에 대한 보편적 접근법」에 기반하여 운영되고 있는 프로그램들의 경우, 전체 예산과 세부 예산이 미리 확정되어 할당되는 만큼 실제 수요에 대응하고 각 프로그램의 예산 내에서 유기적으로 사용할 수 있는 행정 체계가 구축되어 있지 못하다(Ortiz 외, 2019). 이러한 경직성은 각 프로그램, 특히 TES와 같이 실제 수요에 민감한 프로그램에서 도움이 필요한 학생들이 배제되는 결과를 낳을 수 있다(Ortiz 외, 2019). 마지막으로, 고등교육기관 교원 자격에 대한 정책이 동반되어야 한다. 위에서 언급하였듯, 전체 교원 중 석사 이상의 학위 소지자의 비율은 50% 미만이며, 이러한 상태가 계속해서 유지되고 있다. 교원의 낮은 수준은 고등교육의 질과 낮은 자격시험 통과율로 이어지고 있다. 따라서, CHED는 일정 수준 이상의 교원 채용에 대한 인센티브를 제공하고 교원의 수준을 고등교육기관 평가체계에 적극적으로 반영한다면 이를 타개할 수 있을 것이라 기대된다.

제 2 장 인도네시아의 교육발전과 주요 이슈

가. 들어가며

인도네시아는 동남아시아와 오세아니아에 걸쳐 있는 섬나라로서, 17,000여 개의 섬으로 이루어져 있다. 그 면적은 세계에서 14번째로 크며 (1,904,569km^2), 인구는 약 2억 7천만으로 세계에서 4번째로 많다. 인도네시아는 다수의 섬으로 이루어진 국가로서 1,300여 종족의 다양한 민족과 650여 개의 언어가 사용되고 있다. 이러한 이유로 '다양성 속의 통합'이 국가의 표어이며, 표준어인 바하사 인도네시아가 국민의 사회통합을 위해 크게 기여하고 있다. 판차실라(Pancasila)를 5대 국가이념으로 삼고 있으며, 이는 1) 유일신에 대한 믿음, 2) 공정하고 고상한 인류애, 3) 인도네시아의 통합, 4) 합의제와 대의제를 통한 민주주의 실현, 5) 인도네시아 국민 전체를 위한 사회정의 구현이다(김재원, 2007).

인도네시아에서 주목할 만한 제도 중 하나는 지방자치제도인데, 1998년 수하르토 실각 이후, 민주화 바람과 함께 확산되었다. 하지만 수많은 섬과 다양한 민족으로 구성된 인도네시아에 지방자치제도가 필요하고 적합해 보였지만, 정부의 미흡한 권한 이양과 지방정부의 준비 부족 등의 이유로 이를 실제로 이행하는 데 많은 제약이 존재했다. 인도네시아는 전체 인구의 약 87%가 무슬림이지만, 비교적 개방된 이슬람 사회로 여성의 사회참여와 진출이 활발한 편이다. 또한, 이슬람 외에 개신교, 천주교, 힌두교, 불교, 유교와 같이 다양한 종교를 인정한다(김재원, 2007; 외교부, 2022).

인도네시아는 식민통치 이전에 왕국 시대를 거쳐왔으며, 7세기경 타 국가와의 교류를 시작하며 다양한 문화를 받아들이기 시작하였다. 교역이 시작된 이후로 다양한 문물, 문화, 종교 등이 유입되어 초기 왕국 시대에는 불교를 국교로 채택하기도 했다. 그 후, 15세기에 이슬람교가 본격적으로 전파되어 여러 이슬람 왕국이 세워졌다. 1602년 네덜란드가 동인도회사를 설립하면서부터 네덜란드의 식민지 경영이 시작되었고, 1942년에는 일본이 인도네시아의 풍부한 자원을 수탈하기 위해 침략하여 3년 6개월 동안 가혹한 통치를 가했다. 이후, 1945년 8월 17일 인도네시아는 일본으로부터 독립하여 건국 헌법을 채택하고 인도네시아 공화국을 공표하였으며, 네덜란드와의 4년간의 독립전쟁을 통해 중앙집권적인 국가체제를 구축하였다. 1959년 대통령으로 취임한 수카르노는 민족주의(Nasionalisme), 종교(Agama), 공산주의(Komunisme) 및 인도네시아 국군을 포함한 4개 정치세력의 균형을 기반으로 NASAKOM 체제를 구축하고 서구식 의회민주주의 제도에 근거한 헌법을 폐기하였다. 그러나 1965년 9월 30일 인도네시아 공산당 진영이 쿠데타를 일으켜 수카르노는 실권을 상실했고, 당시 쿠데타 진압을 이끈 수하르토에게 실권을 이양하면서 32년간의 수하르토 독재정권이 시작되었다. 수하르토는 경제개발을 최우선시하는 정책을 추진하여 서방 국가와의 관계를 회복하고 해외 자본을 적극적으로 유치했다. 그럼에도 1997년에 발생한 아시아 통화 위기로 인도네시아는 국가 경제가 붕괴될 위험에 처했고, 1998년에는 경제 재건과 부패 척결을 요구하는 시위와 대규모 폭동이 일어나 수하르토 대통령은 1998년 하비비 부통령에게 대통령직을 이양하며 장기 독재정치를 끝냈다. 수하르토의 독재정권 이후로 인도네시아는 민주화와 함께 지방분권이 확산되어 민주화 시대를 이어오고 있으며 2004년부터 현재까지 대통령 직선제를 도입하고 있다(외교부, 2022).

인도네시아는 1990년대 후반에 있었던 아시아 경제위기를 극복하면서 눈에 띄는 경제성장을 이뤄오고 있으며, 구매력 평가지수를 기준으로 세계에서 10번째로 높은 경제력을 지닌 국가로 평가된다. 인도네시아는 20년 경제계획(2005-2025)을 수립하여 매 5년마다 다른 중점 발전 목표를 설정했으며, 현재는 마지막 계획인 글로벌 시장에서의 인적 자본 및 경쟁력 향상을 통한 경제 강화를 목표로 두고 있다(World Bank, 2022b). 인도네시아의 경제성장은 지난 20여 년 동안 지속되었으나, 코로나 시기를 겪으면서 전 세계 다른 국가들과 마찬가지로 급격한 성장하락(-2.0%)을 경험했고, 2021년부터는 다시 회복되고 있다. 인도네시아의 GDP 하락에 따라 실업률도 크게 상승했다. 인도네시아에서 경제적으로 안정적인 상태에 있는 국민은 전체 인구의 1/3에 불과하며, 도심 지역 인구의 30%는 슬럼에 거주하고 있고 비도심 지역에는 빈곤이 만연하다. 2010년 기준 약 13%대였던 빈곤율은 2019년 기준 9%대까지 하락하였으나, 팬데믹의 영향으로 약 10%까지 상승했다(OECD, 2021).

나. 교육시스템 및 현황

인도네시아의 교육은 초등부터 고등교육까지 6-3-3-4년제의 학제를 실시하고 있으며(외교부, 2022), 국공립, 사립, 그리고 종교 기반 학교로 구성되어있다. 일반 교육기관은 정부 기관 중 교육문화부가, 종교 교육기관은 종교부가 관할한다. 인도네시아는 2025년까지 세계적 수준의 교육을 달성하기 위해 보다 접근성이 좋은 교육체제를 구축하고자 2015년부터 초등교육 및 전기/후기 중등교육에 해당하는 12년 과정을 의무화하는 12년 의무교육제(Wajib Belajar 12 Tahun)를 시행했다. 인도네시아 초등학교의 90%가 국공립인 것에 반해, 고등학교의 50% 이상과 대학교의 약 90%가 사립으로 운영되고 있다. 인도네시아에는 약 5천만 명의 학생과 3백만 명의 교사가 있는 3십만 개의 학교가 있으며, 국공립 학교는 대체로 무상교육을 제공하고 있다. 2021년에 인도네시아는 6학년, 9학년, 12학년의 국가시험을 폐지하고, 2022년부터 학생들의 학습환경과 성격 발달에 초점을 둔 새로운 평가방식을 도입했다(Statista Research Department, 2022).

〈표 2-1〉 인도네시아 교육제도

국제교육표준분류(ISCED Level)	교육수준	나이	교육기간
영유아교육(ISCED 0)	유치원	3-6세	1-2년
초등교육(ISCED 1)	초등학교	7-12세	6년
전기 중등교육(ISCED 2)	중학교	13-15세	3년
후기 중등교육(ISCED 3)	고등학교	16-18세	3년
중등 후 비고등교육(ISCED 4)	-	-	-
고등교육(ISCED 5-8)	학사/석사/박사	19세 이상	

출처: Accelerating SDGs-4 Achievement through Education Sector Policies and Planning in the Southeast Asian Countries(UNESCO, 2021b).

인도네시아의 영유아(3-6세) 교육은 형식 교육, 비형식교육, 무형식 교육으로 구분할 수 있다. 형식 교육은 유치원 형태로 제공되며, 무형식 교육은 놀이반, 보육시설/어린이집과 같은 형태로 제공된다. 초등교육은 일반 학교인 Sekolah Dasar(SD)와 종교 기반 이슬람 초등학교인 Madrasah Ibtidaiyah(MI)로 구분된다. 교육과정은 종교교육, 국가철학과 시민, 인도네시아어, 수학, 과학, 사회과학, 미술, 체육과 같은 기본과목들로 구성되어있다. 중등교육은 일반 중학교인 Sekolah Menengah Pertama(SMP)와 이슬람 학교인 Madrasah Tsanawiyah(MTs) 외의 중등교육으로 이루어져 있으며, 국가 교육과정에는 초등교육 과목에 더해 생물, 화학, 물리, 세계사, 영어와 같은 과목이 추가된다. 고등학교는 학생의 학업 수준에 따라 인문 고등학교와 실업학교(Sekolah Menengah Kejuruan, SMK)를 선택할 수 있으며, 두 종류의 고등학교에 모두 일반 학교와 종교 기반 학교가 있다(UNESCO, 2021b). 인도네시아의 고등교육은 일반적으로 19세 이상의 성인들이 받는 교육으로, 전문대학 과정과 일반대학 과정으로 구분된다. 전문대학 과정은 학점제와 졸업시험 제도를 갖춘 1년, 2년, 3년 과정이 별도로 운영된다. 일반대학 과정에서는 학사과정(S1)은 8-10학기로 운영되며, 논문 및 졸업시험을 통해 졸업하게 된다. 그 밖에 4학기 석사과정(S2) 및 박사과정(S3)이 고등교육에 포함된다(외교부, 2022; UNESCO, 2021b).

인도네시아 정부는 지난 2010년 이래로 2016년까지 교육 분야 예산활용 비율을 16-22%로 유지했다. 그러나 2017년도에 급격하게 해당 예산비율이 하락하여 2010년도 수준과 비슷하게 떨어졌으며, 그때부터 다시 지출비용을 조금씩 늘려나가고 있다. 지난 10년간의 자료를 볼 때 GDP 대비 교육에 지출하는 비율이 비교적 꾸준히 상승하고 있는 것으로 보이며, 15-20% 수준을 유지하고 있는 것으로 보인다.

2005-2025 국가 장기 발전계획(RPIPN 2005-2025)에서 교육은 국가 발전에 있어서 인적자원개발의 질 향상을 위한 경쟁력을 만든다. 그러므로 교육은 다음과 같은 목표를 위해 추진되어야 한다. 교육의 발전은 1) 도덕적 인성을 갖춘, 2) 전 세계적인 경쟁력을 갖춘, 3) 다양성 및 인권을 존중하는 인적자원의 질을 향상하는 것을 목표로 한다. 이에 따라 국가 중기 발전계획(RPJMN 2020-2024)에서 다음과 같이 세부 목표도 설정하여 추진 중이다.

- 학습 및 교사의 질 향상을 통한 동등한 양질의 교육 분배
- 모든 수준의 교육 서비스에의 동등한 접근성 향상과 12년 의무교육 시행 가속화
- 교육의 질 보증 및 강화
- 교육 발전에 대한 효과적인 관리

이러한 발전계획에서 보이듯 인도네시아는 교육의 질 향상을 위한 지속적인 노력을 해왔다. 특히 1998년 교육과정 개혁 이후, 인도네시아 정부는 교육과정 발전에 있어 교육의 질을 향상하기 위해 상당한 변화를 보여왔다. 2004년 시행된 역량기반 교육과정(Kurikulum Berbasis Kompetensi, KBK) 이후부터 인도네시아 교육 패러다임에는 많은 변화가 있었는데, 그것은 내용 중심적이었던 교육에서 역량 중심적인 교육으로의 변화였다. 이러한 변화는 학생들이 내용을 이해하는 것뿐만 아니라, 그들이 지닌 지식과 태도를 통해 스스로 역량을 적용하고 입증하는 능력을 강조한다. 또한 역량 중심의 교육을 위해 교수학습 방법도 바뀌었다. KBK는

일방적인 전달 방식을 고수하던 교수학습 방법에서 학생의 학습을 촉진하는 방식의 교수학습 방법으로 변화하여 이를 강조하였고, 더불어 각 지역의 특색 및 학교 여건을 고려한 교육목표의 중요성을 강조하였다.

하지만 이는 2006년에 다시 학교기반 교육과정(Kurikulum Tingkat Satuan Pendidikan, KTSP)으로 바뀌었는데, 이전 교육과정이었던 KBK가 국경 부근에 있거나, 멀리 떨어진 곳, 또는 해안가 쪽에 있는 다양한 학교에서까지 동등하게 시행되지 않고 있었기 때문이었다. 그 후, KTSP는 학생들의 필요를 충족하지 못한다고 판단되어 2013년도에 다시 한번 개정된다. 이전 교육과정은 분권화를 강조하여 학교기반 교육과정을 시행했으나, 정부는 이러한 분권화 정책이 실패했다고 판단하여 국가가 교육과정 및 학습자료 등을 관리하도록 했다. 2013년도 개정된 교육과정은 인성교육과 인지교육의 균형을 맞추는 것을 목표로 하고 있다. 그에 따라 교수학습 방법도 교사중심에서 학생중심 교수학습 방법으로 패러다임이 바뀌었고 더욱 상호 교환적이면서도 그룹 활동에 중점을 둔 교육 활동들이 기대됐다. 2021년 인도네시아 교육문화부는 "므르데까 블라자르(Merdeka Belajar)"를 개발했고, 학습자 중심의 학습, 프로젝트 기반 학습, 협력 학습 등을 강조하고 있다. 이제 학생들은 반드시 교실과 교사를 통해서만 지식에 접근할 수 있는 것이 아니라, 온라인 및 미디어를 통해 교실 바깥에서도 지식을 얻을 수 있게 된 것이다.

이러한 교육과정의 변화와 함께 질 높은 초등, 중등, 고등교육의 평등한 접근 향상을 위해 다년간 노력한 결과 큰 성과를 이뤘지만, 여전히 남아있는 문제 및 새로운 도전과제들 역시 마주하게 되었다. 인도네시아 초등교육 접근성은 성평등만큼이나 보편성을 이룬 것으로 나타났다. 그러나 교육성과 및 성취도 결과에 있어서 다수의 인도네시아 학생에게 상당한 수준의 읽기와 수학능력 향상이 필요한 것으로 나타났다. 인도네시아의 빈곤 문제는 모든 교육 수준에 가장 큰 장애물이었으며, 학업성취 불균형의 원인으로 부유한 가정 학생들 위주의 사회경제적 배경이 가장 지배적인 요인이다. 인도네시아의 빈곤 문제와 빈부격차 문제는 오랜 시간 화두가 되고 있으며, 빈곤이 가장 두드러지는 곳은 비도시 지역이고 도시와 비도시 지역 간의 격차도 만연하다. 또한, 특정 지역 역량 수준 지표에 따르면 파푸아, 술라웨시바라트, 술라웨시틍아, 말루쿠우타라 지역은 빈번하게 하위 다섯 지역으로 나타난다(UNESCO, 2021b; Indonesia Ministry of Education and Culture and the United Nations Children's Fund, 2017).

더욱이 코로나 팬데믹은 새로운 어려움과 도전과제들을 제시했다. 팬데믹 동안 이전의 교육과정은 느슨하게 시행되었고 대안적 교육과정이 급하게 만들어져 운영됐다. 인도네시아 정부는 긴급 교육과정을 시행했고, 대체로 국가 교육과정을 단순화했으며 대안적인 플랫폼을 통해 교육을 지속시켰다. 교사와 학생들은 모두 다음 교육단계로 진학하기 위한 기본적인 역량을 갖추는 것에 초점을 맞췄다. 교육부는 영·유아 교육이 가정에서 잘 이루어질 수 있도록 학습모듈을 제공했는데 이 모듈은 아이들이 놀면서 학습을 할 수 있도록 설계된 것이었다. 초등 및 중등교육 수준의 학생과 교사들은 사진, 비디오, 애니메이션, 평가, 게임 등의 학습 활동이 가능한 루마 블라자르(Rumah Belajar) 포털을 무료로 제공받았다. 하지만 학생들은 온라인 학습을 시행하는 데 필요한 노트북과 태블릿이 준비되어 있지 않거나 인터넷 연결이 원활하지 않은 등 실질적인 어려움에 직면하게 되었다.

다. SDG4 이행 현황과 주요 이슈

초등 및 중등교육의 경우, 2020년 인도네시아 초등 및 중등교육 이수율은 2015년 대비 증가한 것으로 나타난다. 그러나 초등에서 전기중등 그리고 후기중등으로 갈수록 이수율이 낮아지는 상황이다. 따라서 전체적인 수준에서 교육을 끝까지 마치는 학생의 비율은 증가했지만, 학교급이 높아질수록 이 비율이 낮아진다. 특히, 후기 중등교육 이수율은 2020년도 63.95%로, 약 36%의 학생이 후기 중등교육을 이수하지 못하고 중도탈락하고 있어, 고등중등교육에서 여전히 이수율과 관련해 많은 진전이 필요한 상황이다. 이는 학교 밖 아동・청소년 비율로도 알 수 있는 내용으로, 후기 중등교육에서의 학교 밖 아동・청소년 비율(22.31%)이 초등(0.62%) 및 전기 중등(7.29%)보다 현저히 높다.

다음으로 영유아교육과 관련해, 이를 보여주는 대표적인 지표는 정규 초등학교 입학 전 1년 동안 체계화된 학습(PAUD) 참여 비율이다. 인도네시아에서 관련 지표에 해당하는 초등학교 입학 1년 전에 미리 체계화된 학습에 참여하는 비율을 보면 2015년도에는 95.85%, 2019년도에는 96.37%인 것으로 나타나 비교적 높은 비중의 아동이 해당 과정에 참여한 것으로 나타난다. 하지만 코로나가 발생한 후, 대면 학습활동이 불가능해지자 2020년도에는 해당 학습 참여율이 약 3-5% 정도 하락했다. PAUD의 참여율이 하락한 것은 자녀를 기관에 맡기던 일하는 부모들이 코로나로 인한 재택근무로 집에서 자녀를 돌볼 수 있게 되어 나타난 변화이기도 하다. 이러한 내용은 코로나 이후로 학습의 질 하락 및 가정학습의 어려움 등도 우려를 동반한다.

세부 목표 4.3과 4.4에 관련해 고등교육과 직업기술교육훈련의 경우 상당한 진전이 있었으나 여전히 많은 개선이 필요한 부분이다. 인도네시아 고등교육 총취학률 조사에 따르면 2015년부터 2020년까지 시간의 흐름에 따라 고등교육 등록률이 차츰 증가해왔다. 그러나 여전히 중등교육을 마친 인원의 약 30%만이 고등교육에 진학한다. 즉, 중등교육을 마친 70% 정도의 학생들이 고등교육에 접근하지 못하고 있는 것으로 이는 인도네시아 국가 중기 발전계획(RPJMN)의 목표치인 36.73%에 못 미치는 결과이다. 그리고 세부 목표 4.4의 관련 지표인 4.4.1의 ICT 역량과 관련해 인도네시아에서 2015년부터 2020년까지 ICT 역량을 보유한 15-24세 청소년과 성인 비율이 51.83%에서 87.17%까지 오른 것으로 나타난다. 그러나 인도네시아의 지리적 특성을 고려했을 때, 이런 역량에는 지역적 차이가 큰 상황이다. 비도시 지역에서는 ICT 역량을 보유한 청소년이 증가하기는 했지만, 도시 지역만큼 높은 비율의 청소년과 성인이 ICT 역량을 보유하지는 않았다.

그리고 문해력과 관련해선 인도네시아 문해력과 수리력 모두 일정 수준에 도달하지 못한 학생이 그러한 역량을 갖춘 학생보다 많은 것으로 나타난다. 특히 문해력보다 수리력을 갖춘 학생이 확연하게 더 적은 것으로 보여진다.

또한, 교육 접근성을 향상하기 위한 학습환경을 갖춘 학교의 비율을 살펴보면, 인도네시아의 4가지 수준의 교육기관 중, 초등학교는 대체로 다른 수준의 교육기관보다 낮은 서비스 수준을 가지고 있다. 특히 인터넷과 컴퓨터를 보유한 학교의 수가 직업교육기관의 1/2가량인 34.7%와 40.38%로, 인도네시아 초등교육에 ICT 교육을 위한 학습환경이 크게 부족한 실정이라고 할 수 있다.

지표를 중심으로 살펴본 SDGs 이행 현황은 몇 가지 주요 이슈를 드러낸다. 첫 번째 주요 이슈는 교육 접근성 문제이다. 앞서 살펴본 것처럼, 인도네시아의 후기 중등교육 이수율은 2020년 기준 63.95%인 것으로 나타났다. 이는 16-18세 사이 청소년 중 학교 밖 아동·청소년이 22.31%라는 수치와도 연결된다. UNESCO(2021)의 동남아 국가 SDGs-4 비교현황에서도 브루나이, 말레이시아, 필리핀, 동티모르와 같은 이웃 국가보다 인도네시아의 초등 중등교육 학교 밖 아동·청소년의 비율이 가장 높다고 보고하면서 가장 큰 원인으로 경제적인 이유가 크다고 설명한다.

인도네시아의 교육 접근성을 향상하기 위해서는 고등교육을 위한 노력도 더 필요해 보인다. 인도네시아 정부는 RPJMN 목표로 고등교육 등록률을 36.73%로 잡았으나, 2020년도 고등교육 등록률은 30.85%에 그쳤다. 연도별 입학률을 보면, 25.26%(2015), 27.98%(2016), 29.93%(2017), 30.19%(2018), 30.28%(2019)로 등록률이 조금씩 상승하긴 했지만, 이는 중등교육을 마친 학생의 70%가 학업을 지속하지 않는다는 것을 보여주는 것이기도 하다. 즉, 인도네시아가 고등교육 기회를 확대할 필요성이 있음을 보여주는 것이다.

다음으로는 인도네시아에서 쟁점이 되는 학습 및 학습지도의 질 향상이다. 학습 및 학습지도의 질은 읽기 및 수학능력이 최소 숙달 수준을 달성하는지와 같은 학생의 학습 결과를 통해 측정된다. 2019 SDGs 성과보고(BAPPENAS, 2020)에 따르면, 인도네시아 학생의 최소 숙달 수준을 충족하는 학생이 읽기 능력에서 30%, 수학능력에서 28% 수준으로, 각각 45%와 31%였던 2015년도보다 학생들의 능력이 감소하였으며, 읽기 및 수학능력이 30%대라는 것만 보아도 많은 지원과 노력이 필요하다고 볼 수 있다. 그 밖에도 언어능력 향상에 필수적인 ICT 시설이 미비한 실정이며, 그 밖에 인도네시아 학생의 41.1%가 학교 따돌림을 경험한 것으로 나타났으므로 따돌림 문제도 인도네시아 교육에 있어서 화두가 되고 있다.

취업 교육의 문제도 주요 이슈인데, 취업하는 데 있어 직접적으로 활용될 수 있는 ICT 기술은 취업 가능성을 높여주는 기본적인 역량이다. 15-24세 나이에 ICT 기술 역량을 가지고 있는 청소년의 비율은 2015년부터 2020년까지 증가하였다. 하지만 도시 지역과 비도시 지역 간의 격차가 꽤 크게 나타나고 있다. 연령대 폭을 넓혀 15세부터 59세까지 성인을 대상으로 했을 때, ICT 기술 역량 보유 비율을 보면 기술을 보유하고 있는 비율이 청소년층보다 현저히 적게 나타났으며, 도시와 비도시 간의 격차가 젊은 연령대보다 더 크게 나타났다. 즉, ICT 기술 역량 보유에 있어서 연령대 간의 격차와 도시/비도시 간의 격차가 인도네시아 취업교육과 관련하여 해결해야 하는 문제임을 알 수 있다.

라. SDGs 달성을 위한 도전과제

인도네시아 정부는 2021년도 정부계획보고(RKP)에서 교육의 질 향상을 위해 1) 가상 학습 지원을 위한 인터넷 네트워크 인프라와 디지털 기술 개발과 2) 산업 수요에 맞는 직업교육 및 훈련의 재활성화, 디지털 기반 교육의 생성, 신뢰할 수 있는 세계적인 수준의 노동시장 정보 시스템 구축, 4차 산업 영역 내의 직업훈련 및 수습 기간 시행과 같은 노력을 기울일 것이라고 보고했다(Indonesia MoNDP, 2021). 인도네시아는 양질의 교육을 위한 정책적인 노력을 강조하며 시도하고 있지만, 세계에서 4번째로 많은 인구와 수많은 섬으로 구성된 국가 지형으로 인해 인프라 구축 및 발전에 있어 타 국가와 다른 어려움들을 겪고 있다(UNESCO,

2021b). 그럼에도 지속적인 모니터링을 통해 양질의 교육 영역의 개선 및 보완을 이어가고 있다. 앞서 국가발전계획부에서 보고한 인도네시아 교육에 있어 이슈 및 도전과제에 대한 상세한 설명은 다음과 같다.

교육 접근성과 관련한 어려움 및 도전과제는 다음과 같다. 1) 소외계층 아동은 중등교육에서 중도 탈락하는 경향이 있으며, 고등교육에서도 경제 수준에 따른 교육격차가 여전히 크다. 2) 학교 밖 아동・청소년 문제도 있다. 학교 교육의 대상이 되는 연령대의 아이들이 교육에 접근하는데 어려움을 줄 수 있는 사회, 경제, 문화, 지리적 장애물들을 최소화할 수 있는 대책 마련이 필요하다. 또한, 거리 위 아이들, 노동하는 아이들, 소외된 아이들, 결혼 또는 출산 등 특별한 필요가 있는 학교 밖 아동・청소년들에게 적절한 관심이 필요하다. 3) 인도네시아의 포용적 교육은 몇 가지 도전과제가 있다. 먼저, 모든 학교가 이러한 특별한 필요가 있는 학생들을 받을 준비가 안 되어있다. 포용적 교육을 시행할 수 있는 적절한 사회적 인프라와 시설, 그리고 이러한 학생들을 지도할 만한 역량을 갖춘 교사도 부족하다.

학습 및 교사의 질 향상과 관련한 도전과제는 다음과 같다. 1) 교육서비스의 질 향상을 위해 지원된 인프라와 교사 개입은 학생의 학습 결과에 큰 영향을 미치지 못한 것으로 나타났다. 2) 각 수준의 교육기관에서 가르치는 입증된 교사의 수가 줄어들고 있다. 3) 학생의 역량과 흥미를 고려한 더욱 포용적이고 협력적인 교육과정이 개발되어야 한다. 4) 학습 평가는 미래 학습전략 형성을 위한 피드백을 제공하는 방식으로 이루어져야 한다.

기술직 취업률 향상을 위한 교육에도 다음과 같은 과제가 남아있다. 1) 인도네시아 노동력은 대부분 중등교육 졸업자로 이루어져 있다. 2) 장애가 있는 사람과 그렇지 않은 사람 사이의 격차가 존재한다. 3) 고등교육을 받는 것이 반드시 좋은 취업의 기회를 보장하지 않는다는 관점이 존재하며, 그로 인해 청년들은 높은 수준의 교육을 받는 것을 꺼린다.

또 하나의 도전과제는 취학 전 1년 교육과정의 강화와 관련된 것인데, 1) 관련기관(교육문화부, 종교부, 지역개발부)과 지역정부 사이의 더욱 긴밀한 협력, 2) 교사개발과 관련한 정책의 더 나은 동기화, 3) PAUD 교사의 복지향상, 4) 불명확한 PAUD 교사 자격증 시스템 개선, 5) PAUD를 위한 부모와 교사 간의 긴밀한 파트너십 구축, 6) 비도시 지역 부모의 낮은 교육 수준, 관심, 사회경제적 위치 관련 문제의 개선이 필요하다 (Indonesia MoNDP, 2021).

그렇다면 앞서 이행 현황과 위와 같은 연구 결과를 고려했을 때, 현재 인도네시아에서 SDGs 달성을 위한 핵심 도전과제는 무엇인가? 가장 우선적으로는 교육 성과 및 효과성 측정 정책이 중요하다. 학습평가는 학생과 교사의 발전, 진척, 성취 등을 측정하는 데 있어 매우 중요하다. 학습성과를 평가하는 것은 학습에 있어서 보충이 필요한 부분을 알아내고 해당 부분을 보완하는 데 있어서도 큰 역할을 하기 때문이다. 인도네시아의 학습성과 평가를 위해 관련 부처는 초등교육 이전 과정 및 비형식 교육을 포함하여 각각의 기준과 교육과정, 그리고 각 교육 수준에 맞는 평가방식을 구축해야 한다.

현재 학생평가(Sisdiknas)와 교육시스템 평가 두 가지 종류의 평가가 있는데, 모든 수준의 교육기관에 종사 중인 교사들이 계속해서 그 과정 및 진척 사항을 지켜보면서 학생의 성과 향상을 위한 노력을 기울여야 한다. 교육시스템 평가에 있어서는 포괄적이고 체계적인 평가를 위해 국가정부, 지방정부, 시민사회, 전문기관과 같은 이해관계자들에게 평가

권한을 위임한다. 인도네시아의 국가시험(UN)은 몇 가지 이유로 인해 비효과적으로 여겨져서 2021년부터 폐지되고 Asesmen Nasional(AN)이라는 평가시스템을 도입했다. 이는 초등, 중등교육 수준을 위한 평가시스템이며, 읽기 및 수리와 같은 인지적 측면과 판차실라에 기반한 학생의 비인지적 측면인 인성적 측면을 측정한다. 학생뿐 아니라 학습환경에 대한 평가도 있는데, 학습의 질, 학교 운영의 질, 그리고 이에 영향을 줄 수 있는 요인들을 평가하고 있다.

교사 역시 빼놓을 수 없는 과제이다. 학생들의 학습을 위해 좋은 교사는 매우 중요한 요소이다. 학생의 교육의 질을 향상하기 위해서는 교사들이 잘 훈련되고 또 좋은 동기를 갖게 하는 것이 중요한데, 인도네시아는 이러한 교육의 질과 교사의 질에 대한 중요성에 공감하여 많은 관련 노력을 기울이고 있다. 인도네시아 정부가 질 높은 교육을 위해 교직과 관련하여 어떤 정책을 시행하고 있으며 직면하고 있는 도전과제는 무엇인가?

인도네시아에는 교사를 준비시키는 기관이 421개에 달하여 현재 공립 교직에 필요한 교사 수보다 3배 많은 교사 후보가 존재한다. 이렇게 많은 수의 교사 후보생 중에는 교사의 자격을 충분히 갖추지 못한 예비 교사들도 포함되는데, 약 50%의 기관이 수준 높은 교사 훈련을 하고 있지 않은 것으로 보인다. 이러한 현상은 학생들의 교육의 질을 향상하는데 있어 걸림돌이 될 수 있다. 또한 인도네시아는 굉장히 넓고 다양한 민족과 언어로 이루어진 나라이기 때문에 수준 높은 교사를 인도네시아 전 지역에서 동일하게 잘 양성해내는 것이 하나의 도전과제이다. 예를 들어, 교사들이 부임할 때도 교사 분배가 고루 이루어지지 않는 문제가 있는데, 이는 비도시 지역 학교의 경우 모든 정보의 교류가 지연되거나 늦기 때문에 공석에 대한 정보 또한 잘 전달되지 않기 때문인 경우가 많다고 한다. 또한 더 높은 수준의 교사일수록 더 도시 지역, 즉 비교적 더 수준이 높은 교육이 이루어지고 있는 학교에 지원하는 경향이 있는 것도 원인이다.

정부도 이러한 도전과제를 진지하게 받아들여 지속적으로 정책을 개선해 나가며 교사 수준 향상과 교육기준 향상을 도모하고 있다. 대표적으로 2005년도 개정에서 교사의 자격 및 급여 등을 향상하고자 교사가 교사 전문수당을 받기 위한 조건으로 대학교 학위와 교사 인증을 의무화하는 법을 통과시켰다. 그 결과, 학사학위를 소지한 교사가 2006년 37%에서 2016년 90%로 향상했으며, 2018년에는 약 50%의 교사가 인증을 받았다. 이뿐 아니라, 인증을 받은 교사는 전문수당을 받을 수 있도록 함으로써 교직을 다른 전문직과 같은 위치에 있게 해주었다(World Bank, 2020b).

결론적으로, 인도네시아에서 SDGs 달성을 위한 핵심 도전 과제는 교육 성과 및 효과성 측정 정책의 개선과 교사의 역량 강화에 있다. 특히, 교육과정과 평가 방식의 체계화, 그리고 교사의 자격 및 훈련 프로그램의 개선이 요구된다. 더불어 교사의 고른 분배를 통해 모든 지역에서 교육의 질 향상을 꾀해야 한다. 이러한 노력을 통해 인도네시아는 교육 분야에서의 SDGs 달성에 더 가까워질 것이다.

제 3 장

베트남의 교육발전과 주요 이슈

가. 들어가며

베트남사회주의공화국(Socialist Republic of Viet Nam)은 동남아시아의 인도차이나반도 동쪽에 위치하는 국가이며 전체 면적은 331,236km²로 한반도의 1.5배 크기에 해당한다(Aung, Steinberg & Aung-Thwin, 2024). 현재 베트남의 위아래로 길고 좌우로 좁은 S자의 지형은 1802년에 베트남의 마지막 왕조였던 응우옌 왕조의 창시자인 Gia Long 황제가 베트남을 통일하면서 그 모습을 갖추게 되었으며(Goscha, 2016), 1883년 프랑스와 응우옌 왕조 간에 맺어진 아르망조약에 의해 북부, 중부, 남부로 나뉘어 불리게 되었다(송정남, 2014). 송정남(2014)에 의하면 베트남의 세 지역은 각자의 특성이 뚜렷하다. 베트남의 현재 수도 하노이가 있는 북부는 홍강이 있어 비옥한 평야로 인해 벼농사와 간작이 가능하여 일찍이 베트남 문명의 중심지가 되었다. 중부는 산맥이 발달되어 인구밀도도 낮고 경제적으로 가장 낙후하나 군사적 측면의 이점이 많아 응우옌 왕조가 수도를 후에(Huế)로 지정했었다. 남부에 흐르는 메콩강은 홍강보다 짧지만, 훨씬 더 넓은 평야를 형성하여 벼농사와 양식업이 발달할 수 있었다. 베트남의 세 지역 중 남부가 가장 인구밀도가 높으며 천연자원도 풍부하여 국제사회로부터 큰 주목을 받고 있다.

베트남은 세 나라와 국경을 마주하고 있는데 중국이 북쪽에 위치하고 서쪽으로는 쯔엉선(Trường Sơn, 長山)산맥이 있으며 이 산맥을 경계로 라오스, 캄보디아와 접해 있다(송정남, 2014). 이로 인해 베트남은 문화적으로 이 세 국가로부터 많은 영향을 받았다.

세계은행에 따르면 2022년도 기준으로 베트남의 전체 인구는 99,818,000명이며 인구밀도는 301.4명/km²이다. 또한, 2021년도 인구증가율은 연 0.8%이며 2021년도 전체 인구의 순 이동률(전체 입국자 - 전체 출국자)은 -992명이었고 2020년도 인적 자본 지수(Human Capital Index, HCI)는 0.7로 비교적 높다. 평균 수명은 2020년도 기준으로 75세로 비교적 높다. 베트남 민족은 54개 민족인데 그중 대다수를 차지하는 민족은 베트남족(京, kinh)이다.

세계은행에서 공개한 베트남의 경제적 지표를 살펴보면 다음과 같다. 베트남의 2021년도 GDP는 366,140,000,000USD였으며 1인당 GDP는 3,756.5USD이다. 코로나 팬데믹의 여파가 컸던 2021년도 연 GDP 증가율은 2.6%에 그쳤지만 2021년도 전체 실업률은 2.2%로 낮은 수준을 기록했다. 2021년도에 발생한 인플레이션도 1.8% 수준에 그쳤다.

나. 교육시스템 및 현황

베트남의 공교육은 크게 일반교육과 고등교육으로 이루어져 있다. 타 국가들과 동일하게 베트남의 일반교육은 초등교육과 중등교육으로 나뉘며 중등교육은 중학교와 고등학교로 다시 나뉜다. 즉, 국제사회에서 국가들의 각기 다른 교육시스템의 비교를 위해 사용하는 ISCED(International Standard Classification of Education) 2011로 교육을 나눌 때, ISCED 1부터 3까지에 해당하는 교육이 일반교육인 셈이다. 고등교육(ISCED 5-8)은 대학교(준학사, 전문학사, 학사)와 대학원(석사, 박사)으로 이루어져 있다. 일반교육에서의 전문교육은 중등교육에서 이루어진다(UNESCO-UNEVOC, 2022). 또한, 비록 일반교육에는 포함되지 않으나 사회주의 국가의 특성상 부모가 모두 맞벌이를 하는 가정이 많으므로 유아원과 유치원이 잘 발달되어 있는데 만 6세 이전의 유아들은 대부분 종일반을 운영하는 유아원과 유치원에서 돌봄 및 교육을 받는다(유성상, 2007).

이중 베트남의 의무교육은 1998년부터 2004년까지 초등교육만 포함한 5년이었으나 2005년도에 9년, 2016년도에 10년으로 증가하여 현재까지 초, 중, 그리고 고등학교 1년을 포함한 10년을 의무교육으로 시행하고 있다(UIS, 2022; UNESCO-UNEVOC, 2022).

베트남의 학제는 수많은 변화를 겪었는데 2차 세계대전 이후 12학년제를 고수한 남베트남과 달리 북베트남은 지역에 따라 12학년제와 9학년제가 시행되다 10학년제(1954년 시행)와 11학년제(1981년 시행)를 거쳐 현재에 이르렀다(유성상, 2007). 현재 베트남의 학제는 1993년에 정립된 12학년제로 초등학교 5년, 중학교 4년, 고등학교 3년으로 이루어져 있다.

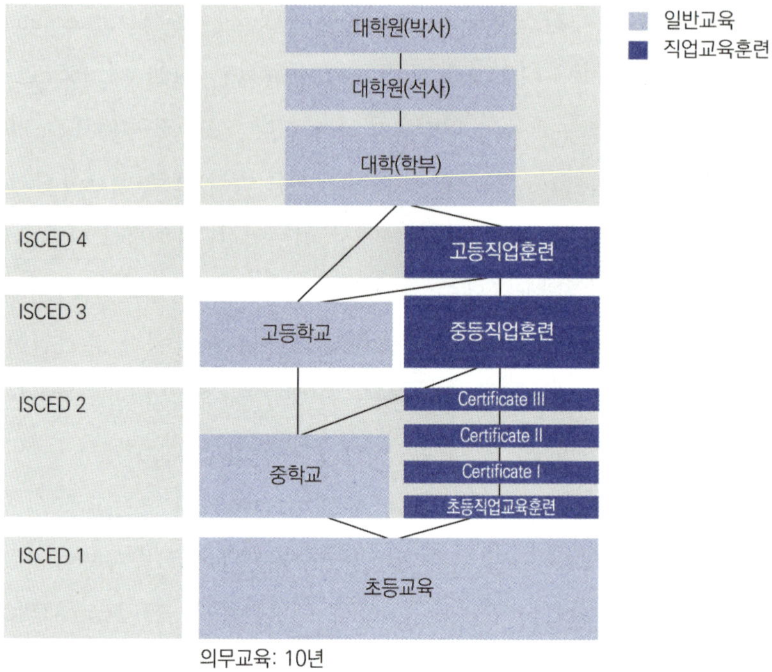

출처: UNESCO-UNEVOC(2022)

[그림 3-1] 베트남 공교육시스템

대학교육은 흥미롭게도 단과대별로 교육 기간이 상이하다. 준학사 과정은 2-3년, 인문, 예체능 및 자연과학 계열 학사과정은 3-4년, 법, 교통, 건설 및 광산 관련 학사과정은 5년, 의약학, 치의학, 건축 및 공학 관련 학사과정은 6년이 소요되며 석사과정은 2년, 박사과정은 3-4년이다(UIS, 2019). 한 가지 눈여겨볼 사항으로는 같은 학사라도 공학, 건축, 의약학 및 치의학은 석사과정으로 분류된다. 일할 때 필요한 전문지식의 깊이에 따라 같은 학사라도 교육과정 기간이 다르다.

베트남에선 3개월부터 36개월의 영유아는 유아원에 들어가 돌봄 및 교육을 받게 된다. 3세부터 5세까지는 유치원에 다니게 되며 초등학교 입학 연령은 만 6세이다. UNESCO-UNEVOC(2018; 2022)에 따르면 중학생 때부터 일반교육 혹은 전문교육 중 하나를 선택할 수 있으며 만 11세에 중학교에 입학하게 된다. 고등학교에 입학하는 나이는 만 15세이며 일반교육 혹은 전문교육을 선택하게 된다. 일반교육에는 없는 중등 후 비고등교육 과정이 전문교육 트랙에는 있으며 해당 과정에 입학하기 위해서는 고등학교 졸업장 혹은 그에 상응하는 수료증을 보유한 상태여야 하므로 보통 만 18세에 입학한다. 단기고등교육 과정으론 준학사 과정과 전문학사 과정이 있으며 역시 만 18세에 입학하게 된다. 다른 학사과정도 입학 나이는 만 18세로 동일하다.

이와 같은 시스템하에 각 학교급별로 등록 학생 수는 꾸준히 증가하는 추세를 보이고 있다. 전국적으로 유치원과 유아원 수는 꾸준히 증가하여 2020년도에는 15,547,000개의 유아원과 유치원이 운영 중인 것으로 나타났다. 유아 수 및 교사 수도 꾸준히 증가하여 2012년도 대비 2018년도에 각각 24%, 39% 증가한 것으로 나타났다.

초등학교의 경우 2012년도부터 2021년도까지 초등학교의 수는 18% 정도 줄었는데 초등학교 학생들의 수는 28% 정도 증가하였다. 한 명의 교사가 돌봐야 하는 평균 학생의 수는 최저가 19.2명에서 최대가 24.1명이며 2012년도부터 2021년도까지 꾸준히 상승했다. 반면, 한 반당 평균 학생 수는 최저가 2012년도 26.7명에서 최대가 2021년도 31.9명으로 전체 학생 수가 증가함에 따라 증가하는 양상이다.

중학교 수 역시 꾸준히 감소하는 추세를 보여 2012년도 대비 2021년도에는 15% 정도 감소한 8,744개일 것으로 추정되며, 중학생 수는 2012년도 대비 2021년도엔 22% 정도 증가하였다. 또한, 교사 한 명이 담당하는 평균 학생 수는 2012년도엔 15.6명이었으나 2021년도엔 20.8명으로 증가했다. 한 반당 평균 학생 수 역시 2012년도부터 꾸준히 증가하는 추세이다. 이러한 양상은 증가하는 전체 학생 수와 되려 감소하는 교사 수로 인해 발생한 것으로 보인다.

고등학교 수는 대체로 큰 변화가 없으며 학생 수 또한 증가의 폭이 4% 정도로 그리 크지 않다.

그러나, 교사 수가 계속해서 줄고 있기 때문에 2012년도 대비 한 명의 교사가 담당해야 하는 학생의 수는 16.6명에서 19.1명으로 증가하였으나 한 반당 학생 수는 큰 변동이 없다.

대학교 수 역시 그 수가 감소하였는데, 기초교육 분야와는 다르게 감소 폭이 매우 큰 것으로 나타났다. 2012년도부터 2014년도까지 증가하던 대학교 수가 2015년도에 절반 가까이 감소하여 2020년도에는 그 수가 242개이다. 이러한 큰 폭의 감소는 국립대가 절반 가까이 감소하였기 때문으로 보인다. 전체 전문교육학교 수는 전반적으로 증가하였으나 증가 폭은 다소 작지만, 유형별로 볼 때는 그 차이가 크다. 공립전문교육학교의 경우 2016년과 2017년에는 그 수가 비공립전문교육학교보다 많았으나 2018년을 기점으로 감소하여 2020년도에는 비공립전문교육학교의 수보다 적다.

흥미롭게도 2012년도부터 2020년도까지 교수의 수는 대학교 유형별로 그 추세가 다르게 나타났다. 공립대 교수의 수는 감소하였으나 비공립대 교수의 수는 증가하였다. 2012년도 대비 2020년도의 공립대 교수의 수는 21% 정도 감소하였으나 비공립대 교수의 수는 32% 정도 증가하였다. 또한, 위에서 보았던 2015년도 공립대학교 수의 감소에 영향을 미친 변수가 국립대 교수 수의 감소에도 영향을 미친 것으로 보인다. 2014년도 대비 2015년도에 국립대 교수의 수는 18,700명이 감소한 55,400명으로 나타났다. 전문교육학교의 경우 교사 수의 추이를 보면 전반적으로 공립전문교육학교에서 근무하는 교사가 비공립전문교육학교에서 근무하는 교사들의 수보다 많다. 하지만 전체 교사 수가 증가한 것에 비해 공립전문교육학교 교사 수는 감소하였고 비공립전문교육학교 교사 수는 계속해서 증가한 것을 볼 수 있다. 이로 인해, 공립전문교육학교 교사 수와 비공립전문교육학교 교사 수의 격차는 계속해서 줄어들었다.

다. SDG4 이행 현황과 주요 이슈

베트남은 전 교육 분야에서의 체계적이고 잘 갖춰진 인프라 및 프로그램, 급속히 증가하는 등록률, 기본교육에서의 사회평등 및 활발한 사회참여를 바탕으로 향상된 교육의 질을 보였다. 그러나 여전히 전반적으로 낮은 교육의 질, 낮은 교육의 효율성, 다른 교육 유형에 따른 사회적 불평등, 취약한 교원 수준, 재정적인 어려움으로 낙후된 학교 인프라, 암기식 교육으로 인한 창의성, 실용성, 전문교육 등의 부재, 교육 운영에서의 취약점을 보인다(유성상, 2007). 그렇다면 SDGs가 이행되고 있는 시점에서 이러한 성과는 유지되고 취약점은 개선되었을까?

UIS의 SDG4 지표 통계를 참고하여 작성하였으며, 교육에 관련된 세부지표는 총 45개이지만 그중 글로벌 지표로 분류된 14개의 세부 지표들의 이행 현황만 정리하였다. 먼저 교육 2030 행동방침(Education 2030 Framework for Action)의 지표인 전체 GDP 대비 교육에 대한 정부 지출 비율은 2020년 4.11%로 2012-2023년 5퍼센트 중반이었던 것에서부터 차차 줄어들었다. 전체 정부 지출 대비 필수 서비스(교육)에 대한 정부 지출 비율 역시 2012년 18.78%부터 줄어들어 2019년도에 14.03%로 최저 수치를 보였으나, 2022년 15.45% 정도로 조사되었다.

그렇다면 SDG4 세부 목표 관련 이행 현황은 어떠한가? 우선, 초등교육과 중등교육과 관련해, UIS의 2019년 데이터에 따르면 약 91%의 초등학생들이 최소 숙달 수준에 도달한 것으로 조사된다. 다만 이 수치는 수학에 관한 내용으로 읽기의 경우 그 수치가 약 80%로 떨어진다. 특히 남학생이 여학생보다 5% 낮은 79.70%를 보인다. 반면 중학생의 비율을 살펴보면 오히려 읽기에 있어서 최소 숙달 수준에 도달한 학생 비율이 높은 것으로 조사된다. 이 수치는 2012년 약 90%에서 2015년 약 85%로 떨어졌다 2019년 다시 비슷한 수치를 회복했다. 그러나 수학의 경우 이보다 약 5% 낮은 수치로 비슷한 변화를 보였다.

나아가 초중등교육 이수율은 학교급이 올라감에 따라 점차 낮아진다. 2021년의 경우 초등에서는 98% 이상 이수율을 보여 거의 대부분의 학생들이 이수를 함을 나타낸다. 하지만 이 수치는 중학교에서 86.97%, 고등학교에서 57.89%까지 떨어진다. 나아가 이수율에서는 성별 차이 역시 학교급이 올라감에 따라 커진다. 초등학교에서는 그 차이가 크지 않지만, 중학교에서는 그 차이가 6% 이상, 고등학교에서는 약 15%까지 나는 모습을 보인다. 여학생이 더욱 높은 이수율을 보여 많은 남학생이 학교를 떠나고 있다는 것을 말하고 있다.

그렇다면 영유아교육은 어떠한가? 4.2와 관련한 지표 4.2.1은 2014년도에만 측정되었고, 이 결과는 영유아의 발달 정도를 나타내는데, 일반적인 발달 정도를 보이는 5세 미만의 아동의 비율은 88.7% 정도로 조사되었다. 그리고 가장 대표적인 초등교육 입학 1년 전 학습 참여 비율을 보면 2021년 약 97%가 참여한 것으로 조사되었고, 2012년 이후부터 최근까지 100%에 가까운 수치를 보이고 있다.

그러나 세부 목표 4.3과 관련해 청년/성인의 교육 활동을 살펴보자면 그 비율은 10% 미만으로 떨어진다. 이 수치는 2012년부터 2021년까지 단 한 번도 10%를 넘긴 적이 없고 2021년에 가장 높은 수치를 보였지만 이 역시 8.6%로 나타났다.

성평등과 관련한 이행 현황을 몇 가지 살펴보자면, 2021년 기준으로 상당한 영역에서 격차가 거의 없는 것으로 조사되었다. 이러한 항목은 초등학교 이수율, 중학교 이수율, 유치원 등록률, 성인의 교육/훈련 참여율, 선생님의 초등학교 및 중학교 비율이다. 그러나 앞서 설명한 바와 같이 고등학교 이수율에서는 상당한 격차가 있는 것으로 나타났다.

4.6의 세부 지표인 4.6.1은 2012년 통계 자료만 존재하며, 문해 능력만 측정되었다. 문해 기술 능숙도가 일정 수준을 달성한 비율은 전체 인구의 95.12%로 집계되었다.

다음은 4.a의 세부 지표인 4.a.1의 이행 현황을 살펴본 결과 4.a.1의 1) 전기, 2) 교육 목적의 인터넷, 3) 교육 목적의 컴퓨터, 4), 장애학생을 위한 설비와 자료, 5) 기초 식수, 6) 남녀 구분 기초 위생시설, 7) 기초 손 씻기 시설에 대한 데이터가 모두 존재하였다. 우선 모든 학교급에서 전기, 인터넷, 컴퓨터 등의 보급률이 80%를 훌쩍 넘어 상당히 보편화되어있음을 알 수 있다. 그리고 기초적인 위생 시설 역시 열에 아홉은 갖춰져 있는 상황이다. 그러나 기초 식수나 손 씻기 시설은 초등의 경우 약 50%, 약 77%로 조사되어 많은 개선이 필요한 시설 영역으로 보인다. 중학교와 고등학교에서는 수치가 더욱 낮아진다. 더욱이 장애학생을 위한 시설은 약 30% 학교에만 있는 것으로 조사되었다. 이런 장애학생을 위한 시설은 중학교에서는 약 25%, 고등학교에서는 약 18%까지 떨어져,

장애학생을 위한 학습환경이 갖춰지지 못했다는 것을 시사한다.

마지막으로 4.c의 교사와 관련해 예비교원 교육이나 직무연수를 받은 교사의 비율은 영유아교육에서 약 80%를 보이지만, 초등에서 약 70%, 중학교에서 약 80%의 수치를 보인다. 초등학교 등록률과 이수율이 상당히 높은 상황에서 자격을 갖춘 교사의 비율이 적은 것은 상당히 심각하게 고려되어야 할 이슈이다.

SDGs 세부 목표 및 세부 지표의 많은 부분에서 베트남은 놀라울 정도로 훌륭한 성과를 보여주었다. 특히 베트남 정부가 교육을 얼마나 중시하는지는 전체 GDP 대비 베트남 정부의 교육에 대한 지출 비율과 전체 정부 지출 대비 교육에 대한 지출 비율에서 나타난다(세부 목표 FFA, 1.a). 두 수치 모두 선진국 반열에 든 한국의 교육에 대한 지출 비율과 비교했을 때 같거나 비슷하며, 초등학교와 중학교 이수율 또한 월등히 높다. 전문교육에서도 교사의 수의 증가나 졸업생의 증가는 유성상(2007)이 언급한 교육 유형에 따른 사회적 불평등이 조금은 개선되었다는 사실을 간접적으로 증명해준다.

게다가 베트남은 다른 여러 세부 목표에서도 우수한 교육 성과를 보여주고 있다. 예를 들어, 베트남은 상대적으로 높은 수준의 최소 숙달 수준에 도달한 학생 비율을 가지고 있으며 5세 미만의 어린이들의 건강, 학습, 사회 및 정서적 발달 수준이 높은 편이다(세부 목표 4.2.1). 또한, 베트남은 조직화된 학습에 높은 참여율을 보이고 있으며(세부 목표 4.2.2), 교육 성평등 지수도 거의 1에 가까운 수준이다(세부 목표 4.5.1). 초, 중, 고등학교에서 전기, 인터넷, 컴퓨터 및 남녀구분 기초 위생 시설을 보유한 비율도 높은 편이며(세부 목표 4.a.1), 예비교사 양성 교육과 교사들의 전문적 교육 및 직무 연수 비율도 높다(세부 목표 4.c.1). 이는 베트남의 교육 성과가 2007년 이후에도 꾸준히 유지되었을 뿐 아니라 SDGs 시대에도 그 빛을 발하고 있음을 보여준다.

그럼에도 불구하고 베트남은 여전히 교육 분야에서 해결해야 할 많은 과제를 안고 있다. UNDP(2021) 보고서에서 베트남 정부는 SDG4의 세부목표 중 보편적 교육과 관련된 6개의 세부 목표는 2030년까지 달성할 수 있을 것으로 예상하나 4.4와 4.5에 관련하여서는 달성하기 힘들 것으로 내다보고 있다고 밝혔다. 두 세부 목표 모두 4차 산업혁명에 부합하는 인력자원을 개발해야 달성할 수 있기 때문이다. 또한, 장애 학생들의 편의뿐만 아니라 전반적인 학생들을 위한 학교 시설 개선 및 보급에도 신경 써야 함을 인지하고 있다고 언급하였다. 게다가 2020년도에 급속도로 퍼진 코로나 팬데믹으로 야기된 사회적 거리 두기로 인해 많은 학교가 문을 닫게 되어 SDG4의 세부 목표를 이행하는 데 어려움이 있었다고 언급하였다.

베트남 정부의 위와 같은 어려움은 UIS에서 공개한 통계자료에서도 어렵지 않게 확인할 수 있다. 높은 비율의 초등학교와 중학교 이수율과는 달리 고등학교 이수율은 절반은 조금 넘는 수준밖에 미치지 못하는 상황이다. 또한, 세부 목표 4.a.1과 관련하여 장애학생을 위한 설비 및 자료를 보유한 학교 비율이 초등학교, 중학교, 고등학교를 통틀어 40%에 미치지 못하며 기초 식수를 보급하는 학교 비율도 50.45%가 가장 높다. 손 씻기 시설을 보유한 학교 비율도 고등학교로 올라가면 54.95%로 낮은 수준이다. 4.b.1에서도 연구 부문 및 유형별 장학금 관련 공적개발원조의 유입량이 2014년도부터 꾸준히 감소하고 있는 것도 베트남으로서는 큰 고민거리일 것이다. 또한, 코로나의 여파로 보이는 2021년도에 큰 폭으로 감소한 예비교사 양성 교육 및 직무연수를 받은 교사 비율 역시 베트남이 2030년까지 SDG4와 관련된 세부 목표들을 이행하는 데 큰 어려움을 겪을 수 있음을 암시한다.

뿐만 아니라, 베트남은 SDG4의 이행과 달성을 위해 중요한 금전적인 자원의 감소로 인해 많은 부담을 느끼고 있다. UNDP(2021) 보고서에 따르면, 베트남은 빠른 경제 성장으로 인해 저중소득 국가로 부상하였지만, 이는 무상원조의 감소와 유상원조의 증가로 이어졌다. 이에 따라 베트남은 국가 발전을 위해 이자를 주고 돈을 빌려야 하는 처지에 놓이게 되었다. 또한, UNDP(2021) 보고서는 자유무역협정(FTA; free trade agreement)으로 인해 베트남 정부가 수출입 관세를 낮춰야 하는 압력을 받고 있다고 언급한다. 이러한 수출입 관세의 감소는 베트남 정부 예산의 감소로 이어질 수 있다. 더욱이, 코로나 팬데믹으로 인해 외국인직접투자(FDI; foreign direct investment)와 사기업들의 자금 유동성이 감소하였으며, 이는 베트남 경제의 악화를 초래했다. 이러한 상황은 정부 예산에 의존하는 공교육 부문에 직접적인 타격을 입힐 것으로 예상된다.

라. SDGs 달성을 위한 도전과제

위 SDGs 이행과 관련된 데이터에서 드러나듯 양질의 교육과 관련하여 베트남 정부는 현재 여러 도전과제에 직면해 있다.

첫 번째 도전과제는 교사 확보이다. 베트남의 젊은 인구가 늘어남에 따라 기초교육 분야에서 학생들의 수는 증가하는 추세이지만 교사의 수는 그대로이거나 계속해서 감소하고 있는 상황이다. 초등학교를 예로 들어 보면, 한 명의 교사가 돌봐야 하는 평균 학생 수는 2012년도 대비 2021년도엔 25.5% 증가한 수치이며 한 반당 평균 학생 수는 2012년도 대비 19.5% 증가한 수치이다. 중학교의 경우, 한 명의 교사가 돌봐야 하는 평균 학생 수는 2012년도 대비 2021년도엔 33.3% 증가한 수치이고 한 반당 평균 학생 수는 11.3% 증가한 수치이다. 고등학교의 경우, 한 명의 교사가 돌봐야 하는 평균 학생 수는 2012년도 대비 15.1% 상승한 수치이며 한 반당 평균 학생 수는 1.52% 상승한 수치이다. 계속해서 많아지는 학생 수를 수용하고 양질의 교육을 제공하기 위해서라도 교사 확보는 선택이 아닌 필수이다.

두 번째 도전과제는 교육부문에서의 정부 예산 확보이다. 2012년도부터 2022년도까지 교육예산은 모든 세부 지표에서 감소하고 있다. 전체 GDP 대비 교육에 대한 지출에서 교육 예산은 2012년도와 비교했을 때 2020년도에 25.7% 감소하였고 전체 정부 지출 대비 교육에 대한 지출에서는 2012년도와 비교하였을 때 2022년도에 17.7% 감소하였다. 이러한 교육 분야 지출에서의 감소세는 베트남 정부의 전체 예산 운영에 영향을 끼친 여러 변인들의 결과로 해석된다. UNDP(2021)는 베트남 정부 예산에 영향을 미친 몇 가지 변인들을 언급하는데 그중 하나가 코로나 팬데믹 이전의 빠른 경제성장이다. 상승한 국가 지위로 인해 베트남은 이전에 받던 여러 금전적 지원 루트를 상실하였는데 그중 하나가 자유무역협정에서의 혜택이다. 베트남이 저중소득 국가로 분류되면서 이전에 국제사회가 부여했던 자유무역협정에서의 혜택이 사라지게 되었고 이는 베트남 정부의 관세 소득의 감소로 이어졌다(UNDP, 2021). 뿐만 아니라, 베트남으로 향하던 무상원조의 규모도 매우 많이 줄었다(UNDP, 2021). 실제로 4.b의 세부 지표인 연구 부문 및 유형별 장학금 관련 공적개발원 유입량은 2012년도에는 55,253,908USD였으나 2020년도에는 49.2% 줄어든 28,062,804USD를 기록하였다.

세 번째 도전과제는 정부의 광범위한 교육부문 지원이다. 2015년도에 베트남의 공립대학교 수는 2014년도 대비 53%나 감소했다. 이는 매우 큰 낙폭으로 매우 놀라운 수치이다. 공립 대학교의 절반 이상이 문을 닫은 것에는 그만한 이유가 있다. 2015년도에 베트남 교육부에서 고등교육 기관에 대한 예산 지원을 축소했기 때문이다(Parujuli 외, 2020). 베트남 정부의 의도는 고등교육 기관들의 자립력을 향상시키는 것이었지만, 이러한 조치는 절반 이상의 기관들이 문을 닫게 하고 교수들은 일자리를 잃으며 학생들이 학습과 기회를 상실하는 결과를 초래했다. 또한, 살아남은 기관들 중에서도 인프라가 낙후된 곳들은 금전적인 제약으로 인해 제때 시설을 정비하거나 보수하지 못해 학생들의 양질의 교육을 받을 권리를 의도치 않게 박탈하고 있었는지도 모른다. 정부는 교육에 대해 충분한 지원을 제공할 의무가 있다. 왜냐하면 교육과 연구는 사유재가 아닌 공공재이기 때문이다. 공부와 연구를 통해 사회에 반환되는 긍정적인 외부성(positive externality 혹은 spillover effect)을 동반하기 때문이다.

마지막 도전과제는 4차 산업혁명에 따른 베트남 국민의 기초역량 강화와 효과적인 직업교육훈련이다. 전 세계 학자들은 4차 산업혁명으로 인해 많은 직업이 사라지고 새로운 직업이 생겨날 것으로 예상하고 있다. 이에 따라 개개인이 가져야 할 기초 역량은 이전의 요구사항과는 전적으로 다른 차원이다. 1차 산업혁명이 시작된 19세기 영국에서의 기술 발전은 작업의 단순화와 세분화를 가져와 많은 노동자가 필요했으며, 이로 인해 노동력의 "디스킬링(deskilling)" 현상이 발생했다. 그러나 4차 산업혁명에서의 기술의 발전은 소수의 고숙련 노동자를 선호하며, 노동자들이 "업스킬링(upskilling)"과 "리스킬링(reskilling)"을 거치지 않으면 직업시장에서 살아남기 어려운 사회적 현상을 초래할 것으로 여겨지고 있다

(Acemoglu, 2002; Frey & Osborne, 2017). 같은 맥락에서 4차 산업혁명 관련 기술인 AI, 머신러닝 알고리즘, chatGPT, 빅데이터 등은 1차 산업혁명과는 달리 특정 분야에 대한 깊은 지식과 높은 수준의 특화된 기술을 보유한 인력을 선호한다는 것이 주류의 견해이다. 따라서 정부는 아이들이 미래의 직업 시장에 진입할 때 필요한 기술과 지식뿐만 아니라 창의력, 윤리적 판단력, 미래를 전망하는 통찰력과 같은 인간적인 역량을 갖출 수 있도록 양질의 교육을 제공하기 위한 정책을 개발해야 할 것이다.

제4장

캄보디아의 교육발전과 주요 이슈

가. 들어가며

캄보디아 왕국(Kingdom of Cambodia)은 동남아시아 인도차이나반도에 위치하며, 태국, 라오스, 베트남과 국경을 접하고 있다. 약칭 캄보디아의 수도이자 가장 큰 도시는 프놈펜(Phnom Penh)이며 수도에만 2019년 기준 약 220만 명의 인구가 살고 있어 정치, 문화, 경제의 중심지 역할을 하고 있다. 캄보디아 전체 인구는 약 1,625만 명이다. 그중 97%가 크메르족이며, 나머지 3%는 베트남, 중국, 참족, 고산족 등 다양한 인종으로 구성되어있다. 인구의 90% 이상이 크메르어를 사용하며 일부는 프랑스어, 영어, 중국어를 사용한다(외교부, 2019).

캄보디아의 역사는 크게 고대 시대, 식민지 시대, 캄보디아 공화국, 왕국 시대로 구분할 수 있다. 1세기부터 6세기경까지는 메콩 델타 유역을 중심으로 인도 문화의 영향을 받은 후난 왕조와 첸라 왕조가 존재하였다. 802년부터는 자야바르만 2세(Jayavarman II)가 본인을 신왕으로 칭하며 앙코르 왕조를 열었고, 1431년 시암(현 태국)의 침략으로 1863년 쇠퇴할 때까지 크메르 민족의 전성기(고대 크메르 왕국 시대)가 이어졌다. 이후 캄보디아는 시암과 베트남의 지배를 벗어나기 위하여 명목상 왕위만 유지하고 통치권을 프랑스에 넘겨주는 협정에 서명하게 되었다. 이로 인해 1953년까지 캄보디아는 프랑스의 통치를 받게 되었다(외교부, 2019).

1941년 프랑스는 당시 19세의 노로돔 시아누크를 캄보디아 왕으로 즉위시켰지만, 시아누크가 일본의 후원을 받게 되면서 1945년 독립을 선언하였다. 일본이 프랑스를 상대로 패전하여 프랑스가 다시 지배권을 회복하였으나, 1953년 11월 시아누크에게 군사, 사법, 외교권을 허용하여 사실상 캄보디아는 독립하게 되었다. 이후 시아누크 국왕은 1955년 현실정치에 참여하기 위하여 아버지 수라마리트에게 왕위를 이양하고 인민사회주의공동체당의 총재로 취임하기도 하였다. 같은 해 시아누크는 총선에서 압승하였고 1970년까지 캄보디아 정국을 주도하였다(외교부, 2019).

하지만 1970년 3월 시아누크 공의 외유 중 론 놀이라는 장군이 쿠데타를 일으켜 성공하면서 시아누크를 모든 공직에서 축출하고 귀국을 불허하였다. 1970년 4월 쿠데타 성공 이후 놀 장군은 크메르 공화국 수립을 선포하였으며 당시 반정부 세력들은 공산주의자로 간주하여 탄압하였고, 이는 크메르 루주의 성장을 초래하는 계기가 되었다(외교부, 2019). 1975년 4월 폴 포트가 이끄는 캄푸치아 공산당(크메르 루주)이 프놈펜에 입성하여 급진혁명을 추진하였다. 1978년 12월에는 베트남군이 무력으로 캄보디아를 침공하였다. 1979년 1월에는 친베트남 세력인 헹 삼린, 체 아심, 훈 센 등이 이끄는 베트남과의 연합군이 프놈펜에 입성하여 캄푸치아 인민공화국을 수립하였다. 그러나 1989년 10월 소련 및 동구권 몰락과 캄보디아 운영의 경제적 부담, 국제사회의 비난에 따라 베트남군이 캄보디아에서 철수하게 되었다(외교부, 2019).

이후 1989년 4월 캄보디아 국민혁명당은 국명을 캄보디아국(State of Cambodia)으로, 당명은 캄보디아 국민당으로 바꾸며 사유재산 인정, 민영화 추진 등 탈공산주의 체제를 추진하기 시작하며 캄보디아국 시대를 열었다. 1990년 UN 안전보장이사회에서 포괄적 캄보디아 평화안을 채택하고, 같은 해 10월 4개 정파가 최고국가평의회(Supreme National Council, SNC) 구성에 합의하였다. 1991년 10월에는 캄보디아 분쟁의 정치적 해결을 위해 파리평화협정에 서명하였으며, 캄보디아 과도행정기구와 최고국가평의회에 18개월 동안 통치권을 위임하고 총선을 위한 신정부 구성을 추진하였다. 1992년 3월에는 총 45개국 2만 2천 명으로 구성된 평화유지군이 파병되어 정전협정 준수 여부를 감시하기도 하였다(외교부, 2019).

1992년 5월 UN 캄보디아 통치 기구(United Nations Transitional Authority in Cambodia, UNTAC) 주관하에 1차 총선거를 실시하였고, 6월에 제헌의회가 소집되어 헌법을 채택하고 시아누크를 국가수반으로 선출하며 캄보디아 왕국 시대를 출범시키게 되었다. 1998년부터 5년마다 총선을 진행하여 국회 및 연립정부를 출범하기 시작하였으나, 2013년 5차 총선 후 2014년 9월 국민당은 부정선거 의혹을 제기하는 야당의 국회 등원 거부로 인해 단독으로 국회를 개원하고 신정부를 출범시켰다. 이를 계기로 여야관계가 2015년 하반기부터 본격적으로 경색되기 시작하였다(외교부, 2019).

2017년 지방선거에서 2012년과 동일하게 국민당이 압도적인 승리를 거두면서 구국당은 약진하게 되었고, 이에 불만을 표하던 켐 소카 대표가 2017년 9월 모반혐의로 체포되었으며, 같은 해 11월 대법원의 결정에 따라 구국당이 해산되고 해당 당 소속 주요 인사들은 5년 동안 정치활동 금지령에 처하게 되는 일이 일어났다(외교부, 2019). 2018년 7월 주요 야당인 구국당이 부재한 상황에서 6차 총선이 진행되었고, 그 결과 국민당은 약 77%를 득표하며 국회의 전 의석을 차지하게 되어 국제사회로부터 비민주적인 선거라는 비판을 받았다. 현재까지도 국민당의 주도적인 정치가 이어지고 있다(외교부, 2019).

이러한 복잡한 역사의 소용돌이 가운데 현재 캄보디아는 1993년 제정된 헌법에 따라 의회에 의해 운영되는 입헌군주제를 따르고 있다. 2004년 전 국왕인 노로돔 시아누크가 갑작스럽게 퇴위하게 되어 왕위선발위원회를 통해 노로돔 시하모니(Norodom Sihamoni)가 현 국왕이 되었다. 그러나 정부 수반인 훈 센(Hun Sen) 총리가 1985년부터 실질적으로 국정을 운영하고 있는 것이 특징이다(외교부, 2019).

캄보디아는 의원내각제의 정치형태를 띠고 있으며 내각은 2019년 기준 총리 및 부총리 10명, 선임 장관 17명, 장관 29명으로 구성되어있다. 의회는 양원제로 진행되고 있으며, 국회는 보통, 직접, 평등, 비밀선거로 선출하는 125명으로 구성되어있다. 의장과 부의장을 재적의원의 2/3 다수제 투표로 선출하고 있으며, 현 국회의장은 헹 삼린(Heng Samrin, 캄보디아국민당 명예총재)이고, 제1부의장은 구온 헬(Nguon Nhel, 캄보디아국민당), 제2부의장은 퀸 소다리(Khuon Sodari, 캄보디아국민당)이다. 상원은 40세 이상 6년 임기의 선출직 의원 62명으로 구성되어있으며 정부와 의회 사이에서 조정자 역할을 하고 있고, 상원의장은 국왕 부재 시 국가원수의 역할을 대행할 수 있는 자격을 가지고 있다(외교부, 2019).

UIS(2022)에 따르면 2022년 기준 캄보디아의 총인구는 17,169천 명 정도이며, 연간 1.4%의 인구증가율을 보여주고 있다. 14세 이하 인구 비율은 전체 인구의 30.4%를 차지하는 5,221천 명이며, 중위 연령은 26.4세이다. 더불어 캄보디아의 농촌인구 비율은 75%로 여전히 도시인구 비율보다 훨씬 높은 편이다. 여성 1인당 출산율은 2.51명으로 2008년 2.7명보다 다소 감소했다. 인구 천 명당 영아사망률은 22명으로 이는 한국의 6명에 비해 3배가 넘는 수준이다. 2020년 캄보디아의 평균 기대수명이 70.1세였던 것과 비교해 2년이 지난 2022년에는 75세로 평균 기대수명이 증가하였다. 15세에서 49세 사이 인구의 HIV 감염률도 2003년 1.9%였던 것에 비해 현재 0.5%로 많이 감소하였다.

캄보디아의 경제지표를 살펴보면, 코로나 팬데믹 시기에 해외수요 및 관광객 감소로 GDP가 2020년 전년도에 비해 14.8억 달러 하락하였으나, 2021년에 다시 53.9억 달러 증가한 것을 보아 경제가 다시 회복되는 추세를 보이고 있다. 마찬가지로 1인당 GDP는 2020년에 전년보다 130달러 하락하였고, 2021년에 50달러 증가하였으나 여전히 2019년에 비해 낮은 수치를 보여주고 있다. 그리하여 캄보디아의 경제성장률은 2019년에 7%였으나 2020년 -3.1%로 급격히 감소하였고, 2021년 다시 3% 이상으로 회복세를 보였다(IMF, 2021).

나. 교육시스템 및 현황

캄보디아 교육 분야를 담당하는 주요 부처는 교육청소년체육부(Ministry of Education, Youth and Sports)이며 해당 부처는 캄보디아의 수도인 프놈펜에 있다. 교육청소년부는 캄보디아의 교육통계 수집 및 관리를 담당하고 있기도 하다(김창환, 2016). 해당 부처의 홈페이지에 교육통계 및 지표, 교직원 통계, 비형식교육통계가 제공되어 있다. 캄보디아의 교육시스템을 살펴보면 다음과 같이 크게 네 단계로 나누어 볼 수 있다.

출처: 이석희(2007)

[그림 4-1] 캄보디아의 학제 및 교육시스템 구조

3-5세 아이들은 3년 동안 유아교육 및 취학 전 교육을 받고, 6-11세 아이들은 6년 동안 초등교육, 12-17세 아이들은 6년 동안 중등교육, 마지막으로 18-22세 아이들은 2년/4년 동안 중등 이후 교육, 즉 고등교육을

받는다. 이렇게 캄보디아는 3-6-6-4 학제를 가지고 있다. 이 중 캄보디아의 초등교육 6년 및 전기 중등교육 3년, 총 9년은 원칙적으로 의무교육이나, 사실상 의무교육이 제대로 이루어지고 있지는 않다(이석희, 2007, p. 132). 전기 중등교육과정을 이수한 학생 중 국가고시에 합격한 학생들은 후기 중등교육과정이나 기술 및 직업훈련 프로그램에 참여할 수 있는 자격을 가진다(김진희, 2016, p. 28).

캄보디아 정부는 1996년부터 5년 단위의 경제사회발전계획(Socio-Economic Development Plan, SEDP)을 수립 및 추진하며 점진적인 성장을 촉진하고 있다. 캄보디아는 초기에 삼각전략(Triangle Strategy)을 기반으로 국가 발전계획을 세우고 운영하였으나 2006년부터 사각전략(Rectangular Strategy)으로 확대・개편하여 운영하고 있다. 이 전략은 국가전략발전계획(National Strategic Development Plan, NSDP) 수립의 토대가 되었고, 현재 캄보디아는 2019년부터 2023년까지 4기 발전계획을 시행하고 있다.

제4기 사각전략 구조에 따르면 '인적자원개발'이 본 전략 중 첫 번째 전략이자 우선과제로 선정되어 있어 국가발전을 주도할 분야로 교육 분야를 강조하고 있음을 볼 수 있다. 또한 교육 분야의 세부 전략으로는 1) 교육 및 과학기술 질 향상, 2) 직업기술교육훈련, 3) 공중보건 및 영양, 4) 양성평등 및 사회보장을 중점적으로 실행하고 있음을 알 수 있다. 이와 더불어 제4기 사각전략의 중점전략을 자세히 살펴보면 교원 처우(급여, 보너스 등) 개선, 교장의 학교 관리능력 강화, 교사의 최소학력을 학사 이상으로 향상하는 것 등의 교원 역량강화를 함께 강조하고 있다(안해정 외, 2019b, p. 17). 교육 분야를 중점으로 캄보디아의 발전계획을 살펴보면 해당 정부가 국가 발전을 위해 양질의 교육을 통한 인적자원개발이 다른 분야의 발전만큼 집중해야 할 최우선 과제이며, 이를 위해서는 특히 교원의 질 제고가 이전보다 더 전략적으로 해결되어야 할 국가 발전의 영역임을 분명히 인식하고 있음을 알 수 있다(안해정 외, 2019b, p. 17).

캄보디아 교육청소년부에서 제공하는 가장 최근 통계를 보면 2016-17년 기준 총 12,889개의 학교가 있다. 그중 초등학교는 총 7,144개로 중학교 수의 4배, 고등학교 수의 약 15배만큼 많다. 교원 수도 전체 교원 중 49% 이상이 초등학교에 압도적으로 집중되어 있음을 알 수 있다. 이는 캄보디아 교육에서 초등교육이 차지하는 파급력이 여전히 크다는 것을 알려준다(김진희, 2016, p. 31).

캄보디아의 교원 수는 학생 수에 비해 턱없이 부족하다. 캄보디아 학교급별 교원 수를 기준으로 한 교사가 담당해야 하는 학생 수는 최소 20명에서 최대 43명일 정도로 교원의 공급이 부족한 상황이다. 이와 같은 교원 부족 현상은 지방학교에서 더욱 심하게 나타나고 있다. 실제 학교 현장조사를 실시한 연구진의 현황분석에 따르면, 캄보디아의 캄퐁참과 칸달 지역에서는 한 명의 교사가 40명 이상의 학생을 담당하는 사례들도 빈번했다(김진희, 2016, p. 31).

유네스코 통계에 따른 캄보디아의 교육단계별 총취학률을 살펴보면 2014년 총취학률이 116.8%로 가장 높았으며 이후로 조금씩 감소하는 추세가 나타나고 있다. 이와 반대로 중등교육의 총취학률은 2014년부터 점진적으로 증가하는 추세를 보이고 있으며 특히 남학생의 취학률이 여학생의 취학률에 비해 더욱 안정적으로 높아지고 있는 것을 알 수 있다. 고등교육의 경우 2020년 이전의 데이터가 존재하지 않아 비교분석이 어려우나, 2020년 기준 총취학률은 38.4%였다.

〈표 4-1〉 연도별 캄보디아 교육 분야 예산지출 현황(2014-2021) (단위: %)

구분	2014	2015	2016	2017	2018	2019	2020	2021
교육 분야 예산지출	13.66	15.32	15.12	15.94	16.86	18.94	17.17	15.74

출처: UIS(2022). 저자 재구성.

〈표 4-1〉은 최근 8년간의 캄보디아 교육 분야 예산 지출 현황에 따르면 캄보디아 정부는 2021년 기준 전체 국가 예산 중 15.74%의 예산을 교육 분야에 사용하고 있었다. 제4기 국가발전계획에서 교육 분야 중점 전략을 강조하는 것에 비해 예산은 다소 적은 편이었으며, 2014년부터 교육 분야 예산이 조금씩 증가하는 추세였으나, 2019년부터 다시 감소하는 추세를 보여주고 있다. 이를 통해 캄보디아 정부가 국가 발전에 있어서 실은 교육보다 다른 사회·경제 분야에 더 많은 관심을 가지고 있음을 짐작할 수 있다.

다. SDG4 이행 현황과 주요 이슈

세부 목표 4.1. 초등 및 중등교육과 관련해, 캄보디아 초등학교, 중학교, 고등학교 학생들의 학업성취도를 살펴보면 초등학교 3학년과 6학년 학생들의 크메르어 읽기 및 수학 시험 정답률은 모두 40% 초반대로 50%를 넘지 못하고 있다. 이러한 초중학교 국가 수준의 학생평가 결과는 국가 전반적으로 학생들의 학업성취도가 상당히 낮음을 보여준다. 비록 2015-2016년도 데이터는 현재 시점으로 꽤 오래된 데이터이지만 2017-18년의 통계는 존재하지 않았다. 다만 UIS(2022) 통계에 따르면, 오직 13.41%의 캄보디아 학생들이 초중학교 말에 최소한의 읽기와 수학능력을 갖춘

다는 것을 알 수 있다(UIS, 2022). 해당 목표와 관련된 2015-16년 통계와 2019년 통계치를 통해 알 수 있는 것은, 앞으로 2030년까지 SDG4.1의 달성을 위해서는 부단한 노력과 체계적인 전략이 필요하다는 것이다.

영유아 교육의 경우 2017년 기준 캄보디아의 전국 유치원의 수는 12,899개이며 대부분의 유치원이 지방에 위치해 있었다. 초등학교 취학 전 유치원에 등록하여 학습을 경험한 아동은 지방에 약 4.5배 더 많이 있었다. 성별을 기준으로 살펴보았을 때, 지방과 도심에서 취학 전 학습을 경험하는 남녀의 비율이 크게 차이가 나지 않는 것을 보인다.

추가로 유네스코 UIS의 2022년 데이터에 따르면 2015년부터 2018년까지 초등학교 취학 전 학습을 경험한 학생의 비율은 절반을 조금 넘거나 넘지 못했으나, 2020년에는 70.47%로 등록생의 비율이 증대된 것이 명확히 나타난다. 성별을 구분하여 유치원 등록률을 살펴보면 2016년까지 여아의 유치원 등록률이 조금 높았으나, 2017년부터 점차 그 차이가 감소했다.

다음으로 성인교육과 직업기술교육훈련의 지표를 성별에 따라 구분하여 살펴보면 2017년까지 남성 청년과 성인이 여성 청년과 성인보다 비교적 더 많은 직업기술교육훈련 및 대학 과정을 포함한 고등교육 기회와 지원을 12개월간 받았음을 보여주나, 2019년의 통계를 보면 남녀 청년과 성인 간의 교육 기회 격차가 많이 감소하였음을 알 수 있다. 그러나 2012년 이후 캄보디아 정부는 15세에서 64세 남녀 청년과 성인에게 12개월간 더 많은 양질의 직업기술교육훈련 및 대학 과정을 포함한 고등교육 기회와 지원을 제대로 제공하지 못하고 있음을 알 수 있다.

세부 목표 4.4의 직무기술과 관련해 캄보디아 정부는 교원의 역량 강화를 위하여 교원정책 실행계획(TPAP)에 따라 2019년 기준 교사의 초봉을 월 250USD 수준으로 인상하고, 기존에 2년제였던 초중등학교 교원 양성과정을 4년제 학사학위로 상향 조정하는 등의 실질적으로 적용 가능한 변화를 만들고 있다(안해정 외, 2019b). 게다가 캄보디아 정부는 현직 교사들의 역량을 강화하기 위하여 두 가지 차원에서 접근하고 있다. 첫 번째로는 현직 교사의 경력 과정에서도 지속적으로 전문성을 개발할 수 있도록(Continuous Professional Development, CPD) 기회를 제공하는 것이며, 두 번째로는 현재 고등학교 졸업 이하의 학력 수준에 머물러 있는 대부분의 현직 교사들의 학력을 최소 학사 이상의 학위로 향상하는 접근방식을 채택하여 추진하고 있다(안해정 외, 2019b).

실제로 세계은행의 속진 학위 취득 프로그램을 위해 제공된 재원과 자원을 통해 왕립프놈펜 대학(RUPP)의 사범대학은 현직 중학교 교원의 전문성 향상과 교육의 질 향상을 위해 2018년부터 현재까지 중학교 교원 2,200명[1]을 대상으로 동 프로그램을 실시하여 현직 교사들을 재교육하고 있다(안해정 외, 2019a, p. 47). 이 외에도 현재 교원 양성과 관련된 지원 사업으로 UNESCO의 캄보디아 혁신 교원 교육(CITE) 사업과 일본 JICA의 교원교육대학(TEC) 사업 등이 추진되고 있다. 그러나 ICT 역량을 지닌 청년 또는 성인의 비율이 2017년부터 2019년까지 눈에 띄게 증대되지 못한 결과(UIS, 2022)를 보면 세부 목표 4.4. 달성을 위하여 더 많은 노력이 필요해 보인다.

세부 목표 4.5.의 글로벌 지표는 “여성/남성, 농어촌/도시, 하층/상층, 장애, 분쟁 영향 등으로 세분화된 평등 지표”이나, 이와 관련된 데이터가 존재하지 않아 다음 지표인 “모국어가 수업 강의 언어인 초등학생의 비율”을 살펴볼 필요가 있다. 2019년에는 1.02%의 초등학생들만이 학교에

1) 총 2,200명(교사 2,000명, 교장 200명 포함).

서 자신의 모국어가 수업 강의 언어로 사용되는 것으로 나타났다. 또한 세부 목표 4.6.의 글로벌 지표인 "최소한의 기능적 문해 및 수리력이 있는 주어진 연령대의 인구 비율(성별 구분)" 역시 관련된 데이터가 존재하지 않아 다른 지표인 "청년과 성인(15-24세 사이) 문해율"을 살펴볼 수 있다. 2014년 90.14%였던 성인 문해율이 2021년 95.64%로 대략 5.5% 증가하였음을 알 수 있다(UIS, 2022).

세부 목표 4.7.의 글로벌 지표인 "양성평등, 인권을 포함하는 세계시민교육 및 지속가능발전교육의 국가 교육정책, 교육과정, 교사교육, 학생평가 포함 여부"에 대한 결과는 1.0%였다(안해정 외, 2019a; UIS, 2022). 이는 모든 캄보디아의 학습자들에게 지속가능발전교육 및 지속 가능한 생활방식, 인권, 성평등, 평화와 비폭력 문화 증진, 세계시민의식, 문화다양성 및 지속가능발전을 위한 문화의 기여에 대한 교육을 통해 지속가능발전을 증진하기 위해 필요한 지식과 기술을 충분히 습득할 기회가 제공되지 않고 있음을 알려준다.

7가지 목표 관련 이행 현황 외, SDG4 이행 방안 4.a.의 세부 지표는 "전기 및 교육 목적의 인터넷과 컴퓨터가 있는 학교 비율, 장애 학생을 위한 시설 및 자료가 있는 학교 비율, 기본적 식수, 성별 위생시설, 세면시설이 있는 학교 비율"(안해정 외, 2019b)이다. 관련한 이행 현황을 살펴보면 학교 시설 내 전기, 인터넷, 컴퓨터 보유율은 고등학교가 더 높았다. 이는 캄보디아 정부의 많은 교육 예산지원의 대부분이 고등학교 교육에 집중되어 있음을 알려준다. 그 외에도 장애 학생 시설과 성별 위생시설도 초등학교에 비해 고등학교에 더 제공되어 있었다. 기본적인 식수시설과 세면시설은 초등학교에 더 많이 갖추어져 있음을 확인할 수 있다. 이전보다 캄보디아 학교 시설이 많이 개선되었으나, 한 교육단계에만 치

우친 지원이 아니라 모든 학교가 비슷한 수준의 교육시설과 학습환경을 조성 및 유지할 수 있도록 하는 것이 필요해 보인다.

다음으로 4.b의 "ODA 장학금 규모(분야, 전공 구분)"와 관련해, 2014년부터 2020년까지 캄보디아가 원조받은 ODA 장학금의 규모는 2014년에 24,635,208USD로 가장 높았다. 그러나 2015년에 ODA 장학금 규모는 전년도 대비 약 45%로 급격히 감소하였다. 이후에도 2017년까지 감소하는 추세였으나, 다행히 2018년부터 2020년까지 캄보디아의 ODA 장학금 규모가 다시 점진적으로 증가해왔다.

마지막으로 이행 방안 4.c.는 캄보디아 교육의 질을 제고하기 위해서는 국가가 인정하고 요구하는 일정 수준의 교사 훈련 또는 학위를 가져야 한다는 것을 강조한다. 이와 관련해 캄보디아 현직 교사의 학력 수준을 살펴보자. 유치원부터 고등학교까지 전체 현직 교사의 79%는 고등학교 졸업 이하의 학력 수준을 가지고 있어 캄보디아 정부가 앞서 제4기 사각전략에서 강조한 바와 같이 현직 교사의 학력 또는 자격을 학사(BA) 이상 수준으로 끌어올릴 필요가 있어 보인다. 다행히 캄보디아 정부도 교원 자격에 대한 문제점을 명확히 인식하고 있어 교원교육대학(TEC) 설립을 통해 양질의 교원 양성을 위해 많은 노력을 쏟고 있으나, 아직 본격적으로 실행되지는 않고 있다(안해정 외, 2019b, p. 21).

캄보디아는 OECD DAC가 정한 수원국 중 최빈국에 속하며, 역사적으로는 크메르 루주 정권 동안 교원을 포함한 많은 지식인이 몰살당했던 경험을 가진 국가이다. 이로 인해 캄보디아 내 지식인의 수가 부족한 상황이 이어졌다. 이는 교육의 질을 떨어뜨리며 국가 발전을 저해하는 치명적인 원인이 되기도 하였다. 최근 몇 년 전부터 캄보디아 정부는 이러한 악순환을 멈추고자 양질의 인적자원개발을 통한 국가발전계획을

5년 단위로 수립하여 실행하고 있다. 또한 2030년까지 SDGs의 달성을 위하여 많은 면에서 적극적인 지원을 아끼지 않고 있다.

그럼에도 SDG4의 이행 현황에 따르면 교육 분야의 여러 면에서 여전히 발전이 더디게 이루어지고 있는 부분이 많다. 이에 이번 절에서는 캄보디아의 현 교육시스템에서 여전히 해결되지 않거나 SDG4 교육목표를 달성하는 데 난관을 겪고 있는 주요 이슈들이 무엇인지 구체적으로 논의해보고자 한다.

오래전부터 인적자원의 역량 부족 문제에 대해서 인식하고 있던 캄보디아는 앞서 언급하였듯이 '제4기 사각전략(2019-2023)'의 중점전략 중 첫 번째 전략으로 교육 분야를 포함한 "인적자원개발"을 강조하고 이를 위해 많은 노력을 기울이고 있다. 그러나 매년 전 세계 국가의 인재 역량을 순위로 매기는 글로벌 재능 경쟁력 지수(Global Talent Competitiveness Index, GTCI)[2]에서 캄보디아는 2021년 기준 전체 조사 대상국 132개국 가운데 117위에 그쳤고, 2018년과 2019년에도 하위권에 있었다(장준영, 2021). 결론적으로 캄보디아의 국가 인적자원 역량은 하위권에서 제자리걸음 또는 악화하고 있다고 볼 수 있다.

교육 부문 현황조사에서도 캄보디아의 글로벌 재능 경쟁력 지수가 최하위권에 머물 수밖에 없게 한 여러 원인이 발견되었다. 먼저 캄보디아의 초등교육과 전기 중등교육은 원칙적으로 의무교육으로 지정되어있다. 그러나 실제 학생들의 초중등학교 취학률을 조사한 결과, 과거보다 많은 학생이 교육 기회를 얻을 수 있게 되었으나 2020년 기준 중등교육

2) 유럽 최고 권위의 경영 대학원 인시아드(INSEAD), 글로벌 인력 네트워크 서비스 기업(Adecco Group) 및 미국 구글(Google)이 동 지수를 조사하여 매년 순위를 발표하고 있다.

까지 마치는 학생의 비율은 50% 이하였다. 즉, 캄보디아의 '의무교육' 원칙은 여전히 제대로 실행되지 않고 있었다(장준영, 2021).

두 번째로, 후기 중등교육, 직업기술교육훈련의 참여율이 매우 낮은 편이었으며, 이와 관련하여 국가의 예산지원도 제대로 이루어지고 있지 않았다. 이는 후기 중등교육, 직업기술교육훈련 분야에만 해당되는 것이 아니었다. 캄보디아 정부의 인적자원개발을 위한 의지와 상반되게 국가의 전체 예산에서 다소 적은 예산(약 15.74%, 2021년 기준)을 교육 분야에 지원하고 있었다(UIS, 2022). 최근 3년간 교육 분야에 지출한 예산 비율을 보면 이 적은 예산마저도 감소하는 추세를 보인다. 이를 통해 캄보디아 정부가 5년 단위로 야심 차게 내놓는 국가 발전계획은 현 캄보디아 교육의 실상과 모순되는 현상이 나타나고 있으며, 오랜 시간 바라오던 '인적자원개발'이라는 목표의 달성과 오히려 멀어지고 있는 상황임을 알 수 있다.

캄보디아의 교육시스템에서 추가로 드러난 이슈 중 하나는 고등교육의 낮은 취학률과 졸업률에도 불구하고 대부분의 교육시설이 고등학교에 집중되어 조성되어 있다는 것이다. 즉, 취학률이 훨씬 더 높은 초·중등학교의 기본 식수 및 위생시설 외의 전기, 인터넷, 컴퓨터 시설과 같은 교육환경이 오히려 더 열악한 상황이다. 향후 양질의 교육을 모든 캄보디아의 학생들에게 제공하기 위해서는 기본적인 학습환경이 교육단계와 상관없이 제대로 제공되어야 할 것으로 보인다.

다른 이슈로는 SDGs 이행 현황에서 모든 캄보디아의 학습자들이 지속가능발전교육 및 지속 가능한 생활방식, 인권, 성평등, 평화와 비폭력 문화 증진, 세계시민의식, 문화다양성 및 지속가능발전을 위한 문화의 기여에 대한 교육을 통해 지속가능발전을 증진하기 위해 필요한 지식과 기술을 충분히 습득할 기회를 제공받지 못하고 있다는 사실이다. 지속 가능한 교육의 발전을 위해서 모든 교육단계의 국가 교육과정과 교육 현장에서 앞서 언급된 주제들이 적극적으로 실행되어야 할 것으로 보인다.

또한 2019년 기준 1.02%밖에 되지 않는 모국어가 수업 강의 언어인 캄보디아 초등학생 비율과, 지역 간 차이가 큰 교원 수는 형평성의 문제를 가지고 있었다. 캄보디아에는 많은 소수민족이 함께 살아가는 만큼 형평성을 위해 크메르어와 영어교육에만 집중된 학교 교육을 제공하는 것이 아니라 소수민족의 언어가 모국어인 학생들도 학교에서 모국어를 학습할 수 있도록 다중언어 교육을 확장할 필요가 있어 보인다.

마지막으로 교육의 핵심 주체인 교원의 수 및 역량 부족은 캄보디아의 교육에서 빼놓을 수 없는 가장 큰 이슈 중 하나이다. 오래전부터 캄보디아는 교원 부족 현상을 겪어 왔으며, 이를 위하여 국제사회로부터 많은 지원과 프로젝트를 실행해오고 있다. 그럼에도 도심과 지방 간 교원 수의 차이가 분명하게 드러났으며, 이를 위해서 국가 차원에서 캄보디아의 교원들이 전 지역에 균등하게 배정될 수 있도록 조율하는 노력이 필요할 것으로 보인다. 교원 역량 부족 현상과 관련해서는 국가적으로는 교원의 역량 강화를 위하여 학사 이상 졸업을 교사의 자격요건으로 정하는 등 여러 노력을 아끼지 않고 있다. 그러나 여전히 교원 역량 부족 현상이 끊이지 않는 것을 보면 이전보다 더욱 전략적인 교원 지원과 적절한 처우를 받을 수 있게 하는 세심한 개선이 필요하다.

라. SDGs 달성을 위한 도전과제

지금까지 캄보디아의 교육 현황과 SDG4 이행 현황분석을 통해 나타난 캄보디아 교육의 다양한 주요 이슈들을 살펴보았다. 위에 언급된 캄보디아의 주요 이슈들을 해결하기 위하여 캄보디아 정부가 국가적으로 더욱 많고 세심한 관심과 노력을 기울여야 하는 도전과제들은 무엇인가?

먼저 2021년 기준 국가 전체 예산에서 15.74% 정도의 예산만 교육 분야에 사용하고 있었다(UIS, 2022). 이 중에도 대부분의 교육 예산은 가시적인 성과를 보이기 위해 초고속 인터넷 교육환경을 조성하는 등 양적인 부분에만 사용되고 있었다(대외경제정책연구원, 2021). 양질의 교육을 모든 캄보디아 학생에게 제공하기 위해서는 더 많은 예산지원이 필요한 것은 물론이며, 예산을 양적 성장을 위해서만 사용하는 것이 아니라 성과가 더디더라도 이와 더불어 교육의 질을 지속적으로 향상할 수 있는 교원역량강화 프로그램, 교육과정 발전 등의 질적 성장에도 고르게 사용해야 한다. 그러므로 캄보디아 정부는 현재보다 교육예산을 더욱 증대할 필요가 있으며, 향후 보다 효율적이고 효과적으로 교육예산을 전략적으로 사용할 수 있는 계획(안)을 수립하여 실행할 수 있어야 할 것이다.

두 번째로 캄보디아 교육의 가장 큰 이슈 중 하나는 교원의 수 및 역량 부족 현상이었다. 이를 해결하기 위하여 캄보디아 정부가 이전보다 더 많은 노력과 지원을 쏟아야 하는 과제는 교원 역량강화 교육의 기회를 증대시키고 도심과 지방 간 교원의 수 차이를 감소시키는 것이다. 예를 들어, 해외 ODA 기관, 공여국 및 국제기구와의 교류를 확대하여 학사학위 미소지 교원들을 대상으로 자격 향상 프로그램을 제공하거나, 교원 연수 및 학사 학위과정에 필요한 교육과정을 개발하도록 지원하고, 현 교원들을 대상으로 교육의 질을 향상하기 위하여 역량강화 프로그램을 진행하는 것이다. 이와 관련하여 꼭 필요한 교원 연수 시설을 구축하거나 개선하여 전 지역에 있는 교원 누구나 정부에서 진행하는 다양한 프로그램에 적극적으로 참여할 수 있도록 지원하는 방안 등이 존재한다(안해정 외, 2019b). 이와 관련하여 캄보디아 정부와 연계 프로그램을 진행한 경험이 있는 세계은행과 여러 공여국, 유네스코와 같은 기관과 지속적으로 우호적인 관계를 갖도록 하며, 캄보디아에 지원되는 ODA 장학금 규모가 매년 점진적으로 증가될 수 있도록 심층적인 논의와 전략 수립도 필요할 것이다.

세 번째로 캄보디아는 직업기술교육훈련에 더 많은 관심을 가지고 산업연계 교육을 통하여 더 많은 캄보디아 청년들이 직업기술교육훈련의 기회를 제공받을 수 있도록 해야 한다. 캄보디아 청년과 성인의 형식, 비형식교육 및 훈련 참여율은 2019년 기준 겨우 10.80%이었다. 이는 2012년보다 2%나 적은 참여율이다. SDG4의 달성뿐만 아니라 캄보디아의 인적자원개발을 위해서 직업기술교육훈련 기회의 확대는 불가피한 과제임이 확실하다. 이를 위해 본 분야 예산을 증대시키고 산업과 연계하여 직업기술교육훈련을 수료한 후에도 취업으로 이어질 수 있도록 체계를 구축하는 것이 필요하다. 구체적으로, 직업기술교육훈련을 실행할 때 해당 교육에 참여한 청년들이 일정 수준으로 자격을 갖출 수 있도록 직무를 수행하는 데 필요한 지식, 기술, 능력을 국가에서 표준화하여 현장성을 가지게 하는 것이 중요하다. 또한 이를 실용화하여 청년들이 훈련받은 지식과 기술을 바탕으로 적정한 직업 경로를 결정할 수 있도록 능력개발의 동기를 부여하여 향후 인적자원개발과 활용에 매우 유용하도록 하는 것이다. 캄보디아 정부는 산업계의 적극적인 참여를 이끌어낼 수 있는 방안을 중점적으로 논의해야 할 것이다.

마지막으로 캄보디아의 의무교육을 제대로 실행해야 한다. 캄보디아는 앞서 언급하였듯이 초등교육 6년과 전기 중등교육 3년, 총 9년을 의무교육으로 지정하였다. 그러나 전기 중등교육까지 학업을 마치는 학생들의 비율은 50% 이하였다(장준영, 2021). 낮은 전기 중등교육 졸업률은 다음 교육단계 취학의 길을 더욱 좁게 만들고 있다. 인적자원개발을 위해 요구되는 기본적인 의무교육조차 제대로 이루어지지 않는다면 국가발전전략에 이미 큰 한계를 가지고 시작하는 것과 다름이 없다. 그러므로 다른 교육 이슈들의 해결과 더불어 캄보디아 정부는 최대한 모든 학생이 국가가 정한 의무교육을 충분히 제대로 마칠 수 있도록 적극적으로 참여를 이끌어내고 이와 관련하여 필요한 여러 지원을 아끼지 말아야 할 것이다.

현재 캄보디아의 교육 부문에서 드러난 여러 주요 이슈들은 단기간에 해결되기 어려운 것은 사실이다. 그러나 이를 위해 캄보디아 정부가 앞서 논의한 다양한 해결방안을 모색하여 철저한 준비와 함께 전략을 실행하는 것이 가장 시급하고 중요한 도전과제가 될 것이다. 이를 위하여 많은 난관에 부딪힐 수 있으나, 지속적인 관심과 논의를 통해 국가 차원에서 차근차근 해결하다 보면 향후 지속적인 발전을 이루어낼 것이라 기대한다.

제5장

라오스의 교육발전과 주요 이슈

가. 들어가며

서쪽으로 미얀마와 태국, 북쪽으로 중국, 남쪽으로 캄보디아, 동쪽으로 베트남이 에워싸고 있는 라오스는 동남아시아에 위치한 한반도의 약 1.1배의 크기를 가진 작은 국가이다. 21세기 초반 역내 최빈국이었던 라오스는 지난 20년간 정치경제적으로 안정세를 보이며 꾸준히 성장했다. 소득수준이 증가하고, 빈곤율이 감소하고, 주요 공공서비스에 대한 접근성이 개선되는 등 라오스는 긍정적 성과를 보이고 있다. 각 국가의 평균수명, 소득수준, 교육수준을 반영하는 UN개발계획에서 발표하는 인간발전지수(Human Development Index; HDI)에 따르면 2017년에 189개국 중 139번째 중위 국가로 분류되고 있지만, 2024년에 벗어날 것으로 예측되었다(UNESCO, 2020).

라오스는 인민민주공화제를 채택하고 있으며, 의회는 단원제로 유일 정당(라오인민혁명당) 체제다(한국수출입은행, 2023). 그 정치체는 역사적으로 주변 인접국들의 영향을 많이 받았다. 특히, 라오스의 역사는 14세기 란쌍(Lan Xang) 왕조로 거슬러 올라가며 현재까지도 라오스 사회의 국가공동체 정체성 형성 과업은 인접한 태국과 긴밀히 연관된다. 프랑스 식민 지배 이전에 1893년부터 1945년까지 태국으로부터 지배적인 영향을 받아왔기 때문이다. 1945년과 1954년 사이에 독립하며 첫 연합정부를 구성했던 라오스는 1962년 제네바 콘퍼런스에서 중립 국가로 참여했지만, 인도차이나반도에서 일어났던 2차례의 전쟁을 겪으며 1975년 미국-베트남 전쟁 직후 단일정당 공산 정부를 세웠다. 그 이래 라오인민혁명당은 오늘날까지도 유일정당으로 활동하고 있다. 그러나 21세기 말 냉전체제하 동맹관계를 구축해온 사회주의 노선의 몰락과 더불어 라오스 사회의 국가발전 과제 등은 라오스로 하여금 국제 신자유주의 흐름에 문을 열게 했다.

IMF(2021)에 따르면 라오스의 GDP는 186억 불, 1인당 GDP는 2,504불, GDP 성장률은 2.1%, 물가상승률은 3.8%이다. 청년인구 비중이 높은 라오스의 실업률은 1.0%로 낮다. 21세기 초반 최빈국의 지위로 출발했던 라오스는 2030년까지 중고소득국 진입을 목표로 삼을 만큼 꾸준한 경제성장을 보이고 있다. 라오스의 경제구조는 GDP 대비 서비스업(46.8%), 산업(34.9%), 농업(18.3%) 순으로 비중을 차지한다(OECD & WTO, 2019). 인접한 중국, 태국, 베트남이 주요 교역국이며 농산물, 광산자원이 주요 수출품목이다.

그간 국가 성장은 보유한 자연 자원에 의존했으며 직업 창출과 부의 재분배가 적극 이루어지지 않은 측면이 있다. 아울러 라오스의 재정수입 손실과 취약한 공적 재원 관리는 계속해서 경제수익을 효과적으로 분배하는 데 걸림돌이 되어왔다(World Bank, 2017a). 실제 라오스의 빈곤 감소율은 역내 다른 나라에 비해 더디다.

라오스의 인구는 2021년 IMF 통계에 따르면 약 726만 명으로 매년 성장세를 보이고 있다. 여성당 출생아 수는 2.71명으로 역내에서 가장 높으며 이러한 인구 추세는 라오스 여성의 보건 부담을 높이는 한편 교육과 취업기회를 제약하는 것으로 세계은행(2017)은 분석한다. 인구의 2/3는 농촌 지역에 거주하고 있으나 국가는 빠르게 도시화되고 있다. 지난 10년간 도시 인구는 40%로 급격히 늘었다. 라오스 통계청에 따르면 라오스의 수도인 비엔티안의 인구는 94.8만 명이다. 인구의 절반 이상이 23세 미만으로 청년인구 비중이 높은 라오스의 국가적 관심사항이자 핵심과제는 자연스레 경제성장을 위한 인적자원개발로 이어진다.

라오스는 다민족다언어국가다. 2018년 12월 국회가 채택한 바에 따라 라오스는 공식적으로 50개의 민족집단으로 구성되어 있으며, 726만 명의 인구는 다시 지역별로 3개 집단, 또는 4개 주요 언어 갈래에 따라 분류된다. 인구의 69%가 불교를 믿지만 토속신앙(28%)과 기독교(1.5%) 또한 찾아볼 수 있다.

나. 교육시스템 및 현황

라오스의 형식교육 체계는 핵심적으로 다음과 같이 구성된다. 보육시설(3개월-3세)과 유치원(3-6세)을 포함하는 영유아교육; 초등교육(1-5학년, 5년과정), 전기 중등교육(6-9학년, 4년과정), 후기 중등교육(10-12학년, 3년과정)으로 나뉜 보편일반교육; 후기 중등교육단계에서의 기초 또는 첫 단계와 중등교육 이후의 중간 단계 및 3단계로 나뉜 직업교육 또는 직업기술교육훈련; 전문학위(2년), 학사학위(4년), 석사학위(BA+2년), 박사학위(MA+3년)를 포함해 다른 단계를 포괄하는 고등교육; 그리고 성인교육으로서 접근하는 비형식교육도 포괄한다. 해당 학제는 2007년 라오스 정부에 의해 30년간 운영해 온 11년제(5-3-3) 교육과정이 세계적 흐름에 발맞춰 변화된 것이다.

〈표 5-1〉 라오스 학제

<table>
<tr><th>구분</th><th>연령</th><th>학년</th><th colspan="2">대학</th><th>직업기술학교</th><th></th></tr>
<tr><td rowspan="10">고등</td><td rowspan="3">〉 23</td><td>3</td><td rowspan="3">박사
≥3년</td><td rowspan="5"></td><td rowspan="7"></td><td rowspan="10"></td></tr>
<tr><td>2</td></tr>
<tr><td>1</td></tr>
<tr><td>24</td><td>2</td><td rowspan="2">석사
≥2년</td></tr>
<tr><td>23</td><td>1</td></tr>
<tr><td>22</td><td>5</td><td rowspan="5">학사
정규과정
≥4년</td><td rowspan="2">학사학위 인증
과정 ≤1.5년</td></tr>
<tr><td>21</td><td>4</td></tr>
<tr><td>20</td><td>3</td><td rowspan="3">전문대학
(2-3년)</td><td rowspan="3">고등
직업기술교육훈련
학위 과정 (3년)</td></tr>
<tr><td>19</td><td>2</td></tr>
<tr><td>18</td><td>1</td></tr>
<tr><td rowspan="7">중등</td><td>17</td><td>12</td><td colspan="2" rowspan="3">후기 중등과정 (3년)</td><td rowspan="3">직업교육 수료과정
(9+3)</td><td rowspan="2">후기 중등과정
10-12학년 (1.5년)</td></tr>
<tr><td>16</td><td>11</td></tr>
<tr><td>15</td><td>10</td><td></td></tr>
<tr><td>14</td><td>9</td><td colspan="3" rowspan="4">전기 중등과정 (4년)</td><td rowspan="2">전기 중등과정
6-9학년 (2년)</td></tr>
<tr><td>13</td><td>8</td></tr>
<tr><td>12</td><td>7</td><td rowspan="2"></td></tr>
<tr><td>11</td><td>6</td></tr>
<tr><td rowspan="5">초등</td><td>10</td><td>5</td><td colspan="3" rowspan="5">초등과정 (5년)</td><td rowspan="3">초등과정 P 1-3
(12개월)</td></tr>
<tr><td>9</td><td>4</td></tr>
<tr><td>8</td><td>3</td></tr>
<tr><td>7</td><td>2</td><td rowspan="3"></td></tr>
<tr><td>6</td><td>1</td></tr>
<tr><td>영유아</td><td colspan="2">〈 6</td><td colspan="3">유치원 (3년)</td></tr>
<tr><td colspan="3"></td><td colspan="3">형식교육</td><td>비형식교육</td></tr>
</table>

출처: sea-vet.net

라오스 정부는 국가의 사회·경제 발전과 빈곤 감소를 위한 핵심 동력으로 교육의 접근성과 질 제고를 꼽는다. 최근에 수립된 제9차 5개년 국가사회경제발전계획(NSEDP, 2021-2025)은 정부의 교육스포츠 부문 발전계획(ESDP, 2021-2025), 지속가능발전을 위한 글로벌2030아젠다, SDGs와 연계되어 수립되었으며 이 4가지 정책 프레임워크가 교육 부문의 정책을 대체로 견인한다. 그간 기초교육 분야에서 라오스는 여아 및 남아 모두에게 접근성을 제고하는 데 상당한 진전을 이루었다. 수십 년간 기초교육에 참여하는 학생 수가 지속적으로 증가했지만 교육의 질은 여전히 과제로 남아있다.

UNICEF(2017)에 따르면 라오스에서 영유아교육 및 보육에 대한 수요는 계속 증가하고 있지만 관련 교육활동을 확대하기에는 정부의 역량에 한계가 있다. 취학 전 단계에서 유아교육에 참여하는 아동의 비율은 2009년 17.9%에서 2018년 46.46%로 증가했다. 일반적으로 유아교육 참여율은 농촌 지역(22.7%)보다 도시 지역(56.8%)이 높으며, 라오스 통계청에 따르면 그 비중은 가장 부유한 5분위 집단에서 가장 높다(69%). 가장 낮은 영유아교육·보육 참여율은 최빈 5분위 집단에서 나타난다(12.6%).

지난 10년간 초등교육 취학률은 비교적 안정적으로 증가했으며 2018년에 91.47%에 도달했다. 높은 유급률과 이탈률 그리고 5학년까지 진학하는 학생의 비율이 81.1%에 그치는 점은 도전과제이며 긴급한 관심이 요청된다.[1] 높은 이탈률에 대한 UNDP의 원인 분석에 따르면 아동의 학교 준비도뿐 아니라 열악한 학교 시설, 교사의 한정된 역량, 저조한 교사 출석률, 낮은 질의 교수·학습, 학교교육에 대한 가정의 부담과 기회비

1) https://laos.opendevelopmentmekong.net/topics/social-development/.

용, 교육에 대한 투자 관련 재정지원 부족 등이 꼽힌다.[2)]

중등교육 누적취학률은 성별로 유사하게 2009년 38.11%에서 2018년 60.01%로 증가했다. 유의미한 변화를 보였지만 현재 여전히 11-17세의 청소년 40%가 학교 밖에 있다. 최근의 UNICEF(2018)는 연구를 통해 15-17세의 여성 청소년 14%가 조혼 또는 임신을 했으며 이들 중 다수가 교육의 기회를 갖지 못한다는 점을 밝혔다.

고등교육 참여율은 앞선 바와 달리 반대의 경향을 보인다. 유네스코통계연구소(2023) 통계에 따르면 남녀 모두 2013년에 정점을 찍고 2021년까지 꾸준히 그 비율이 감소했다. 남녀 통틀어 고등교육 참여율은 2013년 19.02%에서 2021년 12.98%로 지속적으로 떨어졌다.

비록 라오스에서의 기초교육이 무상일지라도 가내 생계를 위해 일하거나 돌봐야 할 아이들에 대한 교육의 기회비용과 학교에 참가하기 위해 발생하는 교복, 급식 및 교통비는 가난한 가정의 아이들에 대한 학교 접근성을 떨어뜨린다(World Bank, 2019). 비형식교육 학력인정 프로그램에 대한 참여와 함께 학교 밖 아동·청소년 수 또한 증가해 UNESCO(2020)에 따르면 2018년 기준 여아 및 여성 청소년의 경우 35,170명, 남아와 남성 청소년의 경우 30,200명에 달한다.

ILO(2016)는 라오스의 경제의 긴요한 변화에 따라 인력 개발과 그에 대한 계획에 관심을 촉구한 바 있다. 경제구조 중 산업과 서비스업의 비중이 커지면서 특히 광산개발, 하이드로파워, 교역, 관광, 요식업, 텔레커뮤니케이션과 정보기술(IT) 분야의 성장, 수출의 비중이 커지는 의류산업 등에 대한 고려가 포괄적 성장, 환경영향 차원에서 이루어져야 함을 확인했다. 국가 차원에서 경제기반의 변화에 따라 높아지는 직업기술교

2) https://www.undp.org/content/lao_pdr/en/home/sustainable-development-goals

육훈련에 대한 관심은 '직업기술교육훈련 발전계획'에 반영되고 있으며, 2013년에 이루어진 법제 개정은 12개월 미만의 단기 기술발달훈련을 계속적인 12개월 이상의 직업기술교육훈련과 구분하는 근거를 마련했다.[3) ILO(2022, p. 65)에 따르면 공공서비스 영역을 제외한 경제참여활동인구의 비중이 농업(38%), 교역(22%), 제조(9%) 순으로 높다. 특히, 코로나 영향에도 불구하고 라오스의 경우 제조 분야 고용인구는 증가세를 보이고 있는데, 라오스가 산업화에 발맞춰 수립하고 이행하는 국가의 인력개발 전략에 따른 현상으로 보인다.

다. SDG4 이행 현황과 주요 이슈

유네스코는 '교육2030 인천선언 및 실행계획'(2015)을 통해 각 회원국에 SDG4 이행 모니터링을 위한 "적절한 중간 벤치마크(intermediate benchmarks, 예: 2020년, 2025년 기준)" 설정을 요청한 바 있다. 대부분의 회원국은 이에 따라 국별 맥락을 고려한 벤치마크를 설정하고 있다. 라오스는 2021년에 '2021-2025 교육·스포츠 섹터 발전 계획(ESSDP)' 및 '제9차 사회·경제 발전 5개년 계획(NSEDP, 2021-2025)'과 관련하여 해당 벤치마크를 설정했다. 21세기 들어 급격한 경제성장에 힘입어 최빈국 지위에서 벗어나 2030년까지 고중소득국 지위로 진입하려는 국가의 2030 비전에 따라 수립된 상기 두 계획 중 NSEDP는 그 실현에 있어 인적자원개발을 6대 주요 성과목표 중 하나로 지정하고 다양한 교육 층위에서 목표를 제시했다.

이를 통해 라오스 정부는 모두를 위한 동등한 양질의 교육 실현에 있

3) http://sea-vet.net

어 전반적인 시스템 발전을 요청하고 있다. ESSDP는 교육 부문에서 그간 이루어진 상당한 진전에도 불구하고 교육 격차, 낮은 학습 성취도, 중등 교육으로의 낮은 진학률과 중등교육 초기의 높은 이탈률과 같은 문제들을 극복하기 위해 NSEDP와 연관해 별도로 수립되었으며, SDG4 목표들과 발맞추는 8대 우선 영역을 중심으로 틀을 갖췄다. 그렇다면 SDG4 이행 현황은 어떠한가?

2021/2년 유네스코 Global Education Monitoring(GEM)보고서에 따르면 2019년 기준 라오스의 교급별 교육 완수율은 초등 85%, 전기중등 63%, 후기중등 40%로 추산된다. 학교 밖 아동·청소년의 비율이 교급별로 역내 가장 높은 점, 상위 교급으로 진학하는 비율이 낮은 점과 함께 초등학교 말에 읽기와 수학 분야에서의 최소 숙달 수준에 미친 학생 비율이 각각 2%와 8%에 불과하다는 점은 라오스 교육 전반에 걸쳐 영향을 미치는 도전과제를 확인시켜준다. 가장 기초적인 기술들을 제대로 학습하지 못하는 라오스 교육의 낮은 질 문제는 관련 지표별 수치를 통해 확인된다.

라오스의 경우 초중등 교육 현황이 코로나 이후 나빠졌다고 보고된다. 글로벌교육모니터링 보고서(UNESCO, 2022)는 코로나 상황에서 라오스의 교육서비스 접근성 측면에서 도농 간 상당한 격차가 있었음을 보여준다. 급변하는 기술 발전의 시대 속에서 엄습한 동아시아와 태평양 지역의 코로나의 상황에서 8천만 명의 아동이 어떠한 원격학습방식으로도 교육에 접근하지 못했다고 추산된다. 라오스의 경우 기기를 통한 가정의 인터넷 접근율이 2017년 2%에서 2020년 43%로 급격히 확대되었으나, 농촌 지역 가구의 49%만이 텔레비전을 소유하면서 학습에 심각한 지장이 초래되었다고 보고된다(UNESCO & UNICEF, 2021).

다음으로 영유아교육, 보육과 관련한 유네스코통계연구소 데이터[4]에 따르면 2021년 기준으로 70.63%의 라오스 아동이 정규 초등학교 입학연령 전 1년간 체계화된 학습에 참여했다. 특이한 점은 동남아시아와 동아시아 지역에서 증가하는 민간영역 교육활동 참여 추세와 달리 라오스의 영유아교육, 보육 서비스의 공공부문 점유율(영유아교육 참여율, 민간 약20%, 공공 약 80%)이 크다는 점이다. 발달상 곤란을 겪는 아동 비율에 대한 최빈 가정과 최부 가정 간 격차는 감소했지만, 체계화된 학습 참여율에 있어 도농 간 그리고 경제 형편상 격차를 보인다. 2021/22년 GEM 보고서는 가난한 가정의 아이들과 농촌 지역의 아이들이 영유아교육에 참여할 가능성이 적다고 설명한다.

셋째, 직업교육 및 고등교육과 관련해 2019년 기준 전 지구적으로 고등교육에 참여하는 여성은 1억 천8백만 명, 남성은 1억 천만 명에 육박하며 2000년 이후로 총취학률이 매년 약 1%씩 꾸준히 증가해 39%에 도달했지만, 라오스의 2019년 고등교육 참여율은 14%로 2013년 이후 반대로 꾸준한 하락률을 보이고 있으며 2021년에는 12.98%를 보이며 동남아시아 역내에서 가장 낮다. 교육의 질 제고를 통해 기초기술의 최소 숙달수준 제고가 우선적으로 시급한 라오스에서 고등교육 현황 개선은 초중등 교급의 도전과제 해소를 통해 가능해 보인다.

4.4 지표와 관련해선 중저소득국에서 인터넷과 ICT 기기에 대한 접근성이 ICT 기술 보급률을 좌우한다. 라오스의 20-24세 사이의 청년인구 중에서도 인터넷 활용 경험이 전혀 없는 비율은 여성 61%, 남성 63%에 육박한다. ICT 기술 보급률을 학력으로 나누면 격차가 더 극명해진다. 라오스의 경우, 9개 역량 유형 중에서 가장 교육을 많이 받은 인구집단이

---

4) https://uis.unesco.org/

보유하는 역량은 1-2개에 불과하다. 대부분의 국가 현황을 살펴보면 중등교육과 ICT 역량 보유현황 간 상관관계를 확인할 수 있다고 2021/2 GEM 보고서는 밝힌다. 이에 따라 보편적 중등교육이 4.4 달성에 중요한 견인역할을 할 수 있다고 추정할 수 있겠다.

형평성과 관련해선, 빈곤 감소가 국제사회의 2030 아젠다의 핵심 목표지만 이를 개념화하는 방법이 다양하다는 것을 연차별 모니터링과 GEM 보고서를 통해 확인할 수 있다. 소득과 빈곤은 정적 상관관계를 나타내지만, 소득만으로는 빈곤을 평가하는 것이 부적절하기 때문에 지표 설정, 활용, 해석 등에 유의해야 한다. 2021-22 GEM 보고서에 따르면, 최근 며칠 동안 최소 식사 횟수를 영위한 아동의 비율이 소득 수준을 대신할 수 있다는 것을 알 수 있다. 많은 국가에서 최소한의 식사 횟수를 충족하지 못하는 6-23개월의 아동 비율은 자산 5분위에 따라 유사한 양상을 보였다. 그러나 라오스의 경우, 자산 최상위 분위에 속하는 가구의 아동들이 해당 비율의 13%를 충족하지 못하는 반면, 자산이 가장 낮은 분위에 속하는 가구의 아동들은 이 비율이 40%에 육박한다. 또한 교육지표에 대한 성별, 지역, 빈부 영향은 중첩되었을 때 그 영향이 커진다.

그렇다면 문해력과 수해력은 어떠한가? 2021-22 GEM 보고서는 학교교육의 부재율과 비문해율이 일치하지 않는다는 점을 통해 학교 밖 문해력 제고활동의 중요성을 강조한다. 2021-22 GEM 보고서에 따르면, 2015년 라오스의 청소년 문해율은 92%, 성인 문해율은 85%로 나타났다. 그러나 이는 47개의 민족집단으로 구성된 라오스의 사회에서 주요 민족 그룹인 라오족의 언어에 기반한 문해력을 측정한 것이다. 스튜어트폭스(Stuart-Fox, 1998)는 인접국 중 유사하게 다양한 민족의 구성원을 가진 태국이나 캄보디아와 달리 라오스가 교육현장에서 방언 사용을 전혀 고려하지 않는 점을 지적한다. 교육 형평성을 강조한 문해 현황 분석은 라오스의 사회문화적 맥락을 이해하는 데 도움이 될 수 있다. 예를 들어, 농촌 지역의 여성은 남성보다 낮은 문해율을 보이며, 소수민족의 언어를 모국어로 사용하는 사람들은 라오어를 구사하는 사람들보다 훨씬 낮은 문해율을 보인다. 또한, 라오스의 최빈가정 여성이 가장 낮은 문해율을 보인다(UNESCO & UNICEF, 2021).

GEM 보고서에 수록된 통계에서의 비교적 높은 문해율과 달리 라오스에서의 실망스러운 초중등 교급별 읽기와 수학 분야에서의 최소 숙달 수준 도달률은 눈여겨봐야 할 간극이다. 코모로프스키(Komorowski, 2001)의 라오스의 문해현황에 대한 연구는 효과적이며 합리적인 체계를 통해 라오어로 교수하는 교사를 양산하는 교육 현장이 농촌 지역의 교육의 질을 떨어뜨리며 악순환의 고리를 만든다고 발표한 바 있다.

4.7 지표인 세계시민교육과 관련해서 유네스코의 '1974 권고'는 국제이해, 협력, 평화를 위한 교육과 인권 및 근본적인 자유와 관련된 교육을 강조하고 있다. 이 권고는 세계시민교육과 지속가능발전교육에 대한 정책, 교육과정, 교사훈련 및 학생 평가가 주류로 채택되고 있는지를 확인하는 목적을 가지고 있다. 하지만 라오스는 이러한 통계를 제공하고 있지 않다. 비록 후발주자이지만, 라오스는 관련 개념을 교육에 적용하기 위해 지속적인 노력을 기울이고 있다. 최근에는 유네스코 아시아태평양국제이해교육원의 자문과 기술지원을 받아 2021년부터 세계시민교육과 연계한 교육과정 및 교수학습자료 발전을 진행하여 공공 교육에서의 세계시민교육 주류화를 시도하고 있다.[5]

이행 현황 중 교사와 관련해 2019년을 기준으로 학생/교사 비율은 초

5) https://www.unescoapceiu.org/

등에서 21:1, 중등에서 17:1로 나타났다. 그리고 최소한의 훈련을 받은 교사의 비율은 초등, 중등 모두 95%를 상회하는 높은 수준으로 조사되었다. 그러나 이와는 별개로 국가기준에 부합하는 교사자격을 보유한 교사의 비율은 초등은 90%이지만, 중등은 81%로 조사되었다.

라. SDGs 달성을 위한 도전과제

라오스는 2000년 9.5%에서 2020년 70% 이상을 달성하며, 정규 초등학교 입학연령 전 1년간 체계화된 학습 참여 비율에 있어 놀라운 진전을 보였다. 이와 관련하여 2025년까지 86% 그리고 2030년까지 90%로 설정된 목표값 달성을 위해 매년 지속해서 최소 1%의 진전이 요구된다. 비록 2018-2020년 진전속도가 둔화하였지만 초등 이전 교육에 대한 확대 및 해당 교급 교사 집단의 역량 강화에 초점을 맞춘 ESSDP는 그 달성 가능성을 예측할 수 있게 한다.

라오스는 국가 차원에서 모두를 위한 교육과 학교 밖 아동·청소년 비율 줄이기에 박차를 가하고 있다. 학교 밖 초등 연령의 아동 비율은 2000년 24%에서 2020년 8%를 상회하는 수준으로 떨어졌다. 그러나 그러한 진전은 2000년부터 2010년 사이에 대체로 이루어졌으며, 2010년 이후에 침체되고 심지어 역행하기도 했다. 2030년까지 1%로 낮추려는 목표를 달성하려면 라오스는 지방의 교육 접근성 제고와 중도이탈률 감소를 통해 효율성을 높이는 일에 강력히 초점을 맞출 필요가 있다. 2000년 이래 중등교육 수준에서의 학교 밖 아동·청소년 비율 감소에 대한 진전은 미미하다. 2020년 전기 중등 학교 밖 아동·청소년 비율은 30%였으며, 2025년까지 12.2%, 2030년까지 8.6%로 줄이겠다는 목표 달성을 위해서 많은 노력이 필요하다.

라오스는 2030년까지 보편적 초등교육 완수를 꿈꾼다. 초등교육에서의 완수율 기초선은 2020년 66.5%이다. 2000년부터 20년간 1% 남짓 증가했던 진전도에 비해 야심 차게 설정된 벤치마크를 실현하려면 매년 3%씩 진전을 보여야 한다. 초등교육에서 전기 중등교육으로, 전기 중등교육에서 후기 중등교육으로의 낮은 진학률은 주요 장애물로 작용한다. 국가의 ESSDP에 따르면 정책문서, 교육과정 개정, 교수학습 매뉴얼 및 교사 훈련 제공에 있어 상당한 발전이 있었으며, 지속적으로 이루어질 예정이라고 한다. 가정 지원책과 장학사업 확대를 통한 취학률 개선과 중도이탈률 감소 활동은 가장 빈곤한 40개 지역에 대해 우선하여 진행된다. ESSDP 아래 중등직업기술교육훈련의 확대는 학교 밖 비율을 감소하는 데 도움이 될 수 있다. 이 밖에도 국가역량체계에 기반해 무형식을 포함한 다양한 원천의 학습에 대한 인정을 위해 인증서 발급을 통해 모든 형태의 학습을 인정하는 질 관리 기준 발전뿐 아니라 기존의 인정체계 전반에 대한 검토 또한 경주하고 있다.

교육에서의 형평성과 관련하여, 라오스는 성별 격차를 줄이는 데 상당한 성취를 보였다. 중등교육 완수에 대한 성별 격차 지수는 2000년과 2020년 사이에 0.57에서 1.01로 증가했고, 성별 격차는 8.5%에서 0%로 떨어졌다. 국가는 2030년까지 중등교육 완수율을 올리면서도 격차 수준을 0%로 유지할 것을 계획하고 있다. 이 밖에 코로나 팬데믹은 도농 간 학습 격차를 심화시켰다고 2021년 GEM 보고서는 분석한다. 발 빠른 기술 변혁의 과정을 거치는 중에 맞닥뜨린 동아시아와 태평양 지역의 코로나의 상황에서 8천만 명의 아동이 어떠한 원격학습방식으로도 교육에 접근하지 못했다고 추산된다. 라오스의 경우 기기를 통한 가정의 인터넷 접근율이 2017년 2%에서 2020년 43%로 급격히 확대되었다. 그러나 농촌 지역 가구의 49%만이 텔레비전을 소유하면서 학습에 심각한 지장이 초래되었다(UNESCO & UNICEF, 2021). ESSDP의 일환으로, 40개의 우선 지역을 따라 교육서비스의 전달체계 개선을 지원하기 위해 학교 클러스터를 구축하려는 계획이 수립되었다. 도시-지역 격차를 줄이기 위해 이러한 클러스터들에 대한 부가적 인적, 재정 자원 발굴 및 정보, 커뮤니케이션 기술 사용 방안이 제시되었다.

학습 성취 목표와 관련하여, 2011년의 국가 학생 성취도 평가 결과에 따르면 3학년 학생들 중 최소 숙달 수준을 달성하는 학생 비율은 수학에서는 18%, 읽기에서는 24%였다. 라오스는 읽기에 있어 그 목표를 2025년까지 50%, 2030년까지 66%로, 수학에 있어 2025년까지 30%, 2030년까지 42%로 설정했다. 그러나 실제 초등 완수 단계에서의 최소 숙달 수준 달성 학생 비율은 2018년에 읽기 8%, 수학 2%였다. 더 나아가, 전기 중등교육 완수 시기에 대한 학습 평가 과정이 전무한 것이 라오스의 현실이다.

라오스는 초등 이전부터 후기 중등 수준까지 교육의 전 단계에서 훈련된 교사 목표를 100%에 가깝게 설정했다. 2000년부터 20년간 해당 분야에서의 진전은 2020년에 초등 이전 단계에서 94%, 그 이외의 단계에서 100%를 보이며 꾸준히 이루어졌다. 해당 목표는 어렵지 않게 달성될 것으로 예측되었다.

라오스는 과거 활동과 현재의 교육 부문 계획에서도 교육의 질 개선에 대한 강한 의지와 노력을 보여준다. 특히, 새로운 교사 자격체계 개발과 교사훈련기관의 강화를 통해 교수 질을 개선하는 데 상당한 노력을 기울여왔다. 학생의 학습 개선에 초점을 맞춰 교육과정 개정 절차가 이루어지고 있다. 학생의 학업성취도에 대한 질 높은 국가 평가체계의 발전과 교육의 질 개선을 위한 데이터 사용은 또 다른 전략이다. ESSDP는 도농 격차를 줄이고 다른 학년 학생 간 숙달도 제고를 위해 40개 우선 지역에 수학과 읽기 제고 프로그램도 실행하는 것을 목표한다.

교육 비용 충당과 관련하여, 라오스는 정부총지출 대비 15%, GDP 대비 4-6%의 국제목표에 한참 미치지 못한다. 2004년 이래, 정부총지출 대비 15%, GDP 대비 4%를 달성하지 못했으며 현재 이를 목표치로 설정하고 있다. 5개년 계획에 따라 라오스는 교육에 대한 투자를 늘리기 위해 국내외로 자금을 동원할 계획이다.

국가의 인적 자본 발전의 중요성을 강조하는 라오스로서 교육의 질 제고는 핵심 우선과제다. 모든 교육 수준에서 최소 숙달 수준을 갖춘 학생 비율을 제고하려는 노력에도 불구하고 라오스가 아시아 지역 수준으로 학생 학습 성취도를 끌어올리는 일은 여전히 큰 도전과제이다.

제6장

미얀마의 교육발전과 주요 이슈

가. 들어가며

미얀마 연방 공화국(구 버마[1])(The Republic of The Union of Myanmar (Burma))은 중국, 인도, 태국, 라오스와 국경을 접한 인구 약 5,576만 명(미얀마 노동이민주민부, 2022년 9월 기준)의 국가이다. 면적은 676,577㎢(미얀마 중앙통계청, 2021년 1월 기준)로, 수도는 네피도(Nay Pyi Taw), 화폐는 차트(Kyat)이다. 미얀마는 불교 신자가 약 90%에 달하며 민족으로는 약 70%를 차지하는 버마족과 그 외 130개 이상의 소수민족으로 구성되어있다.[2]

고대 및 왕조 시대를 지난 미얀마는 버마족의 마지막 왕조인 꼰바웅 왕조가 19세기 영국과 치른 세 차례의 전쟁(1차 전쟁 1824-1826년, 2차 1852-1853년, 3차 1885년)에서 패하며 영국령 인도에 편입되어 식민시대

1) 많은 문서 및 문헌에서 '미얀마'와 '버마'는 혼용되기도 하나 분명 이는 독자들에게 혼란을 주는 지점이다. 1989년에 국명을 변경하기 이전의 국가에 대해 '버마'라고 칭하는 경우도 있고 영국으로부터 독립하기 이전의 국가에 대해 '버마'라는 국명을 적용하기도 한다(Suante, 2022; 홍문숙, 2017).

2) https://dream.kotra.or.kr/kotranews/cms/com/index.do?MENU_ID=220

에 진입하게 되었다. 제2차 세계대전 중 3년간 일본의 지배를 받았으나 1948년 초 영국으로부터 독립하여 버마 연방(Union of Burma)이 출범하였다(Suante, 2022). 1962년에 집권한 네 윈(Ne Win) 장군은 버마식 사회주의 체제를 도입하였고 20년 이상 실질적인 권력을 행사하였다. 네 윈의 독재에 맞서 '8888 항쟁'으로 불리는 1988년 8월 8일 대규모 학생 시위가 전개되는 가운데 과잉 진압으로 수천 명이 사망했다. 네 윈은 권력을 내려놓았지만, 곧바로 소마웅(Saw Maung) 장군의 쿠데타로 또 다른 군사정권이 탄생했다. 신군부는 국가법질서회복위원회(SLORC: State Law and Order Restoration Council)를 설치하고 시장경제를 도입하며 국명을 미얀마 연방(The Union of Myanmar)으로 변경하였다. 이 과정에서 아웅산 수치(Aung San Suu Kyi)가 중심이 되어 결성한 민주주의민족동맹(NLD: National League for Democracy)은 1990년 선거에서 승리하였으나, 권력 이양을 거부한 신군부에 의해 아웅산 수치가 자택에 연금되고 말았다(홍재우, 2014).

군부는 분열 없이 정권을 유지했으나 2011년 군사평의회가 유사 민간 정부에 권력을 양도하며 변화가 시작되었다(박은홍, 2016). 8888 항쟁에 대한 유혈진압과 1990년의 총선 결과 무시 등 지속적으로 폭력을 행사한 군사정권에 대해 국제적인 제재가 본격화되었고, 결국 2003년 군부는 '규율 민주주의로의 7단계 이행 로드맵(Seven-step toward disciplined democracy)'을 내세웠다(박은홍, 2016). 그 최종 단계로 2011년 3월 테인 세인(Thein Sein)의 부분적 민주 정부가 출범하였다(Suante, 2022). 그해 8월 테인 세인과 아웅산 수치의 회동 이후 수치-테인 협약이 도출되며 민주주의를 향한 질서 있는 이행이 이루어졌다(박은홍, 2021).

마침내 2015년 11월 실시된 총선에서 민주주의민족동맹이 압도적으로 승리하며 민주정권이 들어서게 되었으나 군부는 2020년의 총선을 부정선거라 주장하며 2021년 2월 쿠데타를 감행했다. 이에 대한 시민불복종 운동으로 많은 사상자가 발생하였고 국제사회는 쿠데타 규탄 및 경제 제재로 군부 정권을 압박해왔다. 2021년 4월 인도네시아 자카르타에서 개최된 아세안(ASEAN) 정상회의에서 미얀마 내 폭력 종식 및 해결책 모색, 인도적 지원 등을 위한 평화 협약 다섯 가지를 군사정권과 협의한 바 있으나 제대로 이행되지 않고 있다. 이에 대해 2022년 11월에 개최된 아세안 정상회의에서는 평화 협약 이행을 위한 구체적인 타임테이블이 필요함을 결의하였다(Korea Desk, 2022a).

미얀마의 2021년 기준 명목 GDP는 약 650억 US달러이며 2000년부터 2009년까지는 연평균 12.4%, 2010년부터 2019년까지는 연평균 7.3%의 GDP 성장률을 보였다. 1인당 명목 GDP(PPP) 또한 지속적으로 증가하였으나 2021년에는 쿠데타의 영향으로 $4,430.2를 기록하였다.

2011년 민선 정부 출범 이래로 개혁・개방 기조하 경제성장을 추진해 왔고 2015년의 평화적인 정권 교체에 따라 정치적 불확실성이 해소되고 외국인 투자가 확대되어 지속적으로 높은 성장추세가 예측되었다(한국국제협력단, 2016). 그러나 2020년에 코로나 팬데믹이 선언되며 경제성장률이 3.2%로 하락하였으며, 2021년에는 군부 쿠데타의 영향으로 국제사회가 경제 제재를 가하고 외국인투자기업들이 대거 철수하여 -17.9%의 역성장을 기록하였다.[3] 이에 더하여 큰 폭의 소비자 물가 상승, 미얀마 차트 가치 하락, 세계 유가 상승, 공급망 차질 등으로 인한 수입품의 가격 상승 등의 어려움마저 겪고 있다(Korea Desk, 2022b). 군사정권과 서방 국가들의 갈등으로 경제 제재가 유지될 것으로 보여 사정은 나아지지

3) https://dream.kotra.or.kr/kotranews/cms/com/index.do?MENU_ID=220

않을 전망이나, 국제통화기금(IMF)은 2022년 미얀마의 경제성장률을 1.6%로 예측하여 2021년보다는 경제 상황이 호전된 것으로 보인다.[4)]

미얀마의 국가 빈곤선 이하 인구 비율은 2005년 48.2%, 2010년 42.2%, 2015년 32.1%, 2017년 24.8%로 진전이 있었으나 여전히 개선이 필요하다. UNDP의 인간개발지수 보고서(Human Development Index Report)에 따르면 미얀마의 보건, 교육, 젠더 등 사회적 지표는 향상되고 있으나, 인간개발지수 순위는 여전히 191개국 중 149위(2021년)에 머물러 있어 성취 정도가 그리 높지 않은 상황이다.

나. 교육시스템 및 현황

50년의 군사정권 동안 그다지 중요시되지 않았던 교육은 2011년 테인세인 정부 때 대규모의 개혁을 맞이하게 되었다. 교육법, 교육 및 학교시스템, 교육과정, 교사교육 등에 걸쳐 포괄적인 교육개혁이 이루어졌고, 2014년에는 국가교육법(National Education Law)이, 2019년에는 기초교육법(Basic Education Law)이 각각 제정되었다(Tanaka, 2022).

현재 미얀마의 기본적인 학제는 11학년제로, 의무교육에 해당하는 초등교육은 5년이며 중등교육[5)]은 6년(중학교 4년, 고등학교 2년)이다. 그러나 2028년까지 유아교육 1년, 초등교육 5년, 중등교육 7년(중학교 4년, 고등학교 3년)의 12학년제로 개편을 계획하고 있다(Tanaka, 2022). 신학년도의 시작은 5-6월이다.

---

4) https://dream.kotra.or.kr/kotranews/cms/com/index.do?MENU_ID=220

5) 2015/16학년도에 중등교육이 무상교육에 포함되었다(Tanaka & Khine, 2019).

〈표 6-1〉 미얀마 교육시스템

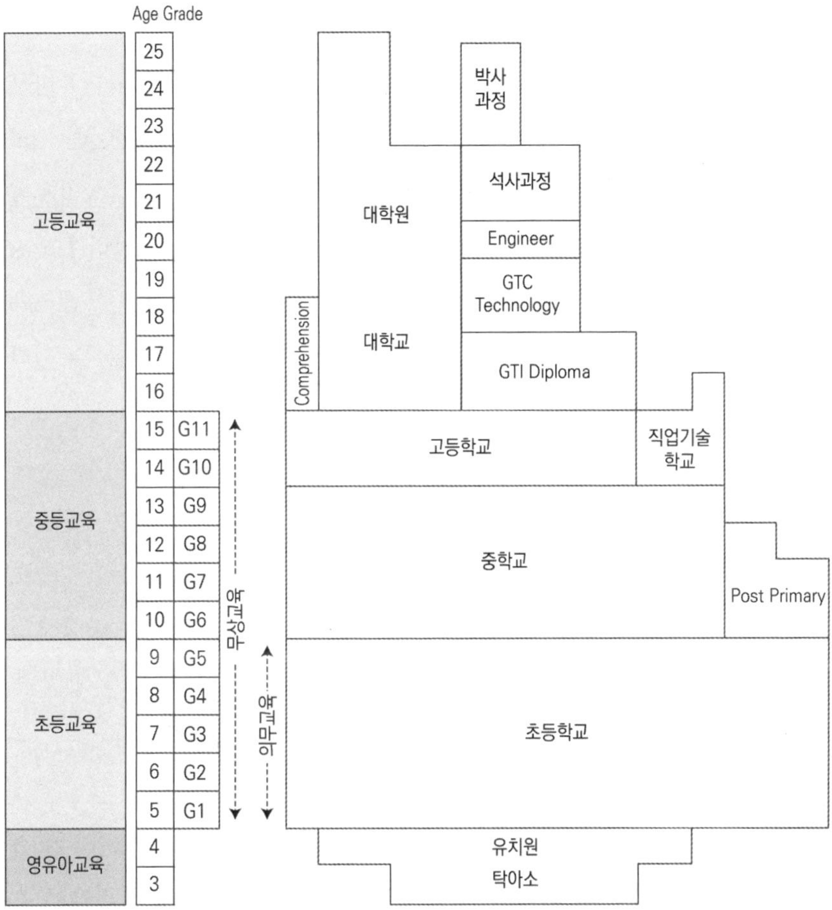

출처: Tanaka, 2022:56

3-4세에 해당하는 취학 전 교육은 의무교육도, 무상교육도 아니지만, 교육부와 사회복지부(Ministry of Social Welfare, Relief and Resettlement)에서 관리하고 있다. 초등학교와 중・고등학교 대부분은 교육부 산하의 기초교육부서(Department of Basic Education)가 관리하고 있으나 수도

원학교(monastic school)와 사립학교에서 기초교육을 받는 학생들도 상당수 존재한다(Myanmar MoE, 2016).

평가의 경우 학생들은 5학년 말에 지역(district)별 시험에, 9학년 말에는 국가적으로 치러지는 중학교 시험에 응시하게 되며, 공식적으로 10학년으로 진급하기 위해서는 후자에 합격해야 하나 실질적으로 엄격하게 적용되는 부분은 아니므로 대부분 10학년으로 자동 진급한다(Liu & Bray, 2020). 한편 11학년 말에 대학입학자격시험을 치르게 되는데 6개 과목에 대하여 각각 100점 만점에 40점 이상을 취득해야 합격할 수 있다(Su, 2019; 천유진, 2020).

고등교육기관은 professional university와 non-professional university로 나뉘는데, 대학입학자격시험에서 합격 기준에 도달하지 못하는 경우 후자에 포함되는 원거리 교육만을 받을 수 있게 된다(Chao Jr., 2020). professional university는 의학, 치의학, 간호학, 약학, 보건학, 공중보건학, 전통의학, 기술, 항공기술학, 경제학, 교육학, 농학 등을 포함하며, non-professional university는 예술 및 과학 관련 전공, 원거리 교육, 외국어문학 등을 포함한다(천유진, 2020).

1973년 대학교육법에 의해 고등교육기관들은 University Central Council (UCC)과 Council of University Academic Boards(CUAB)의 관리를 받는다. 이 두 기관은 교육부가 관리하는 곳으로, UCC는 새로운 고등교육기관의 설립을 추천하고 각 고등교육기관이 수여할 수 있는 학위 및 인증서, 교강사 자격요건 등을 결정한다. UCC의 부속기관인 CUAB는 대학의 기준이나 학생 선발 시스템 등을 담당한다(Chao Jr., 2020). 한편, 고등교육 행정의 중심에는 교육부가 자리 잡고 있으며 여러 정부 부처가 정책을 실행하고 전반적 거버넌스 시스템의 감독하에 산하 대학들을 관리한다.

다. SDG4 이행 현황 및 도전과제

이번 장에서는 SDGs 4번의 세부 목표 10개에 초점을 맞추어 미얀마의 교육 현황을 살펴보고자 한다. 미얀마는 민주 정부로의 전환이 이루어지던 시기에 교육개혁을 위한 교육종합평가(Comprehensive Education Sector Review, CESR)를 3년 반에 걸쳐 실시하였다. CESR은 미얀마 교육 상황 전체에 대한 철저한 검토를 통해 국제적 기준에 근거한 기준점을 설정하고 국가교육전략계획(The National Education Strategic Plan 2016-2021, NESP)을 수립하기 위한 작업이다(Myanmar MoE, 2016). 국가교육전략계획은 9개 분야에 초점을 맞춘 것으로, '모든 학교와 교육기관에서 측정 가능한 학생 성취도의 향상을 위해 학습지도와 배움, 직업기술교육훈련, 연구와 혁신을 개선하는 것'을 목표로 하고 있으며 SDGs 4번의 달성과도 연결된다(Myanmar MoE, 2016).

이와 함께 국가적으로 수립된 미얀마 지속가능발전계획(Myanmar Sustainable Development Plan 2018-2030, MSDP)은 SDGs와 맥을 같이 한다. 미얀마 지속가능발전계획은 세 개의 폿대를 중심으로 총 5개의 목표를 제시한다. 이 중 '교육'은 세 번째 폿대 '사람과 지구(People & Planet)', 네 번째 목표 '21세기 사회를 위한 인적 자본 및 사회개발(Human Resources & Social Development for a 21st Century Society)' 중 첫 번째 전략(Strategy 4.1)에서 다루어진다. '형평성 있는 양질의 평생교육 기회에의 접근성을 개선한다'가 그것이다(Myanmar MoE, 2016).

첫 번째는 SDGs 세부 목표 4.1과 관련해 미얀마는 초중등교육까지 무상교육이나 초등교육 5년만 의무교육에 해당한다. 초등학교, 중학교, 고등학교 과정 이수율은 2020년 기준 각각 84.40%, 52.70%, 21.60%이다

(UIS, 2022). 2016년에 발표한 학교 밖 아동·청소년의 비율은 초등학교 11.2%, 중학교 17.9%, 고등학교 42.89%이며(홍문숙, 2017), SCOPE에 의하면 최근 각각 7%, 11%, 21%로 크게 개선된 것으로 보인다.[6] 그러나 2020년 이후 2년간 학교 밖 아동·청소년의 수가 두 배로 증가하여 코로나 팬데믹과 쿠데타 등 정치적 불안의 영향이 있었음을 알 수 있다(Save the Children, 2022).

한편, 미얀마의 학교는 대부분 국공립이나, 2011년부터 정부에서 사립학교의 설립을 허가하였다. 이후 초·중·고등학교 모두에서 사립학교의 수 및 학생 수의 비중이 높아지는 것을 확인할 수 있는데 이는 특히 고등학교에서 뚜렷하다. 이 범위 바깥에 존재하는 수도원학교도 주목할 만하다. 수도원학교는 수도승 또는 수녀에 의해서 운영이 되며 무료로 취약계층 아이들에게 식사 및 교육을 제공하고 있다. 수도원학교는 1962년부터 1988년까지 운영이 금지되었으나, 1992년에 허가를 받아 국가교육과정을 채택하여 가르치게 되었고, 2014년에 국가교육법에 의해 공인되었다(Pun, 2018). 2016년을 기준으로 1,538개의 수도원학교가 약 30만 명의 학생들을 수용하고 있으며 이는 전체 학교의 3.25%, 전체 학생 수의 3.21%를 차지하는 수준이다(Myanmar MoE, 2016).

두 번째 영유아교육의 글로벌 지표[7]에 해당하는 4.2.1 '보건, 학습, 심리적 건강 부문이 정상 발달 중인 24-59개월 아동의 비율(성별)'은 미얀마의 경우 데이터가 부재하여 확인이 어려우나, 취학 전 교육 총등록률

---

6) https://www.education-progress.org/en

7) 4.1부터 4.c까지 각각의 세부 목표 아래에는 이행수단 관련 지표가 존재하는데 이는 1-2개의 글로벌 지표(global indicator)와 여러 개의 테마 지표(thematic indicator)로 구분된다. 세부 목표 4.2의 경우 4.2.1과 4.2.2가 글로벌 지표이며 4.2.3부터 4.2.5까지는 테마 지표에 해당한다.

은 2016년 9.07%, 2017년 9.78%, 2018년 8.53%로 하락세에 있다.[8] 이는 타 아시아 국가들과 비교해보아도 낮은 수치이다. 2015-2016년 사이 취학 전 교육 프로그램에 참여한 36-59개월 아동의 비율의 경우 소득수준과 거주 지역에 따라 참여율이 다르나 성별에 따른 불균형은 미미한 것으로 보인다. 그러나 미얀마의 경우 만 5세부터 초등교육에 참여하기 시작하기 때문에 보통 만 6세에 초등교육을 시작하는 타국과 취학 전 교육의 달성 현황을 비교할 때 주의할 필요가 있다. 미얀마 취학 전 교육의 경우 모니터링이 적절히 이행되지 않아 교사의 질을 판단할 수 있는 국가적 데이터가 부재하고 실제로 많은 취학 전 교육 교사들은 사전교육 없이 근무를 시작하고 있으며, 근로에 대한 지원이 취약하여 이직률도 높다 (Rao 외, 2021).

세 번째로 미얀마에는 171개 고등교육기관이 있으며(Myanmar MoE, 2016) 고등교육 총등록률은 2018년 기준 18.82%로 여전히 고등교육 접근성이 낮은 편이다.[9] 미얀마 고등교육 등록 인원은 professional university보다 non-professional university가 압도적으로 많다. 앞에서 대학입학자격시험에서 합격 기준에 도달하지 못할 때 non-professional university에 해당하는 원거리 교육만을 받을 수 있다고 언급하였는데, 이와 관련하여 미얀마의 대학입학자격시험의 응시자와 합격자 수를 살펴보면, 2019년 대학입학자격시험 응시자는 910,229명이었고 합격자 수는 291,798명으로 합격률은 약 32%이다. 응시자 수는 2011년 이래로 지속적으로 증가하는 추세이나, 합격률은 30% 가까이 유지하고 있다.[10]

---

8) https://uis.unesco.org/

9) https://uis.unesco.org/

10) https://www.mmsis.gov.mm/sub_menu/statistics/statDbList.jsp?vw_cd=MT_ZTITLE

직업기술교육훈련의 경우, 미얀마 직업기술교육훈련부(Department of Technical and Vocational Education and Training, DTVET) 산하 직업기술교육훈련 기관들이 중등학교 단계와 그 이후 단계, 재교육을 필요로 하는 훈련 코스, 공교육 밖에 있는 18세 이하 청소년들을 위한 역량기반 훈련 코스, 성인 대상 평생교육 등 여러 프로그램을 제공한다(Thu, 2021).

4.4 세부 목표와 관련해 현재 미얀마는 기술 유형별 ICT를 보유한 청소년/성인의 비율과 디지털 문해 역량에서 최소수준을 달성한 청소년/성인 비율에 대한 자료가 부재한다. 그러나 취업 및 노동인구 현황을 볼 때 미얀마는 미숙련 노동자가 23%, 숙련된 노동자가 77%이며 이 중 고숙련 노동자 비율이 7%에 그친다(Tun & Juchelková, 2022, p. 3).

다음으로 형평성과 관련한 4.5.1의 이행수단 관련 지표를 살펴보면 교육단계별 성별 격차는 존재하지 않으나 도농 격차와 소득 격차가 크게 벌어져 있으며, 이는 높은 단계의 교육으로 갈수록 심해진다. UNICEF와 SEAMEO(2020)에서 동남아시아 6개국(캄보디아, 라오스, 말레이시아, 필리핀, 베트남, 미얀마)의 5학년 학생들을 대상으로 한 학업성취도 조사에서도 미얀마의 경우 읽기, 수학, 쓰기 역량에서 오히려 여학생들이 남학생들보다 높은 성취도를 보인다. 그러나 학교에서 사용하는 언어가 모국어 또는 자주 사용하는 언어가 아닌 학생들의 경우 그렇지 않은 학생들에 비해 학업성취도가 현저히 떨어진다. 고소득계층과 저소득계층의 학업성취도 차이는 벌어져 있으나 그 차이는 타 5개국에 비해서 작은 편이다(UNICEF & SEAMEO, 2020).

문해력의 경우 2019년도 기준이기는 하지만 미얀마의 15-24세 청소년 문해율은 95.42%, 25-64세 문해율은 88.78%, 65세 이상 문해율은 73.83%

이다. 학력에 따른 20-24세 문해력을 비교하였을 때 미얀마는 방글라데시, 인도네시아, 파키스탄, 동티모르와 비교하여 전반적으로 높은 성적을 보였으며, 단 한 번도 공교육 기회가 없었던 학생 중에서도 50%는 글을 읽고 쓸 줄 알았다(UNESCO, 2021b, p. 305).

마지막인 7번째 목표와 관련해서는 이행 정도를 나타내는 자료가 부재한 세부 지표가 많으나, 2018년 기준으로 역량기반 HIV 및 성교육을 제공하는 학교의 비율은 초등학교 84.35%, 중학교 85.45%, 고등학교 90.04%이다. 5학년 학생들을 가르치는 교사 일부를 대상으로 한 UNICEF와 SEAMEO(2020) 조사에서는 미얀마의 경우 평균적으로 약 70% 이상의 교사들이 세계화, 아동인권, 환경보호, 지속가능발전, 불평등, 다양성 존중 등의 세계시민교육 주제와 관련하여 가르칠 준비가 되어있다고 답하였다.

나아가 이행 목표 및 지표와 관련해 인프라 및 학습환경의 측면에서는 여전히 성별에 따라 화장실이 구분되어 있지 않은 학교도 20-30%가량 존재하며 장애 학생을 위한 인프라 및 도구를 갖춘 학교 또한 1%에 그친다(UNESCO, 2021b, p. 458). 더욱이 2021년 쿠데타 및 시위로 인해 학교에 행해진 공격의 수가 크게 증가하여 2021년 기준으로 426회를 기록하였다.

또한 교사의 경우 여러 시행착오를 거쳐 현재로서는 교사교육을 위한 두 종류의 교육기관, 스물다섯 곳의 Education Colleges(EC)와 두 곳의 Universities of Education(UOE)이 존재한다. EC[11]에서는 1년 코스와 2년 코스를 제공하는데, 1년 코스를 마치는 경우 교사교육자격증(Certificate

11) EC는 2021년부터 4년제 대학으로 점진적 승격을 시작했고 교육과정도 개선하고 있다(Tanaka, 2022).

in teacher education)이 부여되고 초등학교 교사가 될 수 있다. 2년 코스를 마치면 교사교육 디플로마(Diploma in Teacher Education)가 부여되고, 초등학교에서 2년 근무한 후 중학교 교사가 될 수 있다. 반면 UOE에서는 4년제 대학에서 교육학 학사 학위과정 졸업 후 곧바로 중학교에서 교사로 근무하게 되며 2년 후에는 고등학교 교사가 된다. 2012년부터는 5년제 과정을 제공하여 이 과정을 마칠 경우 바로 고등학교 교사가 될 수 있는 기회를 얻을 수 있게 되었다(Tanaka, 2022). 교사훈련과 자격을 갖춘 교원 증대에 대한 세부 지표는 이행 정도가 모두 2018년 데이터에 근거하고 있으나, 미얀마에서 지속적으로 교사교육시스템 개선에 힘쓴 결과, 대부분의 교사들이 최소 자격요건을 갖추고 있다. 교사 대우와 관련하여서는, 2015년에 월급이 평균 9만 차트(US $67)에서 14만5천 차트(US $107)로 상향 조정되었으나 여전히 적은 편에 속한다(Maber, Oo & Higgins, 2018).

지금까지 이행 현황에서 보이는 미얀마 교육의 주요 이슈는 1) 교육 접근성, 2) 교육의 질, 3) 교육격차 또는 형평성의 세 가지 차원에서 도출된다. 첫 번째로 교육 접근성을 살펴보자. 취학 전 교육 등록률은 10%를 넘지 못하고 매해 증가율 또한 미미하여 타 아시아 태평양 지역 국가들보다 한참 뒤떨어져 있다. 제한적인 취학 전 교육 기회는 학업 준비도, 학업성취도, 더 나아가 국가 경제발전에까지 부정적인 영향을 미친다(Myanmar MoE, 2016). 중학교와 고등학교의 경우 총등록률[12]이 각각 52%(2009-2010년)에서 71%(2016-2017년)로, 26%(2009-2010년)에서 44%(2016-2017년)

12) SDGs에서 총등록률은 4.2.4, 4.3.2를 제외하고는 세부지표로 다루지 않는다. 이는 많은 국가에서 중도탈락률이 높음을 참작할 때 최종적으로 이수율을 측정하는 것이 옳다고 판단하는 것으로 보인다.

로 상승하였다(World Bank, 2020a). 그러나 중도탈락률이 높고 학업 이수 시기가 늦어지는 학생들이 많다는 점을 고려할 때, 접근성과 교육 기회의 차원에서 개선되어야 할 점이 상당하다. 이는 상대적으로 접근성이 높다고 판단되는 초등교육도 마찬가지이다.

무엇보다 미얀마 교육 접근성은 2020년 팬데믹과 2021년 쿠데타로 인해 매우 큰 피해를 입었다. 학교에 가해지는 공격으로 학교 및 등하굣길이 안전하지 않으며 남학생들은 강제징집에, 여학생들은 성폭력 위험에 노출되어 있다. 2021년 11월, 팬데믹으로 제약이 해제되지 않은 46개의 군구(township)를 제외한 모든 지역에서 학교 수업을 재개하였다는 언론 발표가 있었으나 당시 47만 3천 명의 학생들만이 등록하여 이는 팬데믹과 쿠데타 이전 2019-2020학년도 공교육 울타리 내에 있던 1,160만 명에 비하면 4% 수준에 그쳤다(Starkey, Wai & Chazal, 2022).

고등교육 총등록률은 1995년 5%, 1998년 7%, 2001년 11%, 2011년 14%, 2018년 19%로 증가 추세이나(UIS, 2022), 학생들이 고등교육 앞에서 맞닥뜨리는 장벽을 극복할 수 있도록 경제성과 접근성 측면에서의 지원이 필요하다(Myanmar MoE, 2016). 특히 20세기 후반에 고등교육기관이 양적으로 크게 팽창한 것은 사실이나, 여전히 많은 기관이 학생들에게 물리적으로 접근하기 어려운 지역에 자리 잡고 있다(Chongcharoen & Daungkaew, 2016; 천유진, 2020). 더 나아가 1992년에 원거리교육대학교(University of Distance Education)가 공식적으로 설립되었고 2017년에만 약 51만 5천 명이 등록할 만큼 인기를 얻었으나 대학생 절반이 원거리 교육을 받는다는 점에서 고등교육이 대중들에게 접근하기 어렵다는 비판을 면치 못하고 있다(천유진, 2020).

두 번째로 교육의 기회 자체가 절대적으로 제한되는 미얀마의 최근 상황[13]을 고려할 때 교육의 질에 대해 논하기에 어려움이 있을 수 있으나, 2020년 이전까지의 지표를 중심으로 살펴보고자 한다. 우선 교육의 질은 학습 결과뿐 아니라 현장에서 가르치는 교사들이 충분한 자격요건을 갖추었는지와 적절한 훈련을 받았는지, 양질의 인프라 및 안전한 학습 환경이 마련되었는지 등의 여부도 고려하여야 한다.[14] 지표 4.1.1 '초등학교 졸업 학년 시기에 읽기 및 수학에서 최소 숙달 수준을 달성하는 아동의 비율'을 볼 때 2019년을 기준으로 각각 12%, 11%에 그치는 것을 확인할 수 있다.[15] 11학년 말에 치르는 대학입학자격시험의 합격률도 30% 전후에 걸쳐있다는 사실도 등록률과는 별개로 실제로 학교에서 이루어지는 교육의 질이 어떠한가를 재고해볼 필요가 있음을 보여준다. 더욱이 2016년을 기준으로 5-6년의 학교 교육을 받은 학생들의 문해율은 약 88%이지만 4년간의 학교 교육을 받은 학생들의 경우에는 문해율이 약 37%까지 감소한다.[16]

국가적 기준에서 최소 자격요건을 갖춘 교사 비율은 2018년 기준 90% 정도이나, 교사양성기관의 교육과정과 관련하여 제기되는 문제도 많다(Tanaka, 2022). 또한 초등학교 5학년을 가르치는 교사들을 대상으로 한 조사에서 사전 훈련과 근무 중 훈련 모두를 받은 비율은 15%가량에 머물렀고 어떤 훈련도 받지 않은 교사도 12%에 육박하였다(UNICEF & SEAMEO, 2020, p. 82).

13) 2년 가까이 폐쇄되어있던 학교들은 건물이나 WASH 시설 등이 관리되지 않았으며 몇몇 학교는 심지어 부대의 공격을 위한 베이스캠프로도 사용되기도 하였다(Starkey, Wai & Chazal, 2022).

14) https://www.education-progress.org/en

15) https://uis.unesco.org/

16) https://www.education-progress.org/en

세 번째는 이슈인 '교육격차'를 초래하는 가장 큰 요인들은 소득, 성별, 거주지(도시, 농촌)일 것이다. 미얀마의 경우 최저소득층과 최고소득층의 교육단계별 이수율 또는 출석률을 살펴볼 때 초등교육에서 중등교육으로 올라갈수록 요인에 따라 이수율의 차이가 벌어진다. 또한 교육단계별 균형지표(parity index)를 성별, 거주지, 소득에 한정하여 보면, 성별 균형지표는 오히려 여성이 우세해 보이며 도심에 거주하는 학생들과 고소득층 학생의 교육이수율이 확연하게 높다. 그러나 역시나 높은 교육단계일수록 요인에 따른 격차가 커진다. 미얀마 교육의 주요 쟁점이기도 한 높은 중도탈락률도 저소득층 가구의 학생들에게서 더 크게 나타났는데, 소득 하위 40%에서는 74%의 학생들이 중학교 과정을 마치기 전에 학업을 중단[17)]했다(World Bank, 2020a).

성별, 거주지, 소득 이외에도 '주로 사용하는 언어'가 미얀마에서는 접근, 이수, 학습 모든 측면에서 교육격차를 만드는 중요한 요인이기도 하다. 학교에서 사용하는 언어가 본인의 모국어(또는 가장 많이 사용하는 언어)인 초등학생의 비율은 2019년 기준 약 76%에 그친다(UIS, 2022). 일례로 학업성취도를 볼 때, 공용어인 미얀마어를 모국어로 하거나 가장 많이 사용하는 학생들은 초기학년읽기평가(Early Grade Reading Assessment)에서 더 나은 성적을 받았다(World Bank, 2020a). 타 아시아 국가와 비교할 때도 캄보디아, 말레이시아, 필리핀보다 미얀마 초등학교 5학년생들의 읽기, 쓰기, 수학 학업성취도는 수업 언어의 익숙함에 따라 격차가 크게 나타났다(UNICEF & SEAMEO, 2020).

---

17) 모든 소득계층의 중학교 과정 내 평균 중도탈락률은 67.2%이다(World Bank, 2020a).

라. SDGs 달성을 위한 도전과제

미얀마 교육은 세 가지 정치・경제・사회적 위기에 놓여있다. 양질의 포용적 교육을 저해해온 오랜 기간의 종족 갈등과 내전[18], 한 개 학년도의 취소를 야기한 팬데믹, 교육위기를 심화시킨 2021년의 군사정권 쿠데타이다(Starkey, Wai & Chazal, 2022). 특히 미얀마는 독립 이후 7세기 동안 네 번의 쿠데타 및 다수의 정치적 혼란을 경험하였고 그때마다 교육은 최전선에서 압박을 받아온 분야 중 하나이다. 1988년 군부 쿠데타에서는 대학이 3년간 폐쇄되었으며 1997년의 ASEAN 가입 과정에서는 모든 국공립학교가 8개월간, 대학들은 1년 이상 폐쇄되었다. 2007년에는 반정부 시위(Saffron Revolution)로 학생들이 몇 개월간 강제 귀가조치되었다. 팬데믹으로 취소된 2020-2021학년도에 이어 군사정권에서는 2021-2022학년도마저 학교 폐쇄를 강행하였고 이는 미얀마 교육시스템에 치명적인 부작용을 낳았다. 비록 2022-2023학년도에 국공립학교 대부분이 수업을 재개하여, 총 600만 명의 학생 중 93%에 해당하는 560만 명가량이 국공립학교에 등록하였으나 현재 군사정권, 망명정부(National Unity Government), 소수민족무장단체(Ethnic armed organizations)[19] 세 곳의 교육시스템이 병행 운영되고 있어 각자가 자체적인 교육 프로그램을 내놓고 있다(Tun, 2022).

---

18) 미얀마의 종족 갈등으로 인한 내전은 전 세계에서도 가장 오래된 축에 속하며, 이 문제는 민주화와 군부독재 이외에 미얀마 현대정치의 일부를 구성한다(홍재우, 2014).

19) 이들이 자체적으로 운영하는 학교들은 미얀마어(버마어)를 사용하지 않는 학생들에게 교육을 제공하나 이들은 충분한 정부 지원을 받지 못하고 있으며 대부분 각 지역에서 활동 중인 소수민족무장단체 또는 지역사회 커뮤니티의 도움을 받고 있다(Tun, 2022).

일례로 망명정부가 운영하던 온라인 학교 'Kaung for You'는 2022년 군정권의 급습을 받고 교사들 수 명이 체포되었다(Tun, 2022). 하루빨리 정치적 안정을 기반으로 한 통합적이고 체계적인 교육시스템의 부활이 최우선시되어야 함은 자명하다. 이번 장에서는 미얀마의 '정치적 안정을 전제'로 교육 분야의 도전과제에 대해 다루고자 하였으며, 양질의 포용적인 교육을 실현하기 위해 미얀마가 국가적으로 제시해왔던 개혁 및 혁신 방안들에 대해 MSDP의 전략 4.1에 수립된 액션플랜[20]과 NESP 전략들을 중점적으로 활용하여 정리하였다.[21] 미얀마의 NESP와 MSDP에서도 앞장 주요 이슈에서 다룬 교육의 접근성, 질, 형평성을 고려하여 여러 가지 도전과제들을 내놓고 있다.

기초교육의 보편적인 접근을 가능케 하기 위해서는 기존 학교의 증축, 시설 개선뿐 아니라 새로운 학교의 설립도 필요하며 이와 관련하여 교육 복지의 사각지대에 있는 지역에 더욱 초점을 맞추어야 할 것이다. 또한, 교육이 학생들에게 완벽하게 도달하지 못하는 현황을 명확히 파악하기 위하여 인구조사가 뒷받침되어야 한다. 미얀마의 수도원학교, 소수민족 무장단체의 지원을 받는 학교들의 상황을 확인하고 교육의 권리를 누리지 못하는 학생들을 정책적, 금전적으로 지원하며 소수민족 언어를 고려한 교육과정을 추가로 개발하는 것도 필요하다(Myanmar MoE, 2016). 사실 미얀마의 교육체제는 중앙집권화되어 있어 교사 채용이나 훈련, 인프라 개발, 재정자본 모두 중앙정부의 통제 아래에 있다. 일례로 지역

---

20) 액션플랜 10가지 중 9번째 '대안교육과 학교 외 교육(out-of-school education)의 접근성과 질을 높인다'와 관련하여서는 본문에서 언급하지 않았다.

21) 국가 차원에서 공식적으로 제시한 계획이기 때문에 이 두 가지 문서를 중심으로 간략하게 정리하였고, 지면의 제한으로 다루지는 못하였으나 Starkey, Wai & Chazal(2022)에서 여러 교육적 목표들을 달성할 수 있는 보다 구체적이고 실제적인 방안들을 제시하고 있으니 참고할 수 있겠다.

정부가 지역적 맥락에서 초등학교 교사 채용에 관한 현실적인 이해도가 더 높으나 채용 과정은 중앙정부에서 관리한다. 따라서 어느 정도 교육 시스템의 분권화가 이루어지지 않는다면 지방의 소수민족 언어를 사용하는 학생들의 경우 계속해서 학교 교육에 접근하기 어려울 것이다(Tun, 2022). 또한, 취학 전 교육의 접근성 및 형평성 확보를 위해서는 지방 및 외딴 지역에 통합적인 취학 전 교육 서비스를 확대해야 할 것이다(Myanmar MoE, 2016). 이를 위해 먼저 구(district) 및 군구(township) 차원에서 취학전교육위원회를 설립하여 정부, 이해관계자, 시민사회, 민간부문 모두가 합력하여 교육 확대를 꾀하고 어린이집과 유치원 대상의 통계조사를 강화하여야 한다(Myanmar MoE, 2016).

다음으로 교육의 질과 긴밀히 연결된 액션플랜 및 성과에 관한 내용이다. 발달 단계 및 교육적으로 적절하고 문화에 민감한 취학 전 교육과정을 수립하는 것, 가까운 미래에 새로이 도입하고자 하는 12학년제와 21세기에 요구되는 기술에 따른 기초교육 교육과정을 수립하기 위해 교육과정 발전을 담당하는 부서의 전문성을 높이고 현장에 있는 학교장과 교사들의 역량을 증대시키는 것, 교육과정 관리와 보급 및 모니터링 평가 시스템을 강화하는 것이 필요하다(Myanmar MoE, 2016). 4.1.4에서 다루고 있는 교사교육·훈련은 양질의 교육에 핵심적이다. 교사의 채용이나 근무에 있어서는 투명하고도 효율적인 성과 평가 및 승진 시스템이 마련되어야 하고 교사교육기관의 전반적 개선도 필요하며, 교수학습 방법적 지식과 기술을 개선하기 위해 국가 차원의 지속적이고 전문적인 발전 프로그램(Continuous professional development programme)이 가동되어야 한다(Myanmar MoE, 2016). 이를 통해 사전 교사교육(Pre-service teacher education)뿐 아니라 이미 현장에 있는(in-service) 교사들을 위한 교육이 탄탄해질 수 있을 것이다. 또한 국가적으로 학교의 질 기준 보증 프레임워크(School Quality Standards Assurance Framework)를 개발하여 각 학교가 도달해야 하는 최소한의 교수학습 방법 및 학습의 질을 설정하는 것이 필요하다(Myanmar MoE, 2016). 여기에 더하여서 취학 전 교육에서는 부모의 적극적인 자녀교육 참여가, 기초교육에서는 학교의 질 관리 및 학습 개선을 모니터링하는 부모-교사 연합(parent teacher associations)의 권한 증대가 필요하다(Myanmar MoE, 2016). 더욱이 기초교육에서의 종합적인 평가 정책이 개발되고 시행되어야 하며, 현재와 같이 교수, 학습, 평가 모두에서 지식과 정보의 기계적인 암기를 강조하는 것은 수정이 필요할 것이고 시험 발전이나 분석, 해석 및 활용에 중점을 둔 역량개발프로그램이 체계적으로 설계되어야 한다(Myanmar MoE, 2016).

직업기술교육훈련 및 고등교육 또한 접근성, 질, 형평성의 문제를 포함하고 있으나 여기에서는 별도로 다루기로 한다. 이 둘은 산업과 연계되는 최전선에 있는 분야로 국가의 경제성장과도 직결된다. 미얀마는 교육재정이 2019년 기준 GDP의 2.1%에 그치고 이는 전 세계 최하 15위에 속하는 수준이다(UIS, 2022). 충분한 교육재정 확보를 위해서 국가의 경제산업 발전이 뒷받침되어야 할 것이며, 포용적인 양질의 기초교육을 위해서도 직업기술교육훈련과 고등교육의 발전이 중대하게 작용할 것이다. 양질의 포용적인 직업기술교육훈련은 고용과 빈곤 완화, 지속 가능한 경제성장을 위한 필수 요건이며, 수요기반 직업기술교육훈련은 청년 실업률을 감소시켜 미얀마의 경제를 활성화하는 데 중추적인 역할을 할 것이다(Myanmar MoE, 2016). 전체 직업기술교육훈련 부문을 포괄하는 보다 응집력 있는 입법 및 정책 프레임워크를 통해 직업기술교육훈련 관리 및 조정을 강화해야 한다(Myanmar MoE, 2016). 세부적으로는 직업기술교육훈련 우수 연구센터(Centers of Excellence)를 설립하여 직업기술교육훈련 제공을 위한 모범사례를 시연하고 연구 및 혁신을 수행하며 취약계층 학생들에게 급여를 확대하거나 장학금을 제공하는 방안도 마련해야 한다(Myanmar MoE, 2016). 더 나아가 지역사회 도서관이나 고등학교 등과 같이 IT 접근이 가능한 장소를 물색하여 디지털 기반 시설 및 원거리 학습을 가능케 하는 방법 및 원거리 학습에 쉬운 교육과정 및 콘텐츠를 개발하는 것도 필요하다(Starkey, Wai & Chazal, 2022). 한편 미얀마 고등교육 거버넌스는 전통적으로 중앙집권화되어 있기에, 보다 성과, 책무성, 자율성에 중점을 두는 기업적 모델로 대체되어야 한다(Myanmar MoE, 2016). 교육과정, 학습환경, 연구 모든 측면에서 질 개선이 필요하고, 기회의 형평성 문제는 고등교육 비용을 감당하기 어려운 학생들에게 지원 프로그램을 제공함으로써 완화되어야 한다(Myanmar MoE, 2016).

제 7 장

파키스탄의 교육발전과 주요 이슈

가. 들어가며

파키스탄은 1947년 8월 14일, 영국령 인도(British India)가 인도-파키스탄으로 분립하며 형성된 국가이다. 영국의 식민 통치 이전에 인도 대륙은 힌두교, 이슬람교, 시크교, 불교, 기독교, 유대교 등으로 형성된 여러 번왕국(princely states)의 집합체였다. 각각의 번왕국은 고유의 전통, 카스트 제도 및 권력자가 있었다(Jaffrelot, 2004).

1500년대부터 일련의 유럽 열강들이 해안 무역의 정착지인 인도를 식민지화하기 시작했다. 18세기 중반이 될 무렵에는 영국이 인도의 주요 식민 세력으로 부상했다. 영국은 인도의 일부 지역은 직접 통치했고 번왕국은 간접적으로 통치했다(Fisher, 1984). 19세기에 영국은 인도인들을 종교에 따라 분류하기 시작했다. 가장 인구가 많았던 힌두교도들은 단숨에 "사회적 다수자"가 되었다. 이러한 분류에 따라, 선거철이 되면 사람들은 오직 자신의 종교를 가진 후보자에게 투표를 해야만 했다. 이는 종교 집단 간에 배제와 불신을 자라게 했다.

20세기에 들어서며 인도인들은 영국으로부터의 독립을 위해 반식민지

운동을 시작했다. 이 운동은 수십 년간 지속되었으며, 2차 세계 대전 이후, 전쟁으로 인한 재정적 압박 아래 영국이 굴복하며 끝내 독립을 이뤄냈다. 인도의 정치 지도자들은 독립 후 인도의 미래에 대해 각각 다른 견해를 가지고 있었다. 힌두교의 대표 마하트마 간디와 자와할랄 네루는 통일된 인도를 원했지만 무슬림들의 지도자 무함마드 알리 진나는 식민지로 생긴 종교적 분열을 극복할 수 없다고 여겨 인도-파키스탄의 분단을 원했다(Dalrymple, 2015).

1947년 6월, 영국의 총독은 8월에 인도의 독립을 발표하고 영국령 인도를 힌두교 인도와 무슬림 파키스탄으로 분할했다. 영국 지도자들은 인도 땅에 대한 부족한 지식으로 분단선을 그었고, 그 땅에 살고 있던 사람들은 자신이 종교적 다수가 될 수 있을 것 같은 지역으로 이주하기 시작했다. 영국은 인도대륙의 독립 이틀 뒤인 1947년 8월 17일에 인도-파키스탄의 지도를 공개했다. 펀잡과 벵골은 각각 서파키스탄과 동파키스탄이 되었고 나머지 영토는 힌두교 중심의 인도가 되었다. 이후 1971년에 동파키스탄이 방글라데시라는 새로운 국가로 분리되었다(Jaffrelot, 2004).

현재 파키스탄의 인구수는 2억 3천만으로 전 세계에서 인구가 다섯 번째로 많은 국가다. 파키스탄의 공식 언어는 우르두어와 영어이지만, 파키스탄 내에서 사용되는 언어는 실제로 70개가 넘는다. 국교는 이슬람교로 인구의 96% 이상이 무슬림이며 인도네시아 다음으로 무슬림 인구가 가장 많은 국가이다(USCIRF, 2022). 현재 파키스탄 사회의 가장 큰 이슈 중 하나는 급격히 팽창하는 도시 및 청년 인구 관련 문제다.

농업이 발달한 파키스탄은 촌락 인구 비율이 여전히 63%로 상당히 높지만, 도시 인구도 지난 40년간 꾸준히 성장하여 네 배 가까이 증가했다.[1] 1999년부터 2019년까지 파키스탄의 중산층은 연간 평균 16.2%씩 늘고 있다. 이에 따라 이 국가의 권력층은 농촌 지주에서 도시의 엘리트로 넘어가는 추세이다(GoP Finance Division, 2022).

이와 더불어 현재 인구의 64%가 만 30세 이하로 청년수가 고도로 팽창하고 있다. 파키스탄은 지금 그 어느 때보다 청년 인구가 많고, 이는 2050년까지 계속될 것으로 예상된다. 매년 약 4백만 명의 청년이 노동 시장에 뛰어들고 있지만, 양질의 일자리가 매우 부족한 실정이다(UNHCR, 2018). 따라서 정부는 하루빨리 잠재력, 에너지, 아이디어가 넘치는 청년들이 혁신하며 생산적으로 경제·사회에 참여할 수 있는 환경 조성이 시급하다.

파키스탄의 문화는 그 지리적 요인과 관련이 있다. 파키스탄은 역사적으로 해안 무역의 중심지이자 문명교차로였다. 따라서 해당 지역은 인도의 문명사회와 중앙아시아의 유목민족의 접경을 형성할 뿐 아니라, 이슬람교와 힌두교의 경계가 되어왔다. 이로 인해 파키스탄은 과거부터 현재에 이르기까지 다양한 언어, 민족, 풍속 및 종교의 용광로가 되었다. 대다수의 사람들이 무슬림으로 대체로 이슬람 교리를 따르지만, 파키스탄 사회는 힌두교와 영국 문화의 영향도 많이 받았다(박희, 1992). 이때, 인도의 카스트 제도는 힌두교의 특성으로 공공연히 알려져 있다. 이에 반해 이슬람교는 모든 신자들에게 평등한 종교라고 스스로 자부한다. 그러나 인도대륙에서 독립한 파키스탄의 무슬림 공동체는 이미 사회에 깊이 내재된 카스트 제도를 탈피하지 않았다. 따라서 카스트 제도는 아직도 남아시아 무슬림들의 사회적 정체성을 구성하는 근본적인 요소로 작용하고 있다. 그럼에도 불구하고 1974년 독립 이후 카스트 제도에 대한 논의

---

1) https://data.worldbank.org/indicator/SP.RUR.TOTL.ZS?locations=PK

는 표면상으로는 파키스탄의 학술적 및 정책적 담론에서 사라졌다. 현재 파키스탄에서 카스트 제도란, 사회적으로 분명히 존재하지만 누구도 이야기하고 싶어 하지 않는 주제가 되었다(Gazdar, 2007; Mumtaz 외, 2022).

또한, 이슬람 문화를 따르는 파키스탄 사람들은 가족 중심의 사회를 이룬다. 대부분의 파키스탄인들은 조부모, 친척, 사촌 등 많게는 한 지붕 아래 5세대까지 함께 산다. 파키스탄 가정들은 전통적·가부장적으로 가장 나이가 많은 남성이 가장의 역할을 맡으며 여성과 아이들은 그 뒤를 따른다. 여성들은 결혼과 동시에 아버지의 가족을 떠나 남편의 가족 일원으로 여겨진다(Evason 외, 2016).

파키스탄의 경제는 농업, 서비스업, 공업의 세 가지 주요 부문을 중심으로 이루어져 있다. 역사적으로 농업이 발달한 파키스탄은 농업이 GDP의 23%를 차지하며 전체 인구의 65%가 농업에 종사하고 있다(GoP Finance Division, 2021). 전 세계의 밀, 솜, 사탕수수의 최대 생산국 중 하나가 되어 외화 수입에 가장 많은 기여를 하고 있다(Pakistan Bureau of Statistics, n.d.). 농업이 아직까지 국가 경제에서 중요한 역할을 하고 있는 것은 사실이지만, 그 영향이 서서히 줄고 있는 것 또한 사실이다. 반대로 서비스와 공업 등의 분야는 꾸준한 성장을 보이고 있다. 도매, 소매, 운송 및 통신이 주를 이루는 파키스탄의 서비스업은 GDP의 55%를 차지한다(Pakistan Bureau of Statistics, 2022). 앞서 살펴본 바와 같이, 파키스탄의 젊은 인구층은 꾸준히 증가하고 있으며 이와 함께 몸집이 커진 중산층에서 수입 재화와 서비스에 대한 수요가 상당히 늘어났다(UNHDR, 2018). 공업은 국가 GDP의 21% 정도이며 대부분 직물을 생산한다(Pakistan Bureau of Statistics, 2022).

파키스탄은 지난 20년 상당히 급격한 빈곤 감소를 목격했지만, 아직 경제 성장이 불안정하고 인간 발전 지수도 목표치에 도달하지 못했다. 예컨대 농업 밖의 경제적 기회 확대와 이주민 증가 및 그에 따른 송금액(remittance) 증가로 인해 2001년과 2018년 사이에 빈곤에서 벗어난 파키스탄인의 수가 4,700만 명이 넘었다. 덕분에 빈곤율을 감소하는 데에는 성공했지만, 인적 자본 발전이 정체되어 발육부진율(stunting)이 38%였으며 학습 빈곤율(learning poverty)은 무려 75%에 달했다. 이 기간 동안 GDP 성장도 연간 평균 2.1%로 낮은 편이었다(World Bank, 2023a).

2019년 말부터 유행한 코로나-19는 파키스탄 경제와 인적 발전 목표에 상당한 타격을 가했다. 혼란스러운 내수경기와 더불어 세계 경제 침체는 심각한 대외 경제 불균형을 야기했고 정부는 경제를 안정시키기 위해 총수요를 제한하는 다양한 정책, 예컨대 예산 축소 및 공과금 인상 등을 시행하기 시작했다. 더불어, 파키스탄은 2022년 6월부터 8월까지 전례 없는 폭우를 경험했다. 이에 국토의 20% 가까이 홍수로 잠겼고 2백만 채가 넘는 집이 파손되었으며 3천3백만 명 이상이 피해를 입었다. 전문가들은 이번 홍수로 인해 국가 빈곤율이 약 2.5-4% 정도 증가할 것이라고 예상하고 있다(Congressional Research Service, 2022). 따라서 파키스탄 정부는 국가의 거시경제 안정화를 추구함과 동시에 홍수 피해 구호를 지원해야 하는 어려움에 직면해 있다.

나. 교육시스템 및 현황

나이	교육수준	학년	
15-16	후기고등학교	11-12	중등교육
13-14	전기고등학교	9-10	
10-12	중학교	6-8	
5-9	초등학교	1-5	초등교육
3-4	유치원	Early childhood education	

출처: LaRocque & Sipahimalani-Rao, 2020

[그림 7-1] 파키스탄 학제

파키스탄은 꽤 오랜 시간 중앙집권적인 정부 체제를 유지했지만, 21세기에 들어서며 특히 교육 분야에 있어 지방분권을 강화하기 시작했다. 교재 개발처럼 여전히 연방정부와 지방정부의 공동책임으로 운영되는 사안도 있지만, 교육과 관련된 상당 부분은 지방정부에 위임되었다(한국국제협력단, 2017; Hunter, 2020). 그리하여 유아교육, 초등교육, 중등교육은 지방정부가 개별적으로 운영하고 있으며 연방 교육 전문 교육부

(MFEP)는 파키스탄 전역에 걸친 모니터링, 교육 정책 업데이트, 품질 관리 등을 실행하고 있다. 지방마다 학교 교육과정에 차이가 존재하지만, 전반적으로 MFEP가 제시한 가이드라인을 따르고 있어 그 차이가 심하진 않다.[2)]

파키스탄은 헌법 25-A조에 입각해 만 5세부터 16세까지 의무교육을 시행하고 있다. 그럼에도 불구하고 이 나이대 학생들의 재학률은 68%로, 아직 교육이 보편적으로 제공되지는 않고 있다. 이러한 현상은 사회경제적으로 취약한 지역에서 더욱 도드라진다(Hunter, 2020).

파키스탄 학생들은 보통 5살에 초등학교에 입학하여 5학년까지 다니고 중학교를 6학년부터 8학년까지 다니게 된다. 파키스탄의 사립학교들은 국공립학교에서 부족한 자금과 역량 격차를 해소하는 역할을 도맡고 있어 학생들의 3분의 1 이상이 사립학교에 재학 중이다. 사립학교가 중요한 이유 중 하나는 전기, 식수, 화장실 등 기본적인 시설을 갖추지 못한 공립학교가 굉장히 많기 때문이다. 또한, 재정난으로 인한 교사 부족과 교직원 결석도 심각한 문제이다. 학부모들은 국공립학교의 문제에 대한 해답으로 사립학교를 선택하고 있다(Alderman 외, 2001).

학교 운영 책임이 지방정부에 이양된 후 지역 간 교육과정에 차이가 존재하긴 하지만 일반적으로 초등학교 교과목은 우르두어, 영어, 지역언어, 수학, 과학, 사회, 이슬람교를 포함한다. 중학교 교과목도 위와 동일하며 추가로 아랍어나 페르시아어를 가르치기도 한다(ADEK, n.d.). 학교 운영을 지방정부에 위임한다는 것은 지역 사람들의 필요와 교육적 욕구를 더욱 잘 이해하는 사람들이 의사결정을 내릴 수 있다는 장점이

2) http://www.mofept.gov.pk/Detail/NDM1NDI0ZTQtZmFjMy00ZTVlLWE5M2YtYjgxOTE4YTkyYWNi

있지만, 동시에 지방마다 불균형한 교육 목표와 교육 결과를 초래했다. 예로, 최근 펀잡과 신드 주에서 초등학교와 중학교 졸업 전에 치르는 표준화된 시험을 도입했지만, 이는 파키스탄 전역에서 시행되는 시험이 아니기 때문에 거주 지역에 따라 학생들의 중고등학교 입학 조건이 달라졌다 (Hunter, 2020).

고등학교는 전기중등(lower-secondary, 9-10학년)과 후기중등(upper-secondary, 11-12학년)으로 구분하여 2년씩 다니게 된다. 영국 식민통치의 잔재가 강하게 남아있는 파키스탄의 고등학교 교육은 시험과 암기에 의존한다(Shahzad, 2017). 전기중등에서 학생들은 과학, 인문학, 기술 중 한 가지 진로를 선택하고 그와 관련된 과목 세 개를 듣게 된다. 예를 들어 문과를 선택한 학생은 경제, 지리, 경영을 선택할 수 있을 것이다. 이와 더불어 필수 과목으로는 우르두어, 영어, 수학, 파키스탄(역사, 사회, 정치 등), 이슬람교(무슬림이 아닌 학생은 윤리)를 배운다(ADEK, n.d.).

전기중등학교를 졸업하기 위해서는 10학년 이수 후 지역 교육위원회에서 주관하는 시험을 치르고, 합격 시 Secondary School Certificate(SSC)를 수여하게 된다. 합격하기 위해서는 과목별로 백점 만점 중 최소 33점을 받아야 한다. 대다수의 학생은 8개 과목에서 시험을 치르게 되며 두 과목 이상 낙제한 학생은 유급하게 된다(Hunter, 2020). 2022년에 연방 중고등교육위원회 SSC 시험에 합격한 학생의 비율은 73.6%였다(The Newspaper's Staff Reporter, 2022).

11학년과 12학년은 일종의 '대학 예비 과정'으로 2020년에 고등학생 10명 중 3명만 수료했다. 후기중등학교에서는 진로가 7가지로 더욱 세분화되어 일반, 인문학, 과학, 의예과, 공학, 의료 기술, 가정학 중 하나를

택한다. 필수과목으로는 우르두어, 영어, 이슬람교가 있다. 후기중등 과정을 졸업하기 위해서는 Higher Secondary School Certificate(HSSC) 시험을 치르게 되며 시험 통과 요건은 SSC와 동일하다(ADEK, n.d.; Hunter, 2020).

파키스탄의 고등교육은 그 역사가 짧다. 독립 당시에는 라호르에 있던 펀잡 대학교가 유일한 대학기관이었으며 이마저 학생 수가 1,000명 미만이었다. 하지만 이후 청년 인구가 급증하며 고등교육 기관에 대한 수요와 공급이 급속히 확대되었다. 세계은행 자료에 의하면 1990년 약 30만 명이었던 고등교육 진학률이 2017년에는 약 300만 명으로 격증하였으며 대학교 또한 200곳이 넘는다(World Bank, 2017b).

고등교육위원회(Higher Education Commission, HEC)가 인증한 209개의 학위 수여 기관(degree-awarding institutions, DAI) 중 126개가 국공립이며, 사립 DAI는 83곳이 있으며 전체 대학생 중 약 19%를 수용하고 있다. 아가 칸 대학과 라호르 경영 과학 대학처럼 국내 최고 명문대로 여겨지는 사립대도 있는 반면, 대부분의 사립대학은 비즈니스 관리 및 정보 기술과 같은 프로그램을 제공하는 소규모의 전문화된 시장 지향적 기관으로 학술적 연구 활동을 진행하지 않는다(Hunter, 2020).

학사과정부터 박사과정까지 광범위한 학문 과정을 제공하는 기관은 대부분 국공립대학이다. 대표적으로는 알라마 이크발 오픈 대학교와 펀잡 대학교가 있다. 알라마 이크발 오픈 대학교는 세계에서 가장 규모가 큰 대학 중 하나로, 140만 명의 학생이 재학 중이며 펀잡 대학교는 5개의 캠퍼스, 70개 이상의 학과, 약 5만 명의 재학생이 있다.

이러한 성장에도 불구하고 국가 전반적인 고등교육 참여율은 2019년 기준 12%로 여전히 매우 낮은 실정이다.[3)] 국공립 대학은 대부분 정부

자금으로 운영되는데, 최근 국가 경제위기로 인해 총리 임란 칸이 고등교육 예산을 대폭 삭감하여 몇몇 대학은 대학원 과정을 중단하고 교직원의 월급을 지불하지 못하는 상황에 이르렀다(Bari, 2019). 파키스탄의 대학들은 재정 부족 외에도 다양한 어려움에 직면해있다. 정부의 부실한 하향식 구조, 양질의 교수진 부족, 대학 간의 네트워크 부재, 보여주기식의 절차(red tape), 부패 등으로 인해 대학의 본질이 훼손되고 있다(Hunter, 2020). 지난 몇 십 년간 교육 분야에서 다양한 진전을 이룬 점은 고무적이지만, 현대 사회가 요구하는 지식기반의 인재를 양육하기 위해서는 고등교육시스템을 강화할 필요가 있어 보인다.

파키스탄의 교육을 논할 때 마드라사를 빼놓을 수 없다. 이슬람의 대표 교육기관인 마드라사(Madrasah)는 전통적으로 이슬람 신학과 이슬람 관련 학문을 체계적으로 교육하고 계승하는 교육기관이다(Andrabi 외, 2006). 파키스탄의 마드라사는 본래 종교 지도자를 양육하기 위해 운영되었으나 지난 몇 십 년간 촌락 지역에서 그 수가 폭발적으로 성장하여 현재 약 3만 개 이상으로 추정된다. 마드라사 재학생 수에 대한 추정치도 대략 180만 명에서 350만 명 사이이다(Abbasi, 2015; Inayat, 2019). 이러한 폭발적인 성장에는 다양한 요인이 작용하는데, 대표적으로는 공립학교에 대한 불만, 시골 지역의 학교 부족 문제, 난민 유입, 사우디아라비아 및 이란의 자금 지원이 있다.

마드라사는 코란과 아랍어를 집중적으로 가르치는 대안 교육의 일종으로 대부분 자율적으로 운영되는 미등록 기관이지만, 최근 들어 사립 마드라사 교육위원회와 제휴를 맺어 국가 교육 과정의 필수 과목을 통합하고 있는 마드라사도 늘고 있다. 이런 경우, 검정고시처럼 일반 중·고

3) https://data.worldbank.org/indicator/SE.TER.ENRR?locations=PK

등학교 SSC/HSSC 수료와 동등한 수준의 졸업장이 주어진다(Hunter, 2020).

그렇다면 현재 교육의 현주소는 어떠한가? 파키스탄의 전체적인 학교 출석률에 커다란 향상이 있었지만 여전히 질 높고 적절한 교육을 제공하는 데 심각한 어려움들을 겪고 있다(Riawan 외, 2022). 약 2300만 명의 5-16살 아이들이 학교를 다니지 않고 있는데, 이 숫자는 전체 나이대 숫자에서 44%에 해당한다(Malik, 2016). 시골 지역이 도시보다 미취학아동들이 훨씬 더 많으며, 여아가 남아보다 학교를 다니지 않고 있는 비율이 모든 연령대에서 높다(ASER-Pakistan, 2019). 신드주(Sindh)의 빈곤을 심하게 겪고 있는 아이들의 52%(그중 58%는 여아)가 학교를 다니지 않고 있으며, 발루치스탄주(Balochistan)는 78%의 여아들이 학교를 다니지 않는다(Riawan 외, 2022).

파키스탄의 초등학교 입학률은 1990년도에는 59%였으나 2019년도에는 94%로 증가하였다(Riawan 외, 2022). 그러나 학교를 입학한 70%만 학교를 5학년까지 다니며, 시골 지역은 낮은 취학률과 결석을 꾸준한 특징으로 보이고 있다(Riaz 외, 2015). 중등학교 총취학률은 1990년도에 22%에서 2019년 기준 43.8%까지 증가하였으나, 인도, 방글라데시, 스리랑카 같은 주변 국가들에 비해 훨씬 뒤처지는 수치로 중저소득국가들의 평균치보다도 현저히 낮다고 볼 수 있다.

정부가 교육서비스를 주로 제공하는데, 전국에 걸친 교육기관들 다수가 포함된다. 사립학교들에 비해 공립학교 취학률이 거의 두 배나 되고, 고등교육단계에서 공립학교 전체 취학률은 높아진다(Riawan 외, 2022). 하지만 파키스탄에서 공립학교들의 대부분은 초등학교로, 오직 20%만 중·고등학교다. 제한적이고 불균등한 학교 접근성이 학교 취학과 졸업률 증가를 방해하며, 학교 수 부족은 학생들이 학교를 다니려는 의지를 꺾는 주요한 이유 중 하나로 보고되었다(GoP, 2015). 또한, 파키스탄은 도시와 촌락 간에 교육 격차가 심각하다. 이슬라마바드(Islamabad), 카라치(Karachi), 라호르(Lahore)와 같은 도시는 문해율이 75% 가까이 되는 반면, 발루치스탄주와 같은 가난한 시골 지역은 10%가 채 되지 않는다. 뿐만 아니라, 수도 이슬라마바드의 학교 밖 아동·청소년 비율이 12%일 때, 발루치스탄주의 학교 밖 아동·청소년 비율은 무려 70%에 달했다.

집과 학교의 먼 거리와 빈약한 교통 시설들이 초등학교 높은 중퇴율의 주요한 요인이며 가난한 아동들 중에서도 먼 거리를 혼자 움직일 수 없는 여아들이 통학 비용과 시간이 증가하면서 가장 고통받고 있다(Mughal, Aldridge & Monaghan, 2019). 학교가 집에 가까울수록 학생들이 학교에 더 오래 다니며 학교와 집 거리가 1km 떨어진 것은 초등학교 출석률에 긍정적이고 중요한 영향을 끼치는데, 학교가 마을 안에 위치하면 여아의 초등학교 입학은 18% 증가하며 중퇴율은 16% 감소한다(Sawada & Lokshin, 2001). 학교와 집 간의 거리가 멀어질수록 특히 여아들의 학교 입학과 졸업률도 떨어진다(Chaudhury 외, 2006). 중학교도 마찬가지로 집과 학교의 먼 거리와 이동 시간은 여아들이 지속해서 학교를 다니지 못하게 하는 주요한 요인으로, 부모들이 여아들의 안전과 평판을 위해 특히 사춘기 후로는 학교에 혼자 걸어다니게 하는 걸 불편하게 여긴다(Lewin, 2011).

특히 초등교육 이후 교육 접근에 있어 지리적, 성별 차이는 우려스러운 수준이다. 파키스탄의 초등학교 순 취학률은 2014년 기준 67%인 반면에 중등교육은 37%로 훨씬 낮다(Riawan 외, 2022). 중등학교에서 대학교

때까지의 고등교육 취학률은 대부분의 지역에서 30% 미만이다(Riawan 외, 2022). 대부분의 교육 지표는 여아들이 남아들보다 훨씬 열악하다. 예를 들면 이슬라마바드 지역을 제외하고 초등교육 이후 학교 취학률이 여자가 남자보다 훨씬 낮으며, 모든 교육수준에서 남자가 여자보다 학교 취학률이 더 높고, 교육 수준과 함께 남자 대 여자 비율도 증가한다. 고등교육으로 갈수록 여자가 남자보다 학교 중퇴율 또한 증가하는데, 중퇴율은 특히 산간 북쪽 지역이나 삼각주 지역 같은 지리적으로 어려운 지역에서 특히 높으며, 분쟁상황이나 재난에 영향 받은 지역 또한 포함된다. 이런 지역에 학교 및 교사 공급이 어려울 뿐더러, 특히 여아들에게는 통학이 큰 문제가 되고 있다.

학교 기본시설과 관련해서는, 전국 초등, 중등, 고등학교에서 전기 이용 가능성은 각각 68%, 82%, 97%이며, 발루치스탄주와 새롭게 합병된 구역인 카이버 파툰크와주의 초등, 중등학교에서 전기 이용 가능성은 현저히 낮다. 또한, 전국 초등학교의 68%만 마시는 물에 접근할 수 있고, 74%만 학생들을 위한 화장실이 있다(Shah, 2020). 물과 화장실을 포함한 적절한 위생 시설의 부족은 소녀들이 사춘기가 되면서 중등학교를 그만두게 하는 주요한 걸림돌이다(Adukia, 2017). 또한 전국적으로 초등학교에서 교사 1명당 44명의 학생들을 맡고 있어 교사 대 학생의 낮은 비율로 효과적인 학습이 잘 이루어지지 않고 있다(Riawan 외, 2022). 뿐만 아니라, 몇몇 학교들은 학교 건물이 없어 학생들이 열린 장소에서 앉아서 공부한다(Lloyd, Mete & Grant, 2006).

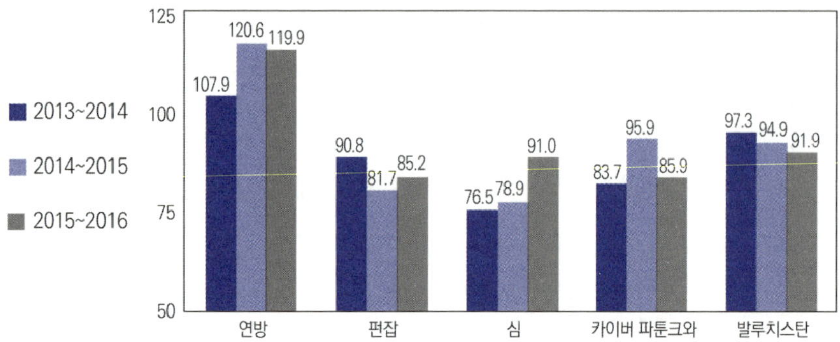

출처: Riawan 외, 2022

[그림 7-2] 연간 공공 교육 지출(총예산의 %)

교육 영역에서의 지속적인 접근 및 질의 문제에도 불구하고 2018년에 파키스탄의 국내 총생산의 2.9%만 교육에 공공 지출을 했으며, 이는 다른 비교할 만한 나라들에 비해 훨씬 낮은 수치다(Riawan 외, 2022). 주로 교사 봉급과 같은 항목이 연방(federal)이나 주(provincial) 교육 예산의 대부분을 차지하는데, 이는 높은 인구 성장과 특히 시골 지역에서의 제한된 학교 접근성에도 불구하고 교육시설의 제한된 공공 투자를 나타낸다. 매년 주 정부들은 교육에 할당되어 있는 예산보다 낮게 지출하며, 부족한 지출 실적은 이전의 학교 취학과 관련하여 상당한 기회비용으로 해석될 수 있다(Riawan 외, 2022).

다. SDG4 이행 현황과 주요 이슈

파키스탄은 5-16세 아이들에게 무료 의무교육을 법으로 규정하여 교육기본권을 보장하고 있다. 2018년 총선거를 통해 성평등과 포용성에 기여하는 아이들과 청소년들을 위한 교육권 시행을 더욱 강화하고자 정치적 의지가 강화되었다. 이를 위해 파키스탄은 학교 이수율 증가, 교육 규례 획일화, 교육의 질 향상, 직업기술교육훈련 접근성 강화를 우선순위로 삼고 있다.

2021년도에 파키스탄 Planning Development and Special Initiative 정부 부처에서 SDG4 지표 현황을 발행하였는데, 국가 우선순위 지표들만 보고한 것이 아니라, 이수율(4.1.2), 체계적 교육 참여율(4.2.2), 형식 및 비형식교육 참여 청소년/성인 비율(4.3.1), ICT능력을 가진 청소년/성인 비율(4.4.1), 형평성 지수(4.5.1) 등을 기준치와 비교하여 보고하였다.

지표현황에 따르면 파키스탄은 지난 5년간 교육 관련된 지표들의 성과가 정체되었거나 미미하게 향상되었다(Cheema, 2021). 초등, 중등, 고등교육 이수율은 SDGs 지표 4.1.2를 통해 보고 및 모니터링되었는데, 2015년에서 2020년도까지 초등교육 이수율은 67%로 정체되어 있어 우려스러운 상황이다. 이 기간 동안 성별에 따른 초등교육 이수율의 차이는 9%로 지속되었고, 중등교육 이수율은 50%에서 59%로 소폭 상승하였다. 2019-20년도 기준 초등교육 이수율이 펀잡주는 67%, 심주는 56%, 카이버 파툰크와주는 67%, 발루치스탄주는 48%로 지역별 편차가 지속되고 있다.

SDG4.3.1 지표는 지난 12개월간 형식 및 비형식교육과 훈련에 참여한 청소년과 성인 참석률로 2014-15년에 28.78%였던 노동 인구 비율이 2019-20년도에는 29.48%로 증가하였다. 지표 SDG4.5.1 성평등 관련하여 초등, 중등학교 순 취학률 성별 차이는 2014-15년도에 비해 2019-20년도에 감소하였고, 특히 도시에 사는 14-15살 여자아이들이 남자아이들보다 학교 취학률이 더 높게 나타났다. SDG4.6.1 지표인 문해율은 2014-15년도에서 2019-20년도까지 5년 동안 침체되었다. 펀잡주는 1%만 증가했으며, 심주는 2% 하락하였고, 반 이상이 문맹인 발루치스탄주는 44%에서 46%로 문해율이 증가하였다. 학교 기본서비스들의 접근성(지표 4.a.1.)은 특히 초등학교 수준에서 국가, 주, 지역적으로 소폭 향상하였다.

이러한 주요 이행 현황은 교육의 접근성, 질, 형평성과 관련한 파키스탄의 이슈들을 보여준다. 우선 교육 접근성과 관련해, 파키스탄은 약 2300만 명의 5-16세 미취학 아동들(전체인구의 44%)이 있으며, 이는 전 세계에서 두 번째로 높은 수치다(Malik, 2016). SDG4와 관련해서 파키스탄 정부는 법조항 25A를 내세우며 5-16세 아이들의 무상 의무교육 제공을 약속해왔다. 25A 조항 외에도 모든 주에 조혼, 아동노동 등 아이들, 특히 여아들이 정식교육을 받는 데 영향을 주는 사회문화적, 경제적인 이슈들을 다루는 특정한 법이 있으며, 모든 주는 교육권을 포함하여 아이들의 기본적인 권리를 보호하는 메커니즘을 가지고 있다.

파키스탄 정부가 교육 영역에서 미취학 아동들의 학교등록과 이수를 제일 심각한 문제로 강조하고 있으며, SDG4에서도 주요한 목표로서 우선순위를 두고 있다(GoP, 2018). 그러나 이 법들이 실제로 실현되지 않고 있는데, 예를 들면 25A 조항 같은 경우 연방 및 주 정부들이 아직도 법적인 약속들을 어떻게 실현시킬지에 대한 로드맵을 제공하지 않고 있다(Khan, 2021). 그렇기에 모든 여아와 남아가 초등교육과 중등교육의 이수를 보장받기 위해 정부에서 더욱 적극적이고 구체적인 방안이 필요하다.

또한 SDG4와 관련하여 공립학교와 아이들의 학습 수준에서 교육의 질은 중대한 문제이다. 파키스탄 아이들의 학습 결과는 낮은 사회경제적 지위를 가진 계층에서 특히 더 심각하다. 연간교육보고서(ASER, 2019)에서 파키스탄 학교 교육의 질에 대한 통계자료로서 우르두어·신디어·

파슈토어 및 영어 읽기와 산수 능력에 대해 보고했다. 우르두어와 영어 읽기에서 심주와 카이버 파툰크와주와 길기트발티스탄주의 결과는 매우 실망스러운 수준이며 심주에 있는 학생들의 결과가 가장 심각하다. 비슷하게 심주와 카이버 파툰크와주에 거주하는 5학년과 10학년들의 산수 수준 결과가 가장 낮게 나왔다.

근래에는 코로나로 인해 주 정부들은 학교들을 닫았고 약 4,000만 명의 아이들이 영향을 받았다(ASER, 2021). 영향 받은 대다수는 원거리학습과 홈스쿨링에 선택권이 많이 없었던 어린 유아기와 초등 저학년 아이들이었다. 모든 학년에서 대체적으로 글을 읽고 쓰는 능력과 산술 능력은 2019년에 비해 2020년도에 저하되었는데, 2021년도 ASER에 따르면 2019년도에는 우르두・신디・파슈토어를 쓰는 3학년 아이들의 18%가 2학년 수준의 글을 읽을 수 있었지만, 2021년도에는 15%만 읽을 수 있게 되었다(ASER, 2021). 8학년 아이들도 2019년도에는 86%가 글을 읽을 수 있었지만, 2021년도에는 74%로 줄어들었다. 게다가 산수도 2019년도에는 21%의 3학년 아이들이 2학년 수준의 나누기를 할 수 있었으나 2021년에는 20%로 감소하였고, 5학년 아이들은 57%에서 51%로, 8학년 아이들은 65%에서 53%로 감소하였다(ASER, 2021).

이처럼 코로나 기간 동안의 학습 위기는 잃어버린 세대를 초래할 수 있기에 SDG4 목표를 성취하기 위해 학습 성과를 향상시키는 양질의 교육을 위한 시급한 행동이 필요하다.

마지막으로 형평성과 관련해 성평등 이슈는 파키스탄에서 매우 심각한 주제이다. 파키스탄은 남아시아에서 아프가니스칸 다음으로 여아와 남아의 취학률 차이가 크다(Khan, 2021). 또한, 세계은행에 따르면 파키스탄은 전 세계에서 여아들이 학교 다니지 않는 수가 두 번째로 많은 국가이다. 또한, 낮은 문해율은 빈곤과 관련이 있으며, 이는 심각한 우려 사항이다. 파키스탄에서 빈곤층 농어촌 남성의 문해율이 64%인 것에 비해 여성은 14%이다(UNESCO, 2016). 초등학교의 경우, 100명의 여아가 등록했다면 60명이 학교를 다니지 않고, 중학교의 경우, 100명의 등록한 여아에 비해 223명이 학교를 다니지 않는다(Khan, 2020).

최근 연구에서 가정별 급격하게 줄어드는 소득수준으로 인해 파키스탄에서 정규교육에 대한 여아들의 접근성이 더욱 퇴보할 거라고 제시하였다(Khan, 2021). 특히 코로나 기간 동안의 제재로 재정적으로 더 어려워지면서 학교 갈 나이의 여아들이 가정 수입을 보충하기 위해 노동을 하거나 가정 지출을 줄이기 위해 학교로 돌아가지 못했다(Malala Fund, 2020). 이처럼 교육을 받지 못하는 여아들의 수를 보았을 때, 교육지표에 있어 SDG4.5를 달성하는 것이 파키스탄의 우선순위가 되어야 한다. 그러나 교육 영역에서 성별 기반 예산을 카이버 파툰크와주에서만 2018년도에 처음으로 추진하였고, 다른 지역들은 아직 따르지 않고 있다(Khan, 2021). 교육 영역에서 성별 기반에 대한 투자 부족은 연방 단위나 주 단위의 정부들이 상황의 심각성을 이해하지 못했거나 정치적으로 움직여지지 않는 것으로 보이며, 부처·부서 간의 예산이 파키스탄의 SDGs 책무와는 분리되어 있는 것으로 그려진다(Khan, 2021).

라. SDGs 달성을 위한 도전과제

교사의 질은 교육의 질 향상과 교육시스템 강화에 있어 중요한 역할을 한다. 교사의 질은 학생들의 학업성취, 동기부여, 자아존중감, 취학률, 중퇴율 등 전반적으로 영향을 미친다(Eisenmon & Schwille, 1991). 그러나 파키스탄에서는 교사가 사회에서 다른 직업군만큼 인정받는 직업이 아니기에 잠재력 있는 인재들의 지원이 적고, 지원 자격의 수준이 낮으며, 교사가 되기 위한 자격시험도 따로 없다(Huma, 2013). 2021년도 자료에 따르면 2017-18년도에 초등교육에서 대학교육까지(1학년부터 12학년) 파키스탄 전역에서의 총 교사들의 수는 801,896명인 반면, 교사들을 훈련시키는 기관은 155개밖에 없었다. 많지 않은 이 훈련기관들조차 사용되지 않고 있으며, 사용 가능한 훈련기관도 교사들의 등록률은 1% 미만이다.

아시아개발은행(Asian Development Bank, ADB)은 도시 중심지와 사회경제적으로 소외된 지역 사이에는 교사들의 수에 차이가 있어 교사의 질과 수 차이가 교육불평등의 주요 원인 중 하나라고 보도했다. 또한, 파키스탄에서 몇 십 년 동안 교사들의 무단결근으로 많은 어려움들이 발생했는데, 최근 몇 년간 정부가 다양한 정책을 통해 조치를 취했지만 여전히 일부 지역에서는 교사 참여가 비정기적이고 불확실하여 피해를 겪고 있다(GoP, 2021). 이처럼 파키스탄 정부는 SDG4의 목표인 공평한 양질의 교육 보장을 위해 자격요건을 가진 교사들의 충분한 수 확보와 교사의 질 향상에 더욱 중점을 두어야 한다.

다음으로 교육 시설은 교육의 효율성뿐 아니라 학업 성취를 강화시키는 주요한 요소이다. 낮은 질과 적절하지 않은 학교 시설은 학생들의 학습결과를 마비시키고 학생들의 성취와 교육의 형평성에 부정적으로 영향을 미친다(OECD, 2019). 학습을 위해 최적화되지 않은 환경은 학생들과 부모들의 동기를 저하시키고 낮은 학교 취학률과 높은 중퇴를 야기한다(Riawan 외, 2022). 마시는 물, 방벽, 전기, 화장실 같은 기본적인 시설을 사용할 수 없는 게 높은 중퇴율의 원인이며, 알맞지 않은 기본적인 시설(예를 들면 전기, 물, 방벽, 화장실)이 학생이 학교를 갈 의지를 저하시키는 주요한 원인이 된다(GoP, 2015).

그러나 파키스탄의 교육시설은 수리가 필요하거나 위험한 건물들이 많으며, 학교에 건물, 전기, 물, 화장실이 없는 학교들의 수가 꽤 많은 현황이다. 이러한 실태가 아이들이 양질의 교육을 받는 데 큰 방해요소가 되고 있으며, 특히 물과 화장실 같은 위생시설의 부족은 사춘기 여아들이 학교를 중퇴하는 큰 이유가 된다. 시골 지역에 있는 교육시설들의 상태는 더욱 심각하다. 그렇기에 파키스탄에서 교육의 접근성과 질을 모든 지역에서 향상시키기 위해서는 교육 시설에 대한 투자가 필수적이다.

그리고 이러한 모든 것을 가능하게 하는 도전 과제로 교육예산 확보, 확대가 핵심적이다. SDG4 기준 연도와 비교해 보면, 연방 및 주에서 교육 예산 우선순위에 거의 변화가 없는 것으로 보인다. 이는 지역적 차원에서 SDG4의 우선순위 목표들을 고려하지 않고 있다는 것을 시사한다. 예를 들어, 연방 정부는 계속해서 대학 교육에 예산을 분배하고 있는데, 이는 파키스탄 정부가 세운 SDG4 우선순위 목표들과는 분리되어 있는 모습이다. 국가적 SDGs 우선순위 프레임워크(National SDGs Priority Framework)에서 100%의 취학률과 유지를 SDG4 목표를 이루기 위한 정책 지원의 주요한 영역으로 설정했지만, 연방 지역에서 30,000명의 아이들이 여전히 학교를 다니지 않고 있다. 연방 정부가 증가하고 있는 미취학 아동들을 효율적으로 관할권 내에서 수용하지 못하는 것은 투자 증가의 필요성을 보여주는데, 2021-22년도에 학교 교육 관련한 예산을 전체의 1.04%만 할당한 것은 이러한 문제에 대한 연방 정부의 심각성을 나타낸다.

반면에, 주정부들은 교육 예산의 상당 부분을 교육의 접근성과 질을 강화하기 위해 할당하고 있지만, 다른 SDGs 우선순위 목표들은 방치하고 있다. 교육의 접근성과 질 향상을 위해 주요한 목표 4.7c(교사 훈련)는 교육 관련 투자에서 가장 등한시되는 영역 중 하나다. 교육에서 양성평등 영역도 가려져 있으며, 이슬라마바드 수도권(Islamabad Capital Territory)과 카이버 파툰크와주를 제외하고 교육시설 유지나 강화에 예산을 책정한 정부 또한 없다. 이는 현재 아이들이 코로나로부터 안전하게 보호되어야 할 중요한 시기에 깨끗한 물이나 화장실과 같은 기본적인 시설이 부족한 것으로서 놀라운 일이다. 성인문해력을 위한 예산도 2021-22년도에 펀잡주만 6.81%를 약속했으며 연방 정부 포함하여 다른 지역들은 아직도 성인문해 관련 예산에 대한 계획을 전하지 않고 있다.

마지막으로 파키스탄 자체적인 정확한 지표 설정 및 모니터링 기능 강화가 SDGs 달성의 핵심 과제이다. 파키스탄 정부에서 제시한 틀은 특정한 SDGs 목표들을 모니터링하는 데 유용하지 않다. 기준치(baseline)와 목표는 몇몇 지표에만 제공되었고, 국가 자료 이용가능성을 바탕으로 한 국제적 지표들을 재정의하거나 재정립, 혹은 수정하지 않은 채 세워졌다. SDG4.1.1은 '국가적 SDGs 지표 우선순위'로 정해졌고, 읽기와 수학에서 최소 수준의 능숙도를 성취한 아이들과 청소년의 비율을 평가한다. 그러나 성별에 따른 등록률만 국가적 기준치로 세워졌으며, 비슷하게 성인문해력 평가에 대한 대표적인 국가 자료가 없는 상태에서 SDGs 지표 4.6.1의 기준치와 목표가 세워졌다. 기준치로서 정해진 높은 성취 수준이 지표의 정확도에 의심을 주기도 하며, 자료격차를 분석해보면 SDG4 11개 지표들 중에 3개만 쉽게 접할 수 있는 자료다. 효율적인 후속조치와 SDG4 이행 및 성과를 검토하기 위해 정확한 지표 설정과 자료들이 필요할 것이다.

제8장

스리랑카의 교육발전과 주요 이슈

가. 들어가며

스리랑카 민주사회주의 공화국(Democratic Socialist Republic of Sri Lanka)은 인도 동남부 인도양에 위치한 도서 국가이며 인구는 약 1,919만 명이다. 스리랑카 내 종족은 싱할라족(Shinhalese) 74.9%, 타밀족(Tamil, 스리랑카 타밀 11%, 인도 타밀 4%) 15%, 무어족(Moor) 9%, 기타 1%로 구성되어있다. 종교는 불교 70%, 힌두교 12%, 이슬람교 9.7%, 기독교 7.4%이다. 국민의 70% 이상이 사용하는 싱할라어가 공용어이며, 타밀족 및 무어족이 사용하는 타밀어는 헌법상 국어(National Language)로 규정하였으나 싱할라어, 타밀어, 영어 총 3개 언어 모두를 공용어로 인정하고 있다.

스리랑카는 1505년부터 약 440년간 포르투갈, 네덜란드, 영국의 식민 지배를 받았다. 1505년부터 1758년까지 스리랑카를 처음 식민 지배하기 시작한 유럽 국가는 포르투갈이었으며 서부 해안지방에 도래하여 무단통치를 실시하였다. 포르투갈은 가톨릭 개종을 장려하고 개종된 사람들은 스리랑카 무어인(Moors)이라고 불렀으며 종교뿐만 아니라 유럽 문화를 전파하며 스리랑카에 유럽문화를 전파하는 데 큰 영향을 끼쳤다.

이후 1658년부터 1796년까지 네덜란드는 독립을 유지하고 있는 중부 지역의 캔디 왕국을 제외하고 대부분의 스리랑카 해안지방을 점령하였다. 포르투갈의 식민 정책과 달리 네덜란드는 향료무역 독점이 통치의 주목적이었기 때문에 포르투갈과는 대조적으로 온건한 정책을 실시하였다.

반면 영국이 통치했던 1796년부터 1948년에는 싱할라 최후 왕조인 캔디 왕국을 멸망시키고 스리랑카 전역을 식민화하였다. 식민 통치에 싱할라족과 타밀족 모두를 참여시켰으나 타밀족을 우대하였다. 스리랑카에서 커피 재배는 1960년대부터 시작되었는데 이를 위해 영국 지배하의 인도로부터 타밀족 노동자를 이주시켰다. 이에 따라 스리랑카에 거주하는 타밀족은 두 유형이 있는데, 독립국가(Eelam) 건설을 위해 스리랑카 정부와 무장투쟁해 온 실론계 타밀족(Ceylon Tamil)과 영국 식민통치하에 인도에서 이주하여 커피 플랜테이션 노동에 종사해 온 인도계 타밀족(Indian Tamil)으로 구분할 수 있다. 1880년 커피나무 전염병 발병은 커피 재배에서 차 재배로 전환하는 계기가 되었으며 이후 차, 코코넛, 천연고무는 스리랑카의 경제에 이바지하는 주요 농작물이 되었다.

인도의 독립운동과 서구 민주주의 발전에 자극을 받아 스리랑카의 독립에 대한 열망이 고조되었고 영국은 스리랑카 해군과 공군 기지를 유지하고 스리랑카 사령부에 영국 장교를 두는 조건으로 1948년 2월 영연방 내 자치국 실론(Ceylon)을 출범하였다. 독립 이후 D. S. 세나나야케(D. S. Senanayake) 초대 총리가 취임하였다. 독립을 하였지만 실론 자치국에서는 영국 국왕을 국가원수로 하고 현지인 총독을 두어 국가원수의 권한을 대행하는 영국식 내각책임제가 채택되었다. 또한 이 시기에 인도계 타밀족과 스리랑카 타밀족 간의 종교 갈등, 싱할라어와 타밀어 사이에서 공용어 채택 문제 등과 같은 문제로 인해 타밀족과 싱할라인 사이의 갈등이 크게 고조되었다. 1972년 총독제를 폐지하였고, 1977년 헌법 개정을 통하여 내각책임제에서 대통령 중심제로 정부형태를 변경하였다. 1978년 자야와르데네(Jayewardene) 총리가 초대 대통령으로 취임하였고 1979년 대통령 중심제 신헌법을 공포하고 스리랑카 민주사회주의 공화국으로 국명이 변경되었다.

스리랑카의 교육 및 의료 서비스 등은 일반적으로 인근 서남아 지역 국가에 비해 상대적으로 높은 수준이다. 스리랑카는 불교가 지배적인 국가이며 불교계의 정치적 영향력이 큰 편이다. 헌법상 종교의 자유가 보장되어 있으나 헌법상 불교는 국가로부터 우선적인 보호와 장려를 받도록 되어있다.

1983년부터 다수 민족인 싱할라족과 스리랑카 북부에 주로 살면서 분리 독립을 요구했던 소수의 타밀족 간의 갈등으로 빚어진 내전이 무려 26년 만에 마침내 종식되었다. 민족문제와 종교문제가 엉켜 발생한 스리랑카 내전은 아시아에서 가장 긴 내전이었다. 내전 종식에 따라 정치적 안정과 IMF의 26억 불 구제금융 승인 등으로 스리랑카 경제는 자신감을 회복하였다. 2010년부터 국가경제개발정책을 본격적으로 추진하였고 8%의 높은 경제성장세를 보였지만, 국내 제조 기반이 취약함에 따라 자본재와 소비재 수입 수요를 증가시켜 수입과 수출의 불균형을 확대하였다. 2013년 대비 산업 분야와 서비스 분야는 각각 호전된 성장률을 보였으나, 심각한 가뭄으로 인해 농업생산과 수력발전이 감소하여 농업 분야의 성장이 위축된 것으로 보인다. 2010년부터 2017년까지 스리랑카의 GDP 성장률은 연평균 5.8%에 이르렀으나 경제 및 산업 성장에 비해 미숙련 노동력, 고학력자와 청년의 실업률이 상대적으로 높은 것으로 나타났다. 위크레마싱헤의 총리직 재취임으로 2019년 스리랑카의 정치적 불안정이 일부 해소되었으나, 같은 해 4월 무슬림 극단주의자들의 부활절 연쇄폭탄테러로 인해 관광업 분야에 치명적인 악영향을 미친 것으로 보인다.

스리랑카 내 항만과 도로 등 사회간접자본 발전을 무리하게 나서며 대외부채가 늘어나면서 전례 없는 거시경제 위기에 직면하게 되었다. 2020년 초 코로나 팬데믹의 발병과 전 지구적 확산으로 인해 스리랑카의 주요 외화 수입원인 관광 산업이 붕괴하고, 2022년 러시아-우크라이나 전쟁의 여파로 원유 가격 등이 폭등하자 인플레이션이 찾아와 소득, 식량 안보 및 생활 수준에 악영향을 미친 것으로 보인다. 하지만 세계은행 보고서에 따르면 코로나 팬데믹의 유행 전부터 경제성장과 빈곤 감소는 이미 둔화하였으며 제한적인 무역 체제, 취약한 투자환경, 느슨한 통화정책, 관리된 환율이 외부 재정 불균형에 영향을 미친 것으로 보인다. 기존 재정 불균형과 더불어 재정 규율 결여, 2019년 세금 감면은 부채가 빠르게 증가하는 데 기여하였고, 스리랑카의 신용등급 강등, 국제 금융시장 접근성 상실 등과 같은 문제에 대한 스리랑카의 지연된 대응은 위기가 경제의 모든 주요 부문으로 확산되는 데 기여했다고 볼 수 있다. 경제가 계속 위축되자 스리랑카 정부는 2022년 5월 국가부도를 선언하였다.

2021년 세계은행 데이터에 따르면 스리랑카의 1인당 GDP는 4,013.7달러이며 1인당 GNI는 4,040달러이다. 2019년 세계은행은 스리랑카를 중상위 소득국가[1)]로 분류하였으나 1년 만에 중하위 소득국가로[2)] 다시 재분류하였다. 스리랑카의 GDP는 2022년 9.2%, 2023년에는 추가적으로 4.2% 더 감소될 것으로 예측된다.

---

1) 세계은행의 중상위 소득국가의 기준은 1인당 GNI가 $4,046에서 $12,535인 국가이다.
2) 세계은행의 중하위 소득국가의 기준은 1인당 GNI가 $1,036에서 $4,045인 국가이다.

나. 교육시스템 및 현황

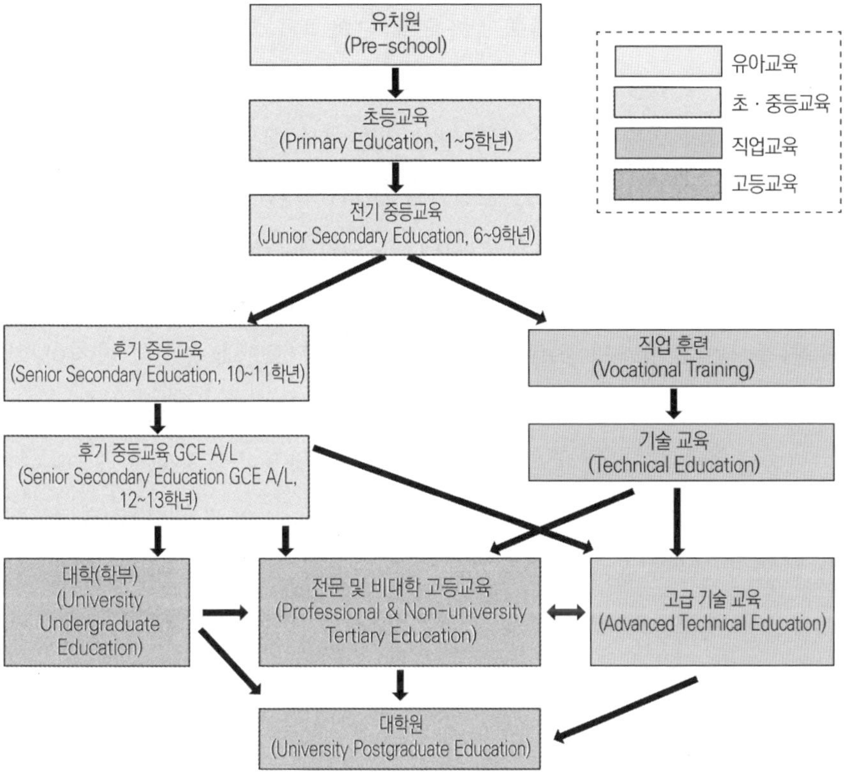

출처: Education First Sri Lanka(Sri Lanka MoE, 2013)

[그림 8-1] 스리랑카 교육체제 기본구조

스리랑카 교육제도는 영국식 교육제도의 영향을 크게 받았으며 교육과정의 단계에 따라 초·중등교육과 고등교육 및 기술직업교육훈련으로 구분할 수 있다. 스리랑카의 의무교육은 초등교육(1-5학년)부터 전기 중등교육(6-9학년)까지이다. 1학년에서 대학교 1학년까지 스리랑카 내 국립학교와 공립대학은 무상교육을 실시하고 있지만 그 외 사립학교, 국제

학교, 학위를 부여하는 외국대학 부설 교육기관은 모두 유상교육이다. 스리랑카 내 국립학교들과 국가 교육과정에 맞춰 교육하는 사립학교는 정부로부터 전기 중등교과과정까지의 교과서를 무료로 제공받는다.

스리랑카의 무상교육 정책은 스리랑카의 성인 문해율, 학교등록률, 교육 분야에서의 성평등 지수 등과 같은 부분에서 매우 높은 수치를 보이고 있다. UNESCO UIS에 따르면 총취학률은 초등교육 100.3% (2020년 기준), 초등교육 100.34%(2018년 기준)이며 순 취학률(Net Enrolment Ratio)은 2018년 기준 기초교육 99.1%, 중등교육 91%이다. 총취학률 및 순 취학률과 더불어 스리랑카의 초등학생들이 취학 이후 초등교육에서 마지막 학년인 5학년까지 이수하는 수치를 살펴보는 것도 중요하다.

2019년 데이터에 의하면 98.71%의 초등학생들이 초등교육을 이수한 것으로 나타나며 초등교육에서 유급자 수는 0%(2020년)로 나타났다. 또한 학생이 초등교육에서 중등교육으로 진학하는 비율도 99.4%로 높다. 스리랑카 학생들의 평균 학습 기간은 2018년 기준 14.11년 정도이며 남학생은 13.76년, 여학생은 14.46년으로 상대적으로 남학생보다 여학생의 평균 학습 기간이 긴 것으로 나타난다.[3)]

스리랑카의 초·중등학교는 정부학교와 비정부학교로 구분할 수 있다. 국립학교, 주립학교, 승려학교(Pirivena)는 정부학교로 분류되고, 사립학교와 국제학교는 비정부학교로 분류된다.

교수 언어(Medium of Instruction)는 싱할라어, 타밀어, 영어를 사용한다. 2020 연간 실적 보고서에 따르면 대부분의 정부학교는 싱할라어만을

---

3) 초등교육 총취학률에서 성 평등 지수(Gender Parity Index, GPI)는 1.01이다. GPI가 1 이하면 남학생의 비율이 더 높다는 것을 의미하고, 1 이상이면 여학생의 비율이 더 높다는 것을 시사한다. 1.01의 GPI는 스리랑카 초등교육에서 남학생보다 약간 더 많은 여학생 수가 초등교육에 등록한다는 것을 시사한다.

사용하고, 3가지 언어 모두를 사용하는 정부학교는 0.3% 정도이다.

초・중・고등학교에 해당하는 기초교육은 초등교육(1-5학년)과 중등교육(6-13학년)으로 나뉜다. 초등교육은 만 6세에 시작되나 일부 사립학교에서는 만 5세에 시작하는 경우도 있다. 초등교육의 마지막 학년인 5학년 때 장학시험(Scholarship Exam)이라고 불리는 국가시험을 선택적으로 치를 수 있다. 장학시험을 통해 성적이 우수하나 생활 형편이 어려운 학생들에게 소액의 장학금을 지원하기도 하며 우수한 학생을 선발하여 장학금을 주기도 한다.

〈표 8-1〉 스리랑카 학제

<table>
<tr><th colspan="2">구분</th><th>학년
(Grade)</th><th>기간</th><th>의무
교육</th><th>교육과정</th><th>우리나라
학제와 비교</th></tr>
<tr><td colspan="2">초등교육
(Primary Education)</td><td>1-5학년</td><td>5년</td><td>의무</td><td rowspan="2">공통교과</td><td>유치원
(1년)</td></tr>
<tr><td rowspan="3">중등교육
(Secondary
Education)</td><td>전기
(Junior)</td><td>6-9학년</td><td>4년</td><td>의무</td><td>초등학교
(6년)</td></tr>
<tr><td rowspan="2">후기
(Senior)[4]</td><td>10-11학년
(O/L)</td><td>2년</td><td>선택</td><td>필수 6과목 &
선택 3과목</td><td>중학교
(3년)</td></tr>
<tr><td>12-13학년
(A/L)</td><td>2년</td><td>선택</td><td>필수 3과목
& 영어, 공통
일반과목</td><td>고등학교
(3년)</td></tr>
<tr><td colspan="2">고등교육
(Tertiary Education)</td><td></td><td>4년</td><td>선택</td><td></td><td>대학</td></tr>
</table>

출처: Education First Sri Lanka(Sri Lanka MoE, 2013) & 사회, 문화, 교육(스리랑카대사관, 2020)을 기반으로 저자가 구조화하여 작성함.

4) 스리랑카 교육부의 보고서에서는 후기 중등교육(Senior Secondary Education)을 Senior Secondary Education(10-11학년)과 Senior Secondary Education G.C.E. A/L (12-13학년)로 표시했지만 일반적으로 10-11학년을 G.C.E. O/L 혹은 Ordinary 과정, 12-13학년을 G.C.E A/L 혹은 Advanced 과정으로 표현하였다. 타 기관에서 발행한 보고서에서 종종 G.C.E. A/L 과정을 Collegiate로 표시한 경우도 있다.

중등교육은 전기 중등교육과 후기 중등교육으로 나뉘며 전기 중등교육은 4년의 과정(Grade 6-9), 후기 중등교육은 4년 과정(Grade 10-13)이다. 후기 중등교육에서 10-11학년은 G.C.E.(General Certificate of Education) O/L (Ordinary Level) 시험을 2년 동안 준비하고 11학년을 마치고 시험을 치른다. 12-13학년의 경우 대학입학 전 2년간의 준비 과정을 거쳐 G.C.E. A/L(Advanced Level) 시험을 치른다. G.C.E. A/L 과정에서 총 4개의 과목계열(Subject Stream)인 인문계열(Art Stream), 커머스 혹은 비즈니스 계열(Commerce Stream), 수학, 과학계열(Mathematics/Science Stream)[5)], 기술계열(Technology Stream)을 선택하여 집중적으로 공부할 수 있다. 선택한 과목계열 내에서 최소 3개 과목을 필수로 선택하여 G.C.E. A/L 시험을 2년간 준비한다. 과목 계열의 필수과목 외 영어(General English) 과목과 공통 일반(Common General)도 필수로 준비하고 시험을 치러야 한다. 현재 약 50% 이상의 학생들이 인문계열을 선택하고 있는데 스리랑카 정부는 국가 발전을 위하여 2025년까지 40%의 학생들이 수학, 과학 계열을 선택하는 것을 목표로 두고 있다.

학생들은 치열한 G.C.E. A/L(혹은 대학입학자격시험)을 거쳐 대학에 진학하는데 총취학률은 21.6%(2022년)이다. 이 중 여학생의 총취학률은 26.7%, 남학생은 16.5%로 여학생의 대학 진학률이 더 높다. 현재 스리랑카 정부는 1978년 대학법(Universities Act No. 16 of 1978)에 따라 세워

5) 2020년 스리랑카 교육부에서 발간한 '스리랑카: 일반교육 분야 발전계획(2020-2024)(Sri Lanka: General Education Sector Development Plan(2020-2025))'에서는 G.C.E. A/L 수학, 과학 계열(Mathematics/Science Stream)을 Bioscience/Physical Science로 표시한다. 동일하게 스리랑카 교육부에서 발간한 'Annual School Census of Sri Lanka-Final Report 2020'에서도 G.C.E. A/L 분야를 Bioscience와 Physical Science(Maths)로 구별하여 지역별 학생 수를 파악한 것으로 보아 기존의 수학/과학계열이 세분화되었고 4개의 계열에서 5개의 계열로 나뉘었다고 볼 수 있다.

진 대학무상교육위원회(University Grants Commission, UGC)가 스리랑카 대학 시스템을 총괄하고 있으며 대학무상교육위원회 관할하에 17개의 국립대학을 운영하고 있다. 스리랑카 정부는 사립대의 설립·운영을 허가하지 않고 있다. 대학무상교육위원회가 관할하는 국립대학 외에 학위를 수여하는 스리랑카 고등교육 기관은 1) 정부 대학 및 기관으로 관련 부서가 관할하고 있으며 2) 다른 기관으로 외국대학에서 자체 학위를 수여하는 공립 및 사립 학위 수여 기관이 있다.

스리랑카의 기술직업훈련교육은 영국으로부터 독립 이후인 1950년부터 본격적으로 발전하였다. 1990년 고등교육 및 직업교육훈련 조례(Tertiary and Vocational Education Act)가 제정되고, 1991년 청년기술개발부(Ministry of Youth Affairs and Skills Development)가 생기기 전에는 직업교육훈련이 각 부처에서 산발적으로 운영되어 훈련의 비효율성, 부처 간 업무중복, 예산 낭비의 문제가 있었다. 현재 청년기술개발부 산하에 고등교육 및 직업교육훈련 위원회(Tertiary and Vocational Education Commission)가 설립되어 직업기술교육훈련과 관련된 정책 개발, 국가기술자격 검정 시스템(National Vocational Qualification, NVQ)[6] 관리, 직업기술교육훈련 기관 운영 등의 기능을 수행하고 있다. 스리랑카의 정규 직업기술교육훈련은 NVQ의 단계에 따라 이뤄지는데, 후기 중등교육부터 중등 이후 교육(post-secondary non-tertiary)과정에 맞춰 NVQ 1-4단계 교육이 시행된다. NVQ 1-4단계는 1년 과정으로 6개월의 기관 교육을

6) 국가기술자격 검정 시스템(NCQ)은 특정 단계의 자격증이나 학위를 취득한 자에게 국가가 직접 보증하여 고용주에게는 피고용인의 기술능력을 검정할 수 있는 판단 근거가 될 수 있도록 하고 취득자에게는 취업의 기회를 제공하기 위한 목적으로 2005년 아시아개발은행의 재정 지원을 통해 도입되었다. 이 시스템은 영국의 NOS(National Occupational Standard)의 개념과 거의 흡사하다.

받은 후 6개월 동안 현장 교육을 나간다. NVQ 4단계를 마친 학생들은 노동시장에 진출하거나 직업교육훈련에서의 고등교육에 해당하는 NVQ 5-6단계로 진학할 수 있다. NVQ 5-6단계 교육 기간은 1.5-2년 정도이며 기능대학과 같은 College of Technologies, University Colleges에서 교육을 받는다. NVQ 5-6단계를 성공적으로 마친 졸업생들은 노동시장으로 진출하거나 학위과정에 해당하는 NVQ 7단계를 University of Technology (UNIVOTECT)에서 3년 동안 수학할 수 있다.

교육 현황과 관련해 스리랑카 정부는 새로운 교육개혁에 맞춰 1,000개의 새로운 국립학교를 설립할 뿐만 아니라 지원이 필요한 국립학교를 파악하여 기초시설 개선 및 보수, 필요한 기자재 구입을 할 수 있도록 재정적으로 지원하고 있다. 또한 학교 운영 및 행정과 관련하여 270명의 교장의 역량강화 프로그램을 진행하고 있다.

포용적 교육, 비형식교육, 특수교육 지원을 위해 스리랑카 정부는 다양한 노력을 하고 있다. 먼저 싱할라어로 된 22,000개, 타밀어로 된 8,000개의 '모든 아동을 위한 포괄적 교육-특수교육이 필요한 아동을 위한 교육시설 제공'과 관련된 안내 매뉴얼을 인쇄 후 배부하였다. 또한 36개의 국립학교 내 특수교육 부서에 악기, 운동 장비, 칠판 등을 제공하였으며 전체 주에 191개의 보청기를 제공하였다. 학교 밖 아동·청소년들을 위한 소득 창출을 위한 비형식 과정에 54개의 재봉틀을 제공하였으며 평생교육 기회를 제공하고자 하였다.

스리랑카 중남부 농장 지역(Estate Sector)인 중부(Central), 우바(Uva), 사바라가무와(Sabaragamuwa) 및 남부(Southern) 주는 사유지로서 국가 행정과 다른 별개의 자치권을 누리고 있는 독특한 지역단위이다. 이 지역 거주자들은 대부분 영국 식민시대에 스리랑카의 대규모 플랜테이션 노동자로 그 당시 인도 남부에서 이주한 인도계 타밀족이다. 이 지역의 인근 산간 지역에 거주하고 있는 아동들은 적절한 교육 지원을 받지 못하고 있으며 정규학교도 환경이 매우 열악하다. 이를 위해 스리랑카 정부에서는 인도 정부의 지원을 받아 9개의 Estate School을 선정하여 인프라 발전을 지원했다. 한국국제협력단의 사업을 통해 마을 유치원을 운영하여 취학 전 아동이 교육을 받을 수 있는 체계를 구축하고 영어, 컴퓨터 교육을 실시하여 취약계층 아동들이 교육받을 수 있는 기회를 제공하였다. 또한 홍차농장마을의 교육환경 개선에 대한 필요성을 인식하여 지역사회 스스로 구축하고 지속해 나갈 수 있는 역량을 기르기 위해 부모교육 및 자조모임 조직을 지원하였다.

또한 교육의 질 제고를 위한 노력 역시 수반되고 있다. 전통적으로 스리랑카에서는 과학, 기술 분야에 비해 인문사회 계열을 선호하고 우대하였다. 스리랑카 정부는 과학, 기술 분야가 발전하지 못하고, 제조업 기반이 약하며 공산품 수입 의존도가 높은 산업구조의 문제점을 인식하고 최근 과학기술 분야의 육성에 대한 강력한 의지를 내비치고 있다. 과학기술 분야의 인재 양성을 위하여 라자팍사 대통령 시절 '2012-2016년 1,000개 중등학교 프로젝트(1,000 School Project)'를 수립하였으며 수학, 과학, 기술계 교육을 강화하기 위하여 실험실 설치, 기자재 보급, 컴퓨터 등을 지원하였다. 하지만 2017년 School Census Report에 의하면 스리랑카 학교들의 컴퓨터 보급률은 약 55%에 불과하며 과학, 기술 분야를 가르칠 양질의 교사가 절대적으로 부족하다.

세계은행에서 지원한 일반교육 현대화 프로젝트(General Education Modernization Project) 사업 중 '수학 학습 향상(Mathematics Learning Enhancement, MLE)' 활동에는 "Delisa 워크북" 인쇄, 3-5학년이 알아야

할 기본 개념이 포함된 활동 시트, 10-11학년을 위한 학습 자료 등이 포함된다. MLE 활동을 하는 학교에서는 6-11학년 학생에게 수학 평가를 실시하여 수학 성과를 측정하고, 교육 TV 프로그램을 위한 수학 교과 내용 준비, 국가 공식 온라인 학습 플랫폼인 'E-Thaksalawa' 학습 관리시스템에 업로드할 비디오 수업 자료 제공 및 학생 자가학습 자료 제공 등을 시행하고 있다. 더불어 영어교육의 질을 제고하기 위해 18개의 영어 자가학습지를 제작해 배포하였으며, 81개 학교에 영어교육을 위한 장비 및 교보재를 제공하였다.

과학교육과 관련하여 중등학교의 73.7%가 과학 실험을 위한 실험실, 미니 실험실, 과학실과 같은 최소한의 시설을 갖추고 있다. 6,313개의 중등학교 중 1,660개에는 공식적인 과학실이 부재한 상태다. 국가 발전을 위해 과학과 기술 분야는 매우 중요한 역할을 하는데, G.C.E. A/L 과정 중 과학 계열을 제공하는 학교는 1,044개, 기술 계열을 제공하는 학교는 256개밖에 되지 않는다. 2018년 기준 스리랑카 내 G.C.E. A/L 과정에서 과학계열을 제공하는 학교는 10.26%, 기술 계열은 5.1%, 커머스 계열은 19.61%, 인문계열은 28.30%이다. 이와 관련하여 스리랑카 2020-2025 국가계획은 G.C.E. A/L 과정에서 과학 계열과 기술 계열의 참여율을 40%까지 올리는 것을 목표로 하고 있다. 스리랑카 정부는 과학교육의 질 제고를 위하여 6-11학년 과학교사들을 위한 교사훈련 모듈을 개발하고 온라인 워크숍을 진행하였다. 워크숍 및 교사 훈련을 통하여 과학 기본 개념에 대한 이해 증진 및 G.C.E. O/L 학생들의 과학 성적 향상에 기여하고자 하였다. 또한 과학 실험을 위해 필요한 화학 물품을 84개의 학교에 제공하여 과학 과목과 관련된 정보를 학습할 때 직접 실험을 수행해 볼 수 있는 기회를 제공하고자 하였다.

스리랑카 교육부에서는 과학과 수학 외 영어교육의 중요성을 강조하였다. 이를 위하여 31개의 지역영어지원센터(Regional English Support Center, RESC)에 총 17명의 새로운 트레이너를 고용하고 31개의 복사기와 컴퓨터를 지원하였다. 또한 Gurugedara 영어교육 TV 프로그램에 총 124개의 영어교육 영상을 제작하고 스리랑카 전국으로 방영하였다. 영국 문화원과 협력하여 온라인 영어 교사 전문성 발전 프로그램을 시행하였으며 350명의 영어 교사에게 훈련을 제공하였다. 미국 평화 봉사단 교육 프로그램을 통해 120명의 영어 교사와 32명의 교장에게도 교사 훈련을 제공하였다.

다음으로 교사와 관련한 현황으로 스리랑카에서 교사가 되는 방법은 총 3가지로 1) 국립 사범대를 졸업하고 교사 자격을 취득하는 방법, 2) 국립대 졸업 후 임용고사를 통해 교사가 되는 방법, 3) 자원봉사 교사(Volunteer Teachers)를 통해 교사가 되는 방법이 있다. 국립 사범대는 디플로마를 부여하는 3년제 사범대학이며 유일하게 전문 교사교육을 받은 교사를 배출하는 곳이다. 국립대를 졸업한 교사들은 Graduate Teacher라고 불리며, 이들은 학사학위를 가지고 있어 스리랑카에서는 Graduate Teacher에 대한 선호도가 높다. 보통 초등학교보다는 중등학교에 배치되는 경우가 많으며, 특히 대학 과정 준비를 하는 12-13학년 교사를 많이 하고 있고, 급여 수준도 다른 교사에 비해 높은 편이다. 하지만 교육학 지식 부족, 교사 실습 경험 부족으로 인해 Graduate Teacher의 수업 능력 부족이 학교 내 문제점으로 언급된다. 농촌 지역이나 도서산간과 같이 교사 공급이 원활하게 이루어지지 않는 지역에서는 자원봉사 교사들이 수업을 진행하고, 일부 교사들은 Teacher Training College(TTC)에서 2년간 교사 교육을 받은 후 정식 교사가 되는 경우도 있다.

교사는 교육에 매우 중요한 역할을 한다. 스리랑카 정부 학교의 학생 대 교사 비율은 16:1로 주변 국가에 비해 낮은 편이나 학생 대 전문적으로 교사 자격을 갖춘 교사 비율은 20:1이다. 이러한 비율은 스리랑카 내 주나 학교 크기에 따라 편차가 있을 수 있다. 상대적으로 인구가 많은 도시에 위치한 학교는 교실이 붐비고, 학생 대 교사의 비율이 높을 수 있지만, 농촌 지역에서는 교사 부족이 큰 문제가 되고 있다. 평균적으로 스리랑카 교사의 77% 정도가 5년 이상의 교직 경력을 가지고 있고, 23%가 5년 미만의 교직 경력을 가지고 있다. 교직 경력의 차이는 주별로 달라지는 경향이 있는데, 중북부(North Central) 주는 교직 경험이 없는 교사의 비율이 32%로 제일 높게 나왔으며 북서부(North Western) 주는 19.8%로 가장 낮은 비율을 차지하였다. 이러한 지역 간 교사의 경력 격차를 고려해서 교사 전문성 향상을 위한 프로그램이 제공될 필요가 있다.

스리랑카 정부가 교사와 관련하여 가지고 있는 고민은 남교사의 수가 상대적으로 부족하다는 것이다. 거의 2/3를 차지하는 74%의 교사가 여교사이며 교사의 직업이 남자에게 매력적으로 느껴지지 않는 직군이라는 점도 스리랑카 교사양성과 관련하여 해결해야 하는 문제이다.

스리랑카 교육부가 발간한 '스리랑카 일반교육 분야 발전계획(2020-2025)'에 따르면 교사교육을 받지 못한 교사에게 전문성 함양 및 교사 자격 조건을 맞출 기회를 제공하고 있으며, 모든 교사가 최소 일 년에 1번의 교사 교육을 받도록 예산을 확보하고 교사 연수를 제공한다. 스리랑카 교육부의 2021년 성과 보고에 의하면 교육부의 이러한 노력에 발맞춰 사범대학의 시설 투자 및 예비 교사를 위한 프로그램을 운영해 온 것으로 보인다. 특히, ICT의 중요성이 강조되고 있어 예비 교사들이 스마트 교실 장비에 익숙해지고 사용할 기회를 제공하기 위해 10개의 사범대학에 이러한 장비를 제공하였다.

다. SDG4 이행 현황과 주요 이슈

SDG4 달성에 있어, 스리랑카는 초등교육 분야에서는 탁월한 성과를 보였으나 나머지 세부 목표를 달성하기 위해서는 여전히 큰 노력이 필요할 것으로 보인다.

우선 스리랑카 정부의 무상교육 정책에 따라 초등교육 이수율은 2020년 기준 90.00%를 기록하였으며 전기 및 후기 중등교육의 이수율은 각각 87.00%와 81.30%이다. 후기 중등교육은 2015년에 75.89%에서 2020년 81.30%로 증가하였다. 다른 저소득국가에서 여아 교육 참여율과 이수율이 남아 교육 참여율과 이수율에 비해 낮은 것에 비해, 오히려 스리랑카의 초·중등교육 이수율은 여학생이 더 높다.

스리랑카 교육부가 발간한 '2021 연간 실적 보고서(Annual Performance Report)'에 따르면 2021년 초등학생의 순 입학률과 중학생의 순 입학률은 각각 91.90%와 95.30%이다. 학생 대 교사 비율은 17명이며 스리랑카 GDP의 1.9%가 교육부 예산으로 사용되는 것으로 나타났다.

영유아 교육의 경우, 교육 접근성은 향상되었으며 남아보다는 여아의 참여율이 조금 더 높은 것으로 나타났다. 스리랑카의 영유아교육은 대부분 사설 유치원 형태로 운영되고 있으며 유치원에 다니는 영유아 내 지역별, 소득별 격차가 존재하는 것으로 나타났다. 소득 하위 20% 가정의 3-4세 아동은 39%만 유치원에 다니며 소득 상위 20% 가정에서는 56%의 유치원 등록률을 보였다.

세 번째 지표와 관련해 스리랑카의 대학 등록률은 21.6%로 다른 중하위소득 국가의 평균 22%, 중상위소득 국가의 평균 44%의 대학 등록률에 비하면 낮은 편이다. 이는 정부가 대학 수 부족으로 인해 학업 기회를 충분히 제공하지 못하고 있기 때문이다. 직업훈련 분야의 역량 부족, 민간부문의 수요를 반영하지 못한 고등교육시스템과 관련하여 개선이 필요하다. 20-24세 청년 중 대학, 직업훈련 혹은 다른 교육기관에 등록된 비율은 18%밖에 되지 않는다.

그리고 직업기술교육훈련의 경우 스리랑카에서 50% 이상의 대학생이 예술 및 사회과학을 전공하고 있으며 전통적으로 과학, 기술 분야에 비해 인문사회 계열을 우대했다. 이뿐 아니라 13학년까지 과학 분야를 공부할 수 있는 시설을 가진 학교가 10%에 불과하고 해당 분야를 가르칠 수 있는 인적자원 역시 부족하다. 이 10%의 학교 대부분도 도시 지역에 집중되어있는 상황이다. 과학-기술의 발전에 대한 강조와 더불어 스리랑카 전역 1,000개의 중학교에 컴퓨터 지원, 실험실 구축, 시험 기자재 지원 등을 목표로 정부 차원의 교육 사업이 진행되고 있으나, 실제 학교 통계에 따르면 학교 컴퓨터 보급률은 약 55%에 불과하다. 스리랑카의 과학, 기술 분야의 인재 육성을 위해 과학, 기술과 관련된 물적, 인적 지원이 이루어진다면 스리랑카의 산업구조와 경제개발에 이바지할 수 있을 것이다.

나아가 ICT 기술을 보유한 청소년의 비율은 점차 증가하고 있으나 아직 ICT 기술을 보유한 성인의 비율은 23.8%밖에 되지 않는다.

그리고 교육의 형평성과 관련해 앞서 언급된 바와 같이 초등교육에서 스리랑카 성평등 지수(GPI)는 1.01로 대부분의 개발도상국에서 여학생의 교육 참여율이 남학생 교육 참여율보다 낮은 것과 반대로 학교 교육 참여율, 초등교육 이수율, 전기・후기 중등교육 이수율 모두 여학생의 교육 참여도가 높다. 특히 교육부와 지방 교육부는 'E-Thaksalawa', 'Nenasa', 'Guru Gedera'와 같은 웹기반 학습 플랫폼을 활성화하고 이를 위해 민간 인터넷 서비스 제공업체와 협력하였다. 또한 텔레비전 채널이 교육 프로그램 방송을 무료로 제공하여 경제적으로 어려운 환경에 있는 어린이들이 과도한 인터넷 사용 없이도 교육을 받을 수 있도록 지원하였다. 국가 공식 온라인 학습 플랫폼인 'E-Thaksalawa'에서는 1학년부터 13학년까지 교과서, 강의계획서, 수업영상, 모의고사 등과 같은 학습자료를 제공하여 다양한 배경의 학생들 모두에게 동등한 교육 지원을 제공하고자 한다. 코로나로 인해 교육에서 제외되기 쉬운 학생들을 위하여 11학년 학생들에게 과학, 수학, 영어 과목을 총 3개의 언어(싱할라어, 타밀어, 영어)로 교육 지원을 하였다. 사기업 통신사의 도움을 받아 학생들에게 무료로 교육 지원을 할 수 있었으며 특정한 전화기가 아닌 일반 전화기로 교육 지원을 받을 수 있도록 하여 접근성을 높였다.

하지만 15-24세 청년 중 교육, 고용, 훈련 프로그램 중 어떤 것에도 참여하지 않는 남녀의 비율은 17.5%, 37.3%로 나타났다. 여성 청년들이 기초교육 이후 교육 및 훈련, 고용에 참여할 수 있는 방안을 모색할 필요가 있다.

세부 목표 4.6 문해력과 관련해서 독특한 점은 스리랑카는 광범위한 의무교육 및 무상교육 영향으로 남아시아 국가 중 문해율이 가장 높은 편이라는 점이다. 청소년, 청년(15-24세), 65세 이상의 성인의 문해력이 모두 높은 것으로 나타났으며 매년 문해율이 증가하고 있는 것으로 나타났다.

이와 같은 이행 현황을 살펴보면 여전히 몇 가지 주요 이슈가 존재하고 있음을 보여준다. 우선 지역 간 교육 격차이다. 스리랑카 정부군과 타밀반군 사이의 26년의 내전과 홍수 및 가뭄과 같은 빈번한 자연재해로 인해 동북부 지역의 교육 인프라뿐 아니라 학교 통학환경(도로 및 교통 수단, 안전)도 매우 열악하다. Graduate Teacher의 비율은 서부 지역의 콜롬보가 가장 높고, 중부 지역이 가장 낮다. 교사 중 훈련받지 않은 교사(untrained teacher)도 북부의 물라이티부(Mullaitivu), 중부의 누와라엘리야(Nuwaraeliya)와 바둘라(Badulla)에 가장 많다. 중부 농장 지역에는 홍차 농장 마을에서 일하고 있는 사람들이 많이 거주하고 있으며 산간 지역이라는 지리적 특성뿐 아니라 교육 인프라도 열악하여 교육 혜택의 사각지대에 놓여있는 지역이다. 이 지역에서 아동들은 적절한 교육을 받지 못하고 열악한 환경에 놓여있다. 학령 전 교육이 전무하고, 정규학교 또한 매우 열악하다. 이러한 교육격차를 해소하기 위해 다양한 원조 기관들이 교육지원 사업을 지원하고 있는데, 대표적으로 한국국제협력단-UNICEF의 교육콘텐츠 제공 사업, 한국국제협력단-UNOPS의 학교 건축 사업 등이 있다. 각 사업의 지원 분야들이 유기적으로 연계되도록 설계하여 비록 다양한 원조 기관이 참여하지만, 성과 및 효과성을 제고하여 교육환경 개선에 기여할 수 있도록 노력하였다.

지역 외에 형평성과 관련해 장애 아동의 학습권 역시 핵심 교육 이슈이다. 오랜 내전으로 인해 동북부 지역은 타 지역에 비해 장애 학생 비율이 높다. 비록 학부모들의 장애인 자녀들을 부끄럽게 생각하는 인식, 정부의 정확한 정보 및 통계 부족으로 인해 정확한 장애 학생 숫자를 파악하는 데 한계가 있지만, 대략 4,000명 내외의 장애 학생이 있을 것으로 파악된다. 또한 장애 학생들의 등하교 문제, 학부모의 낮은 인식, 정부 차원의 지원 미비, 특수교육 시설 및 교사 부족 문제로 장애 학생들에 대한 교육 서비스 지원이 매우 열악한 실정이다. 주 정부 교육부처 내 특수교육 분과 및 담당 교사가 있어 해당 지역의 장애 학생들이 별도의 특수교육을 받도록 하고 있으나 제대로 운영되지 않고 있다. 스리랑카 전반적으로 특수교육과 관련된 교육과정 및 특수 교사 양성과정이 부족하다. 특수교육 인력을 양성하는 과정은 Open University와 국립교육원(National Institute of Education, NIE) 디플로마 과정밖에 없어서 특수교육의 전문 교사를 양성하는 데 시스템적으로 한계가 있을 수밖에 없다. 기본적으로 스리랑카에서는 통합교육을 실시하여 장애학생과 일반학생이 함께 교육을 받고, 통합교육으로 학습하기 어려운 과목의 경우 특수학급에서 별도로 진행하는 방법으로 진행하고 있다. 하지만 이 사이에서 특수교사, 일반교사, 학교 관계자 사이의 소통 부족으로 인한 어려움이 있다. 앞서 언급된 내용을 바탕으로, 정부 차원의 지원과 원조의 방향성이 특수교육 분야 역량 강화에 초점을 맞출 필요가 있어 보인다.

나아가, 분야에 대한 고려 역시 필요하다. 스리랑카는 전통적으로 과학, 기술 분야보다 인문사회 계열을 더 우대하고 선호했다. 여전히 많은 학생이 G.C.E. A/L에서 인문사회 계열을 더 많이 선택하고 있으며 스리랑카는 이러한 배경이 스리랑카의 과학, 기술이 발전하지 못한 주요 요인이라고 인식하고 있다. 스리랑카의 경제 및 산업구조의 대외 의존성을 낮추고, 국내 산업, 과학, 기술을 발전시키기 위해 Vision 2025 및 2017-2020년까지 국가 개발목표를 달성하기 위한 공공투자 프로그램(Public Investment Program, PIP)에 있어서 과학, 기술 분야 육성과 관련하여 강력한 의지를 내비친 바 있다. 과학, 기술 분야의 인재 양성을 위해 '1,000 School Project'를 수립하였고 1,000개의 중등학교에 수학, 과학, 기술계 교육을 강화하기 위해 컴퓨터 지원, 실험실 구축, 기자재 보급

등과 같은 정부 차원의 지원이 이루어지고 있다. 2017년 기준 스리랑카 학교의 컴퓨터 보급률은 약 55%에 불과하고, 단순 기자재 부족만이 문제가 아니라 과학, 기술계를 가르칠 교사가 절대적으로 부족하다.

과학기술에 대한 강조는 직업기술교육훈련과도 연관이 있다. 스리랑카 정부가 발표한 Vision 2025에서는 G.C.E. A/L 시험을 통과한 학생 중 10% 미만만이 대학 교육을 받으며 교육시스템과 고용시장의 수요가 맞지 않아 고용이 충분히 창출되지 못하고 있다고 분석하였다. 취업률이 낮은 지역에 민간 영역을 통한 직업훈련 기관을 확대하여 직업훈련 기회를 확대하고자 하였으며 교육제도 개혁을 통해 직업 가이드라인, 인턴십을 교육과정에 통합하고자 하는 의사를 내비쳤다. 무엇보다도 현재 제공되고 있는 직업교육훈련이 국가와 지역의 노동시장의 요구를 반영하지 못했다는 비판이 있다. 특히 급속하게 변화해가는 직업기술교육훈련 노동시장의 요구를 읽어내지 못하고 있어 스리랑카 직업기술교육훈련은 취업률 및 양질의 취업 기회 저하, 취업시장에서 직업기술교육훈련 기관 졸업생들을 외면하는 문제에 봉착해 있다. 학생들의 직업기술교육훈련 진로 진출 비율도 낮은데, 이는 직업기술교육훈련에 대한 낮은 인식 때문이다. 직업기술교육훈련은 주로 육체노동과 관련되어 있다는 인식이 있으며, 사회적, 교육적으로 계층 이동을 할 수 있는 기회를 제공하지 않는다고 인식되고 있다. 또한 직업기술교육훈련 기관에 따라 교육의 질의 편차가 나타난다. 고용주의 64%는 직업기술교육훈련 졸업생들과 일반교육을 받고 노동시장에 뛰어든 학생의 비즈니스 및 관리 기술 부족으로 인해 승진의 기회를 놓친다고 생각하고 있다. 농촌 및 산간 지역의 학생들은 상대적으로 학업성취도가 낮으며, 학생들이 직업기술교육훈련을 마치는 데 시간이 더 소요된다. 이를 위해 학생들이 일반교육에서 직업기술교육훈련으로 연결될 수 있도록 돕는 추가적인 장치나 프로그램이 필요하다. 또한 양질의 직업기술교육훈련을 제공하는 데 걸림돌이 되는 요소로 민간 부문이 기술 개발과 관련하여 적절한 관여를 하지 않고 있다는 점도 있다. 공공기관은 구식 교육과정을 개혁하거나, 노동시장의 반영에 맞춰 교육과정을 수정하는 데 있어 자율성이 거의 없기 때문에 민간 부문의 개입이 있으면 직업기술교육훈련의 질을 향상할 수 있을 것이라고 본다. 비슷한 맥락으로 직업기술교육훈련 교육과정이 정기적으로 업데이트되지 않기 때문에 시간이 지날수록 급변하는 노동시장의 요구를 반영하는 데 한계가 있다. 또한 산업 경험이 있는 강사, 교육훈련 자격이 있는 강사 부족, 교육자료 및 인프라 부족의 문제 또한 직업기술교육훈련의 질이 저하하는 데 영향을 미치고 있다.

마지막으로 영유아교육 및 보육은 그 자체로 핵심 이슈로 남아있다. 무상교육을 지원받는 초·중등 및 고등교육과 달리 스리랑카에서 영유아 교육과정은 무상으로 지원되지 않고 있다. 이에 따라 영유아들의 교육 프로그램 참여는 일반교육 프로그램 참여율에 비해 낮은 편이며, 앞서 언급된 바와 같이 지역별, 소득별 영유아들의 유치원 등록률에도 편차가 있는 것으로 나타났다. 스리랑카의 영유아 보육 및 발달은 두 가지 유형으로 나뉜다. 0-3세의 영아를 대상으로 한 가정 기반(home-based)과 3-5세 유아를 위한 센터 기반(center-based)으로 구분할 수 있으며 두 유형 모두 Ministry of Women & Child Affairs and Dry Zone Development 부처에서 관할하고 있다. 영아를 위한 지원은 보건부에서 임산부, 신생아, 영아를 위한 보육 서비스의 형태로 제공하고 있다. 아동을 위한 센터는 약 70%가 사립 유치원 형태로 운영이 되고 있으며 공립은 17%, NGO 10%, 그 외 종교 기관에서 운영하는 유치원으로 이루어져 있다. 구속력 있는 국가정책, 중장기 계획, 교과과정, 교사양성 프로그램, 교사 재교육 등과 같은 시스템이 거의 전무하다고 볼 수 있다. 스리랑카 정부도 영유아 교육의 질이 낮다는 점을 인정하며, 영유아 교육의 중요성에 대한 인식 증진으로 2004년 0-5세 아동의 발달에 중점을 둔 'National Policy on Early Childhood Care and Development'를 제정하였으며, 영유아와 관련된 다양한 계획을 발표한 바 있다. 하지만 ECCD의 중요성에 대한 학부모의 인식이 부족하고 빈민 가정의 영유아 보육 및 발달 접근성이 여전히 낮으며, 1년간의 교사훈련 프로그램을 이수한 교사가 39%에 불과하여 교육 및 훈련을 받은 교사가 부족하다. 절반 이상의 영유아 보육 및 발달센터는 인프라 시설을 제대로 갖추고 있지 않으며 영유아 교육 예산은 총 교육 예산 중 0.0004%에 불과하여 양질의 교육기관 및 기자재 지원에 재정 부족에 따른 어려움이 있다.

라. SDGs 달성을 위한 도전과제

SDGs 달성을 위한 핵심 도전과제는 우선 교사와 관계가 있다. 스리랑카에서 교사 재교육을 담당하고 있는 부처는 교육부 소속인 국립교육원(National Institute of Education, NIE)이며, 90일 프로그램에 참여한 교사들에게 수료증을 발급하고 있다. 단순 수료증 발급에서 그치지 않고 이수 프로그램별로 일정 수준의 학점을 부여하여 교사 재교육을 보다 더 체계적으로 관리할 필요가 있다. Graduate Teacher는 적정 기간 이후 PGDE(Post-Graduate Diploma in Education)를 수료할 수 있다. 교사 재교육이 선택임에도 불구하고 Graduate Teacher가 등록하여 교육받는 요인 중 하나는 임금인데, PGDE가 있는 경우 임금의 상승과 같은 인센티브를 제공하고 있기 때문이다. 이와 같이 교육부는 일부 예산을 확보하여 현직 교사들이 교사 양성과정 및 연수에 참여할 수 있도록 지원하고 교사들의 지속적인 전문성 향상을 위해 제도적으로 동기부여할 수 있도록 다양한 시도를 제공할 필요가 있다. 또한 교사들의 요구를 반영한 재교육을 제공할 필요가 있다. 예를 들어, 최신 기술을 활용하는 다양한 유형의 교수 방법에 대한 교사들의 요구는 높아지고 있으나 충분히 경험하고 실습해 볼 수 있는 기회가 적어 여전히 교사들은 기존 교수학습 방법을 유지할 수밖에 없는 상황이다. 이에 학생의 발달 연령에 따른 사회적 정서에 대한 이해와 관련한 내용을 반영하여 교사 재교육 및 훈련을 제공할 필요가 있다.

하지만 실제적으로 교사가 훈련을 받은 후 교실 환경에서 직접적인 변화를 시도해 보기 위해서는 일회성의 교사훈련으로는 한계가 있다. 이와 관련하여 지역별로 교사들이 모여 다양한 교수학습 방법을 논의해 보고, 시연 및 연습해 보는 지속적인 교원학습공동체의 형태와 같은 전문성 향상을 위한 다양한 접근을 시도해 볼 필요가 있으며, 이를 위한 제도적 지원 또한 필요할 것으로 보인다. 교사가 직면하는 교실 환경에 대해 동료들과 경험을 나누고 노하우를 공유하며 교사는 교사 전문성 향상에 대해 보다 주도적으로 참여할 수 있을 것으로 기대된다.

스리랑카 교사들의 임금은 자격요건에 따라 다른데, 초임 교사들의 월급은 약 30,000루피(한화 약 19만 원) 정도이다. 주변 남아시아의 경우 교사의 평균 임금이 1인당 국민 소득(National Income Per Capita)의 2-3배를 받는 데 비해 스리랑카는 1인당 국민 소득과 비슷한 금액을 교사 임금으로 받고 있다. G.C.E. A/L 과정을 마친 교사의 임금이 제일 낮으며, 가장 많은 임금을 받는 교사의 수준으로 가려면 20년 정도의 시간이 소요되는데, 그럼에도 이들의 임금은 초임 연봉의 2배를 넘지 않는다. 이러한 이유로 인하여 우수한 자질을 가진 대학 졸업자, 청년층이 교직을 선택하는 비율이 높지 않고, 스리랑카 정부가 강조하는 영어, 수학, 과학, ICT 등 일부 과목의 전문성을 가진 대학 졸업자 혹은 청년들은 교사가 아닌 다른 직업군을 선택하는 모습을 볼 수 있다. 이에 따라 앞서 언급된 과목들은 교사 부족 문제를 지속적으로 겪고 있다. 과목에 전문성 있는 교사를 확보하기 위해 제도적으로 교사의 임금 문제 혹은 교직에 대한 사회적 인식을 증진할 수 있는 방안에 대한 고민도 이루어질 필요가 있다.

또한 열악한 학교 환경 및 지역과 관련한 교사 지원에 대해 고민해야 할 것으로 보인다. 현재 스리랑카에서 교사의 근무 지역이나 학교 선택을 강제할 수 있는 방안은 없는 것으로 나타난다. 따라서 스리랑카의 동북부와 같은 특정 지역과 학교는 교사 부족 문제가 심각한데 이를 해결하기 위해 가산점 부여, 재정적 인센티브, 혹은 승진 연한 단축 등과 같은 방법을 제시하여 지역 간 교사 부족 및 교육격차 해결을 모색해야 할 것으로 보인다. 교사훈련 학교에서 예비교사 실습을 해당 지역으로 보내거나, 지역 순환 근무를 시행하는 등의 방법으로 지역별 교사 부족 문제를 함께 해결해 나갈 수 있어야 할 것으로 보인다.

단순 교사 부족의 문제를 해결한다고 지역의 교육 문제가 해결되는 것은 아니다. 동북부 지역의 교사, 학생 모두에게 적절한 통학 수단 마련과 같은 통학환경 개선이 매우 시급한 것으로 판단된다. 도로 상태, 가로등 미설치로 인한 우범 지역, 과속으로 인한 빈번한 교통사고 발생 등과 같은 위험 요소가 존재하고 대부분 학생들이 학교와 집의 거리가 멀고 나이가 어려 혼자 통학하는 데 어려움을 겪는 경우도 있다. 통학 문제는 비단 학생만 직면한 문제가 아닌 교사도 동일하게 겪고 있는 어려움이다. 예를 들어, 학업성취도 향상을 위해 보충수업을 진행하게 될 때 교통편의 어려움으로 퇴근 문제가 맞물리고 이에 따라 보충학습이 미진한 학교들이 있었다. 스리랑카 정부는 이러한 위험 요소 및 열악한 통학(출퇴근)환경에 대해 인지하고 있으나 별다른 대응 방안을 마련하지 못하고 있다. 단순 학교 인프라 및 학교 교육에만 집중하는 것이 아니라 학교 주변 환경 정비 및 위험 요소를 제거하는 방안에 대한 고민과 대안을 마련할 필요가 있다.

해당 지역이 오랜 내전으로 인해 장애 학생의 비율이 높은 편이다. 일반교육을 위한 접근성의 문제도 심각하지만, 운송수단이 미비하여 장애 학생들의 등하교 문제, 정부 차원의 지원 부족 등과 같은 이유로 장애 학생들을 위한 별도의 교육이 제대로 운영되지 않고 있다. 장애 학생들의 교육을 지원하기 위해 다수의 지역 부처와의 협력을 통하여 정확한 장애 학생 수 파악, 운송수단 지원, 일반학생과 특수학생이 함께 교육받는 통합교육을 위한 지원 등이 이루어질 필요가 있다. 특히, 학교 내 일반교사와 특수교사의 커뮤니케이션 부족, 타 교육 부서에서의 지원 부족 등과 같은 문제로 어려움을 겪고 있는데 교사 재교육에서 통합교육을 실시하였을 때 고려할 점, 통합교육의 이해 등과 같은 부분을 포함해 통합교육에 대한 이해 증진을 위한 지원이 필요할 것으로 보인다. 동시에 장애 학생들이 학교에 나와 교육을 받을 수 있도록 지역사회의 인식 개선 및 학부모 교육을 통하여 장애인 자녀들을 부끄러워하지 않게 하고 이들이 교육받을 수 있는 권리에 대한 인식, 실천을 위한 교육도 필요할 것으로 보인다.

스리랑카의 경제적 발전을 위해 과학, 기술 분야가 강조되었고 이를 실현하기 위해 중등학교에 컴퓨터 보급, 실험실 설치, 기자재 보급과 같은 정부 차원의 지원이 이루어지고 있다. 이러한 과목을 가르칠 수 있는 교사 재훈련 또한 중요하다. 중등교육을 넘어 고등교육에서도 동일하게 과학, 기술 분야의 인재 육성을 위한 노력이 단계적으로 추진될 필요가 있다. 국립대학의 수도 적지만 그중 콜롬보대, 모라투와대, 페라데니아대 등 소수의 대학만이 공학 분야의 인재를 육성할 수 있다. 다른 대학에서 과학, 기술 계열을 가르쳐 인재 육성을 할 수 있는 대학을 늘려갈 뿐 아니라 한국의 카이스트와 같은 과학기술 분야에 특성화된 과학기술대학 설립을 계획 및 추진할 필요가 있다.

무엇보다도 현재 국가부도의 상태에서 교육 분야에 어느 정도의 예산이 확보될지에 대한 문제가 가장 클 것으로 보인다. 지금까지 언급되었던 교육 분야에서 세부 분야가 겪고 있는 문제를 해결하기 위해 인프라 및 기자재 지원, 교육 프로그램 지원 등과 같은 요구가 있으나 제한된 예산에서 어떤 분야를 우선시할지에 대한 고민, 제한된 예산에서 효율성 및 교육 분야의 성과를 내기 위한 연계 방안 등에 대한 고민이 필요할 것이다.

제 9 장

방글라데시의 교육발전과 주요 이슈

가. 들어가며

방글라데시 인민공화국(People's Republic of Bangladesh)은 남아시아 북동부에 있는 국가로 서북과 북동쪽으로 인도, 남동쪽으로 미얀마, 남쪽으로 벵골만에 접해 있다. 방글라데시(과거 벵골)의 역사는 번영과 궁핍, 평화와 혼란의 조합이다. 현재 방글라데시 영토는 1201년부터 1757년까지 5세기 반 동안 이슬람교의 통치를 받았고, 그 뒤 벵골의 마지막 통치자인 나와브 시라즈 우드 다울라(Nawab Siraj ud-Daulah)의 패배 후 1947년까지 약 200년 동안 전체 인도 아대륙 중 벵골과 아삼 지방의 일부로 영국의 통치를 받았다(Government of Bangladesh, 2020). 1947년 8월 영국의 통치가 종료되면서 영국령 인도의 분할하에 무슬림 국가인 파키스탄이 세워졌으며, 인도에 의해 동서로 분리되어 1947년부터 약 24년 동안 동파키스탄이 되었다(Government of Bangladesh, 2020). 서부의 중앙정부로부터 소외감을 느낀 아와미 연맹 정당이 자치권을 주장하면서 해방전쟁이 발발하였고, 1971년 방글라데시 인민 공화국이 선포되었다. 그 후 방글라데시는 20년 동안 암살과 쿠데타로 점철된 군사정권으로 특징지어졌으며 1991년 비로소 방글라데시 국민당과 아와미 연맹이라는 두 개의 주요 정당이 주도하는 의회 정부를 갖게 되었다(World Vision, 2015).

이와 같은 역사적 흐름 속에서 현재 방글라데시는 입헌공화국의 국가 형태와 내각책임제의 정치 체제를 갖고 의회 형태의 정부에 의해 통치되고 있다. 대통령은 국가의 수장이고 총리는 정부의 수장으로 총리는 총선거에서 유권자의 선택에 따라 대통령령으로 임명한다(MoFA, n.d.). 방글라데시는 8개의 행정 구역으로 운영되며, 수도는 다카주의 다카(Dhaka)이다. 방글라데시는 세계에서 인구 밀도가 높은 국가 중 하나로, 다카는 인구 1,500만 명이 넘는 거대 도시이다. 대다수의 방글라데시 인구가 벵골어(99.5%)를 사용하며, 이슬람 종교를 갖고 있다(World Vision, 2015). 특히 종교는 방글라데시의 주요 국가 특징으로, 방글라데시가 영국령 인도 분할하에 무슬림 국가로 분할된 파키스탄에서 독립한 역사를 반증한다. 현재 방글라데시는 약 90%의 무슬림 인구와 약 10%의 힌두교인 그리고 소수의 불교, 기독교/천주교 외 기타 종교 집단으로 구성되어 있다(MoFA, n.d.).

대부분의 방글라데시 인구는 농업에 종사하는데,[1)] 이러한 배경으로 방글라데시의 지리적 특징을 살펴볼 필요가 있다. 방글라데시 국토의 대부분은 일부 구릉지와 고지대를 제외하고 평야와 비옥한 땅으로 구성되어 있으며, 국가 전체를 관통하여 총길이가 24,140km에 230개의 지류를 가진 강들을 갖고 있다. 또한 아열대 계절풍 기후로 겨울, 여름, 우기

---

1) 농업이 노동력의 약 40.6%(2016-17년 기준)를 수용하여, 방글라데시 노동력의 약 47%는 농업에, 40%는 서비스업에, 13%는 산업에 고용되어 있다(Government of Bangladesh, 2020; World Vision, 2015).

의 3계절이 두드러진다(Government of Bangladesh, 2020). 이때, 히말라야산맥의 눈이 녹는 6월과 10월 사이 연평균 강수량의 80%가 내리는 우기 동안 개간된 산비탈에서 침식된 토양과 강에 의해 퇴적된 무거운 미사에 의해 토양은 지속해서 비옥해진다(World Vision, 2015). 우기의 홍수로 인한 피해는 농업에 있어 식량 및 작물 생산의 손실을 불러일으키지만, 오히려 토지를 비옥하게 하여 장기적으로 농작물 생산을 증가시킨다.

방글라데시 정부에 의하면(Government of Bangladesh, 2020) 농업은 방글라데시 경제의 단일 최대 생산 부문으로 GDP의 약 13.82%에 이바지하며, 방글라데시의 GDP 성장률을 결정하는 주요 산업이다. 주요 작물로는 쌀, 황마, 사탕수수, 감자, 콩류, 밀, 차, 담배 등이 있으며, 정부 역시 농업 부문 발전과 식량 자급자족을 위한 작물 다양화 프로그램, 신용 공급, 농업 확장 사업, 연구 등 여러 정책을 펼치고 있다. 그 외에도 방글라데시는 벵골만과 접해 있어, 해양 어업에 역시 지리적 이점이 있다. 또한 삼림 역시 국토의 20% 정도를 차지하는데 그중 순다르반(Sundarban)은 세계에서 가장 큰 맹그로브 숲으로 유네스코 세계 유산에 등재되어 있다. 따라서 풍부한 산림 자원을 바탕으로 목재, 대나무, 지팡이 등을 생산하며 많은 지역에서 고무 재배를 해오고 있다. 그러나 더 많은 목재가 연료와 건물에 사용됨에 따라 삼림 면적이 줄어들고 있다. 그러나 산림에 비해, 많은 광물 자원이 있진 않다. 하지만 막대한 천연가스 매장량을 갖고 있어, 천연가스를 자급자족하고 있다(World Vision, 2015).

농업을 포함한 이와 같은 경제 산업 이외에 특히 주목할 부분은 제조업이다. 방글라데시는 농업 위주 산업구조에서 탈피해서 공업 중심의 산업구조로 전환 중이고, 토착 및 수입 원자재를 기반으로 하는 많은 제조업이 이를 견인하고 있다. 그중 의류, 면직물, 의약품, 비료, 목제품, 철강, 세라믹, 시멘트 및 플라스틱 제품, 화학제품이 핵심 상품으로, 제조업 부문은 GDP의 약 18%를 기여한다(Government of Bangladesh, 2020). 제조업 중에서도 가장 큰 핵심 산업은 의류산업으로 방글라데시 기성복 수출은 국가 수출의 80%, GDP의 12%를 차지할 정도이며, 중국에 이은 세계 2위의 의류 수출국이다.

이처럼 비옥한 토지를 기반으로 한 농업 및 수출 주도형 제조업을 통해 방글라데시는 지속적인 경제성장을 이뤄왔다. 방글라데시 1인당 국민총생산량은 2020년 880,000$에서 2022년 3배가 넘는 2,723,000$이 되었다. 글로벌 불확실성이 높은 시기에도 매우 강력한 성장 실적을 보여주며, 앞서 말한 강력한 기성복 수출과 안정적인 거시경제 조건 그리고 인구 통계학적 이점을 바탕으로 20년 동안 매우 급속한 경제성장을 일궜다. 이와 같은 성장과 발전에 기반하여, 2026년 UN의 최빈개도국(LDC)에서 졸업할 것으로 세계은행은 평가한다(World Bank, 2023b).

방글라데시의 경제성장은 빈곤 감소와 함께 주목할 만한 이야기로 인간개발지수 역시 여러 측면에서 개선되었다. UN개발계획에 따르면, 2021-22년 방글라데시의 HDI 지수는 0.661로 191개국 중 126등으로 꾸준히 상승하고 있다.[2] 방글라데시의 HDI 지수는 남아시아 지역 평균인 0.632보다 높은 수준으로, 그 지역 내에서 역시 좋은 성장세를 보인다. 그러나 기존 HDI 지수에 형평성 및 지속가능성의 변수를 고려한 보고서의 결과치는 이러한 성장의 이면을 보여준다. 불평등 변수를 조정한 HDI 값은 0.503으로 떨어져 기존 HDI 지수 값의 약 24%가 불평등을 고려했

2) 2018년 136등, 2019년 135등, 2020년 133등이었다.

을 때 손실된다(Liller, 2022). 방글라데시의 발전을 저해하는 불평등은 더욱 직접적으로 성평등과 관련이 있다. 성평등의 영역은 방글라데시가 오랜 시간 노력을 해온 분야지만 여전히 개선의 여지가 상당한 영역으로 성별개발지수(GDI)를 살펴보면, 여성은 교육과 1인당 소득에 있어 상당히 뒤처져 있다. 평균적으로 여성은 6.8년의 교육을 받고 2,811달러의 GNI를 가진 반면, 남성은 8년의 교육을 받고 8,176달러의 GNI를 가진다. 방글라데시는 여성의 노동 시장 참여의 정체와 낮은 임금을 보여주며 성불평등지수(GII)에서는 131위를 기록했다(Liller, 2022).

이와 같은 불평등 외에도 여전히 빈곤, 위생 및 보건 문제, 열악한 노동 환경, 수도권 과밀 등 발전을 저해하는 문제들이 만연해있다. 많은 방글라데시인이 정규직이 아닌 근무 환경에서 낮은 임금을 받고 있으며, 이는 계속하여 방글라데시인들로 하여금 극심한 빈곤에서 벗어나지 못하게 한다. 시골 지역의 경우 많은 농촌 가정이 식량 부족을 경험하며, 해안가에 사는 인구는 홍수나 해일의 위험에 직접적으로 노출된다. 반면 도시에서 역시 극심한 빈곤 문제가 지속되고 있다(World Vision, 2015). 2018년 기준으로 수도가 있는 다카 광역도시권(Greater Dhaka)은 방글라데시 GDP의 20%를 차지하며, 정규직 노동자의 약 절반, 정규직 제조업 일자리의 30% 이상이 다카에 몰려있다. 많은 인구가 도시에 밀집해 살고 있고, 최근 들어 기후난민이 발생하며 인구과밀 문제는 더욱 악화일로에 있다(대외경제정책연구원, 2022). 대부분의 사람들이 비정규직 노동자로, 열악한 노동 시장에 그대로 노출되어 있다. 이러한 노동 시장의 참혹함은 지난 2013년 라나플라자 사태를 통해 그 민낯을 드러냈다.

결과적으로 여전히 방글라데시는 발전에 있어 여러 복합적인 도전과제에 직면해 있다. 한국교육개발원의 연구에 따르면 방글라데시는 기초

경제 지원국가 유형으로 인구가 상대적으로 많고, 모든 경제개발지표에 있어 가장 낮은 수준을 보인다(안해정 외, 2018). 게다가 코로나-19의 거시경제적 영향은 개인들의 건강, 웰빙, 삶까지 뻗어, GED(2020b)에 따르면, 팬데믹 상황은 GDP(800억 Taka), 수출(80억 달러), 세수(2000억 Taka)의 손실로 이어졌으며, 근로자들의 건강 문제와 이로 인한 경기 침체 역시 나타났다.

이러한 맥락에서 방글라데시 정부는 코로나-19 장기화에 따른 경제충격 극복, 고용 확대를 당면과제로 인식하고 제8차 5개년계획(8th Five-year Plan, 8FYP)을 발표하며 빈곤 감소와 포용 성장을 위한 주요 전략을 제시했다(관계부처 합동, 2022). 그리고 방글라데시 8FYP의 6가지 핵심 주제는 "SDGs 목표 달성 및 최빈국 졸업 시기에 대비"를 포함한다. 이처럼 방글라데시는 SDGs에 근거해, 지속 가능한 국가 발전을 위한 계획과 실천을 제안한다. 이에 따라 방글라데시는 SDGs를 실행하기 위한 'whole of society' 접근법을 차용하였고(GED, 2020a), 각 세부 목표별로 정부부처가 그 책임 기관으로 계획, 실행, 모니터링을 진행하고 있다.

나. 교육시스템 및 현황

〈표 9-1〉 방글라데시 학제

<table>
<tr><th>연령</th><th>단계</th><th>일반교육</th><th>직업교육</th><th>마드라사</th><th></th></tr>
<tr><td>22+</td><td rowspan="5">고등교육</td><td rowspan="5">학사~</td><td rowspan="3">학사~</td><td></td><td rowspan="7"></td></tr>
<tr><td>21+</td><td rowspan="2">Kamil</td></tr>
<tr><td>20+</td></tr>
<tr><td>19+</td><td rowspan="4">전문학사</td><td rowspan="2">Fazil</td></tr>
<tr><td>18+</td></tr>
<tr><td>17+</td><td rowspan="7">중등교육</td><td rowspan="2">고등학교</td><td rowspan="2">Alim</td></tr>
<tr><td>16+</td></tr>
<tr><td>15+</td><td rowspan="2">일반중등교육</td><td rowspan="2">직업기술교육훈련</td><td rowspan="5">Dakhil</td><td rowspan="10">무상
의무
교육</td></tr>
<tr><td>14+</td></tr>
<tr><td>13+</td><td colspan="2" rowspan="3">중학교</td></tr>
<tr><td>12+</td></tr>
<tr><td>11+</td></tr>
<tr><td>10+</td><td rowspan="5">초등교육</td><td colspan="2" rowspan="5">초등학교</td><td rowspan="5">Ebtedayee</td></tr>
<tr><td>9+</td></tr>
<tr><td>8+</td></tr>
<tr><td>7+</td></tr>
<tr><td>6+</td></tr>
<tr><td>5+</td><td rowspan="3">취학 전 교육</td><td colspan="2">유치원</td><td rowspan="3">Furqania/Hafizia</td><td rowspan="3"></td></tr>
<tr><td>4+</td><td colspan="2" rowspan="2">영유아교육</td></tr>
<tr><td>3+</td></tr>
</table>

출처: 방글라데시 교육부 및 초등교육부 웹페이지를 참고하여 저자가 재구성

방글라데시의 교육시스템은 초등교육, 중등교육, 고등교육의 3단계로 구분된다. 초등교육은 5년간 국가에서 무상 의무교육으로 제공되며, 입학 나이는 6세이다. 초등 이전은 핵심 교육단계로 구분되지 않지만 취학 전 교육(pre-primary education) 시기로는 유치원 1년, 영유아교육 2년 총 3년이 지정되어 있다. 중등교육은 3개의 하위 단계(Junior secondary-secondary-higher secondary)로 구분된다. 중등교육의 경우 본격적으로 교육 트랙이 분리되는 시기이다. 3년의 중학교(Junior Secondary Education) 교육은 공통 교육과정이며, 그 이후 2년의 일반중등교육(General Secondary)과 직업교육(Vocational Track)으로 이어진다. 이를 포함한 5년간의 중등교육 역시 무상의무교육으로 제공되어, 초등 5년 그리고 중등 5년을 포함한 총 10년의 무상의무교육 체계를 갖고 있다. 그 뒤 고등학교(Higher Secondary) 과정 역시 일반(순수 및 응용 과학, 예술, 비즈니스 및 사회과학)과 직업기술교육훈련으로 이어진다. 중등교육은 고등교육으로 이어지는데, 일반 중등교육을 받은 경우 학사 학위가 나오는 대학 과정으로 이어지며, 직업기술교육훈련 트랙은 중등교육 중 일반중등(secondary) 이후 자격증이나 학위 과정으로 이어진다.

그러나 방글라데시의 교육 트랙은 일반교육과 직업교육 트랙의 2가지가 아닌, 마드라사(Madrasah) 교육을 포함한 3가지 교육 흐름을 갖고 있다. 따라서 초등교육은 일반과 마드라사, 중등교육과 고등교육은 일반, 직업기술, 마드라사 교육으로 제공된다. 방글라데시의 마드라사 교육은 일반 및 직업교육 트랙으로 제공되는 정부의 형식교육과 별개로 이슬람 기반을 강조하는 교육시스템으로, 종교 교육과정에 일반 교육과정을 통합해서 제공한다(Abdalla 외, 2004). 이때 정부가 관여하는 마드라사 교육으로 알리야 마드라사(Alia Madrasah) 외 비정부교육기관이 담당하는 코우미 마드라사(Qawmi Madrasah)가 있다.

방글라데시 교육을 총괄하는 정부 부처는 초등교육부(Ministry of Primary and Mass Education, MoPME)와 교육부(Ministry of Education, Bangladesh MoE)가 존재한다. 우선, 초등교육부의 비전은 모든 학령기 아동이 필요한 모든 시설을 제공하는 양질의 초등교육을 받고, 미취학 아동에게 기회를 제공하고, 청소년과 성인의 학습 요구를 충족할 수 있도록 지원하는 것이다. 목적에 따라 초등교육은 5년에 달하는 초등교육에 관한 핵심 부서로 초등교육국(Directorate of Primary Education, DPE), 국립초등교육아카데미(National Academy for Primary Education, NAPE), 의무초등교육 실행 및 모니터링 부서(Compulsory Primary Education Implementation Monitoring Unit, CPEIMU)가 산하에 있어, 초등교육 정책 및 전략 수립, 교육과정 발전 및 연구 훈련, 교사 훈련, 모니터링 등을 전담한다. 그리고 이 외 비형식교육(Non-Formal Education)의 주요 담당 기구인 비형식교육국(Bureau of Non-Formal Education, BNFE)이 산하에 있다. 비형식교육국은 형식교육을 받지 못한 어린이와 청소년, 성인들을 위한 평생학습 기회 제공을 목적으로 학교 밖 아동·청소년 프로그램이나 기초 문해 프로그램 혹은 생산 및 생활에 관한 기초적인 직업훈련 등을 제공한다. 나아가, 초등교육부 내에 관련 독립적인 부서가 존재하진 않지만 취학 전 교육 활동에 역시 형식교육과 비형식교육을 통해 관여한다.[3)]

반면 초등 이상의 모든 학교급은 교육부에서 관리·감독한다. 교육부

3) 1994년 정부의 초등교육부(당시 Primary and Mass Education Division) 회람에 의해 공립 초등학교 내 '유아반' 조직이 권고되었고, 1991-97년까지 '통합 비형식교육 프로그램(Integrated Non-Formal Education Program, INFEP)'이라는 또 다른 이니셔티브를 통해 영유아교육 교육과정, 자료 개발, 활동 등이 전개되었다(Aktar, 2013).

는 다시 크게 두 개의 핵심 부서로 나뉘어, 일반 중등교육 트랙과 고등교육을 담당하는 중등 및 고등교육부(Secondary and Higher Education Division, SHED)와 직업교육 트랙과 마드라사 교육을 담당하는 기술 및 마드라사 교육부(Technical and Madrasah Education Division, TMED)가 있다. 우선, 중등 및 고등교육부는 '모두를 위한 양질의 교육'이라는 비전과 일반, 과학, 기술 교육을 통한 인재 양성의 목표 아래, 중·고등학교와 대학 이상 교육에 관한 모든 부문별 정책 및 계획 수립, 모니터링 및 평가, 예산 및 재정, 교육과정 발전 및 개편, 교과서 편찬 및 배포 등 중고등교육 전반을 관리한다. 따라서 본 부서 산하에는 중등 및 고등교육부 산하에 중등 및 고등교육국(Directorate of Secondary and Higher Education)을 포함 방글라데시대학보조금위원회(University Grant Commission of Bangladesh), 국립 교육관리 아카데미(National Academy for Educational Management, NAEM), 방글라데시 교육정보통계국(Bangladesh Bureau of Educational Information and Statistics, BANBEIS), 국립 교육과정 및 교과서 위원회(National Curriculum and Textbook Board, NCTB)[4]와 그 외 유네스코 방글라데시 국가위원회, 비정부 기관의 교사를 위한 기관 등이 존재한다.

기술 및 마드라사 교육부는 이름 그대로 직업기술교육훈련과 마드라사 교육 전반을 관리·감독한다. 따라서 산하 기술 교육국 및 교육위원회(Directorate of Technical Education & Bangladesh Technical Education

---

4) NCTB는 초등교육부와 교육부를 연결하는 기관으로 교육과정을 제공하는 핵심 기관이다. 방글라데시 학생들은 방글라데시 국가교육과정에 따라 수업을 받고 이는 공식적으로 벵골어와 영어로 제공되어, 두 언어 중 한 가지를 선택해 수업받을 수 있다. 따라서 시험 역시 영어와 벵골어로 치를 수 있다. 현재, 방글라데시는 국가교육과정으로 12년의 교육에 관한 학습 내용을 보장하며 취학 전 교육에 관한 과정을 제공하고 있진 않다.

Board)와 마드라사 교육국 및 교육위원회(Directorate of Madrasah Education & Bangladesh Madrasah Education Board)가 있으며, 그 외 국립 컴퓨터 교육 및 연구 아카데미(National Academy Computer Training and Research, NACTAR)와 방글라데시 마드라사 교사 연수원(Bangladesh Madrasah Teachers' Training Institute, BMTTI)이 있어 직업기술교육훈련 및 마드라사 교육을 담당하는 정규 교사 훈련 및 지원 역시 본 기관에서 주관하고 있다.

이러한 시스템하에서 오랜 시간 교육 접근성 향상을 위해 노력해옴에 따라, 방글라데시 아동들의 초등학교 접근성은 많은 부분 개선되었다. 방글라데시 교육통계(BANBEIS, 2022)에 따르면, 초등교육의 총취학률은 105.72%, 순 등록률은 97.42%로 대부분 초등학령기의 아동들이 초등학교에 다니고 있다. 실제로 2010년 이후 총취학률은 지속해 100%를 넘었다. 그러나 이러한 수치는 중등교육으로 넘어가며 급격히 줄어든다. 우선 전기 중등교육의 경우 총취학률과 순 등록률은 75.52%, 70.25%로 나타나 10명 중 3명의 아동·청소년은 학교에 다니고 있지 않다는 것을 의미한다. 후기중등교육의 경우 이는 48.79%, 40.54%로 떨어져 사실상 다수의 청소년이 제도권 교육을 받지 않고 있다.

특히 전기 중등교육은 오히려 2018년까지 증가하는 추세를 보이다 그 이후 감소하는 통계치를 보이기도 한다. 그리고 후기중등교육의 경우 지속적으로 증가하고 있으나, 여전히 많은 수의 청소년이 고등학교 교육을 받지 않고 있어 많은 진전이 필요하다. 이와 관련해 한국교육개발원은 방글라데시를 전반적 고등교육 인프라가 저발달한 국가로 분류한다(안해정 외, 2019a). 이 유형에 해당하는 국가는 높은 해외 유학생 비율에 대비되는 현저히 낮은 국내 고등교육 진학률, 낮은 성평등 수준, 전반적으로 낮은 정부 교육지출액의 특징을 보이는데, 방글라데시의 고등교육 과정 진학률은 현저하게 낮고, 특히 고등교육 진학에서의 성평등 수준이 낮다. 또한 교육에 대한 정부지출액이 가장 낮으며, 특히 고등교육에 대한 정부지출액이 다른 유형의 국가보다 현저하게 낮게 나타난다.

나아가 취학률은 학교 밖 아동·청소년의 수를 의미하기도 한다. 방글라데시 학교 밖 아동·청소년의 수는 지속적으로 감소해왔다. 그럼에도 2018년 기준으로 15만 명의 아동이 초등교육을 받지 않고 있었고, 중학교는 100만 명 이상, 고등학교는 약 500만 명의 학교 밖 아동·청소년이 존재했다. 2018년 이후로 중학교와 고등학교에서 학교 밖 아동·청소년의 수는 감소하였지만, 2021년에도 여전히 중학교에서 91만 명, 고등학교에서 440만 명가량이 학교 밖 아동·청소년이었다.

접근성 향상에 따른 학교 취학률의 증가세와 별개로 높은 학교 밖 아동·청소년의 수는 많은 아동이 등록하고 중도 탈락을 하거나 유예하고 있음을 의미한다. 무상의무교육인 초등교육만 해도 거의 15% 아동들이 중간에 학교를 떠나며 모든 과정을 끝마치는 비율은 85%밖에 안 된다. 마찬가지로 무상의무교육으로 제공되는 전기 중등교육에서 이 수치는 더욱 증가한다. 약 36%의 아동·청소년이 중간에 중학교를 그만두며, 특히 여학생은 10명 중 4명이 학교를 중퇴하는 것으로 나타났다. 후기중등교육의 중퇴율은 낮아지지만, 고등학교의 취학률과 무상교육으로 제공되지 않는다는 점을 고려했을 때, 이미 상당한 수의 학생들은 입학조차 포기하는 것으로 해석할 수 있다. 그리고 후기중등교육의 경우 중퇴율이 매우 높아 취학률만으로 교육의 질과 접근성을 이해한다면 이에 관한 도전과제를 명확하게 이해하지 못할 것이다.

나아가, 기초교육 시기 전 영유아를 대상으로 하는 유아교육 역시 많은 진전이 필요하다. 특히 유아교육은 2010년 이후 엄청난 긍정적인 변화가 있기도 하다. 2010년 13%에 해당하던 유아교육 취학률은 그 후로 꾸준히 증가하여, 2018년 40%를 넘게 되었다. 하지만 40%의 수치는 반 이상의 유아들이 교육 기관에 등록하여 교육받지 못하고 있다는 것을 의미한다.

마지막으로 성인 문해의 경우 여전히 수백만 명의 성인이 비문해 인구로, 읽고 쓸 수 없는 상황이다. 성인문해율은 1991년 35%에서 2019년 2배가 넘는 75%로 증가했지만, 여전히 15세 이상 성인 4분의 1은 읽고 쓰기가 어려운 상황이다.

다. SDG4 이행 현황과 주요 이슈

앞서 설명한 바와 같이, 방글라데시 정부는 SDGs 2030 의제를 위한 포괄적인 정부 간 조정 메커니즘을 구축하여 SDGs 목표 달성을 위해 노력을 해왔다. 그러나 교육 현황의 등록률, 중퇴율, 수료율, 성인 문해 인구 비율, 교육 내 성평등 지수 등은 SDGs 달성에 긍정적인 신호만을 주고 있진 않다. 그렇다면 SDG4와 관련한 방글라데시의 현 상황은 어떠한가?

우선, SDG4.1 양질의 초중등교육 지표는 1) 초등학교를 2/3 마친 시점 2) 초등학교 졸업 시점 3) 중학교 졸업 시점 읽기 및 수학에서 최소한의 숙련도를 평가한다. 2019년도 MICS(Multiple Indicator Cluster Survey)[5)]

5) MICS란 유니세프가 1995년에 전 세계 아동의 상태를 모니터링하기 위해 만든 다중 지표 클러스터 조사(MICS)이다. 2030 지속 가능한 발전 의제를 지원하는 150개 이상의 지속 가능한 발전 목표(SDGs) 지표를 지속적으로 알려준다. MICS에는 학습(SDG4.1.1), 유아 발달 및 교육(SDG4.2.1 및 SDG4.2.2), 정보 통신 기술(ICT—SDGs

에서 조사된바 2학년 및 3학년 학생들의 25.9%가 벵골어에 관한 최소한의 숙련도를 달성한 것으로 나타난다. 수해와 관련한 숙련도는 13% 학생들이 달성했다. 이는 대상 학령기 아동 4분의 1만이 기대 수준의 읽기 능력을 보유하고 있고, 기대 수준의 산술 능력을 갖춘 아동은 15%에도 미치지 못하고 있다는 것을 의미한다. 기초 능력을 갖춘 아동의 비율은 고학년일수록 증가하여, 기본적인 읽기 능력의 비율은 6학년이 되면 74%, 10학년이 되면 91%로 증가한다. 하지만 산술 능력은 6학년 어린이의 42%와 10학년 어린이의 65%만이 3학년의 기대 수리 능력을 보유하고 있다(UNICEF, 2021). 즉, 학년이 증가해도 여전히 기초적인 산술 능력을 갖추지 못한 아동이 많다는 뜻이다. 그리고 중등 단계에서 2015년 중등교육기관 학습평가 결과에 따르면 중학교 졸업 시점 54%(남학생 55%, 여학생 54%)가 벵골어 문해 최소 숙련도를 달성했고, 영어의 경우 19%(남학생 22%, 여학생 18%)가 최소 문해 숙력도를 달성했다(GED, 2020a).

다음으로 취학 전 교육, 영유아 교육에 관한 SDG4.2는 건강, 학습, 심리·사회적 웰빙 측면에서 발달 과정에 있는 5세 미만 아동의 비율과 영유아의 교육 참여율을 지표로 삼는다. 이와 관련해 2019년 MICS의 결과에 따르면 74.5%(남아 71.4%, 여아 78%)의 어린이가 이러한 발달 단계에 있고, 공식 초등입학 연령 1년 전 영유아의 교육 참여율은 77.4%(남아 76.1%, 여아 78.8%)이다. 더욱 세분화해서 이해하자면, 3세의 경우 8%, 4세의 경우 38%, 5세의 경우 56%가 취학 전 교육을 받고 있다(UNICEF, 2021). 그리고 영유아교육에 관한 또 다른 핵심 지표인 ECDI(Early Childhood Development Index)에 따르면 3-4세 아동의 75%가 발달 단계에

4.4.1), 아동과 같은 교육과 관련된 SDG4 지표, 아동 기능(functioning)(아동 장애—SDG4.5.1), 교육에 대한 부모의 참여를 측정하는 지표를 포함한다.

있는 것으로 나왔는데, 이런 ECDI는 영유아 돌봄교육을 받는 3-4세 아동에게서 14% 더 높게 나타났다(UNICEF, 2021).

직업기술교육훈련 및 고등교육에 관한 SDG4.3은 12개월간 형식 및 비형식교육과 훈련에 참여한 청소년 그리고 성인의 비율을 통해 그 달성도를 파악할 수 있다. 그러나 2017년 기준, 12개월 내 교육 및 훈련에 참여한 청년/성인의 비율은 12%로 상당히 낮은 수치이다. 또한 관련 지표인 고등교육 취학률과 직업기술교육훈련 프로그램 참가 비율을 살펴보면, 2010년 이후 증가하는 추세를 보인다. 그러나 2021년 고등교육 취학률은 25.1%로 여전히 많은 수가 청년/성인의 고등교육 접근성은 낮다. 그러나 역량 강화의 또 다른 통로가 될 수 있는 직업기술교육훈련 프로그램 참가율은 2020년 3.3%밖에 되지 못했다.

SDG4.4는 취업, 양질의 일자리 및 기업가 활동에 '필요한 전문 및 직업기술'을 포함한 관련 기술을 가진 청소년과 성인 수를 ICT 능력을 갖춘 청소년/성인의 비율을 통해 살핀다. 2019년 MICS를 통해 조사된 결과로 약 4.6% 여성이 컴퓨터를 사용하고, 71.4%가 휴대폰을 소유했으며, 14.2%가 인터넷을 사용하고 있음을 밝힌다. 이때, 도시와 농촌 차이가 두드러진다. 도시 여성의 경우 11.3%가 컴퓨터를 사용하고, 80.4%가 휴대폰을 사용하며, 25.1%가 인터넷을 사용하는 반면, 농촌의 경우 2.5%, 68.6%, 10.9%로 이 수치가 급격히 줄어든다(GED, 2020a). 그리고 여성과 소녀들의 ICT 역량은 매우 낮을 뿐 아니라 지역과 사회경제적 배경 등에 따라 상당한 차이를 나타낸다. UNICEF(2021)에 따르면, 국가 차원에서 15-24세 여성 중 2%만이 기본적인 ICT 기술을 보유하고 있고, 소득에 따른 기술 보유 격차 역시 매우 높다. 또한 ICT 기술을 갖춘 여성과 소녀의 비율은 농촌 지역(1%)보다 도시(6%)에서 더 높지만, 그 수치 역시 매우 낮다.

SDG4.5 취약계층의 동등한 교육 접근성 보장과 관련해서 여성/남성, 농촌/도시, 사회경제적 배경, 장애상태, 토착민 등의 요소에 따른 동등성 지수가 중요하다. 우선 교육 내 성평등과 관련해 앞서 교육 현황에서 살펴봤듯 GPI 값은 초등과 중등에서 1 이상의 수치를 기록한다. 그리고 고등교육과 직업기술교육훈련의 경우 이 수치는 꾸준하게 증가했지만, 여전히 1보다 낮다. 또한 교육형평성은 여전히 방글라데시에서 핵심 이슈로 BANBEIS(2022)는 소득 수준에 따른 단계별 교육 성취 및 접근성의 차이와 도시와 농촌 지역에 따른 여러 통계적 차이를 보여준다. 일례로, 빈곤은 문해율에 분명한 영향을 미치기 때문에, 빈곤 여성 중 읽고 쓸 수 있는 사람이 많지 않아 소득 하위 2분위 여성의 문해율은 75%로 나타난다(UNICEF, 2021).

SDG4.6 성인문해와 관련해, 방글라데시의 정부는 기술이 부족하고 소득이 낮은 성인을 대상으로 하는 여러 교육 프로그램들을 운영해왔다(GED, 2020a). 특히 비형식교육국의 주요 활동에서 살펴볼 수 있듯이, 상당수의 성인 문해 프로그램은 생계와 관련한 기술 개발과 기본 문해에 초점을 두고 있다. 그리고 정부 외에 NGO 및 시민사회 역시 성인 문해 운영에 적극적으로 참여하고 있다(GED, 2020a). 이러한 노력에 따라 성인 문해율은 2005년 53%에서 2018년 74%로 증가했고, 특히 남성과 여성의 문해율 차이는 상당히 좁혀졌다. 그리고 그 결과 2021년 15-24세 여성의 문해력이 있는 비율은 89%로 상당히 높은 수준이다(UNICEF, 2021).

SDG4.7 세계시민교육, 지속가능발전교육을 통해 지속가능발전 증진을 위해 필요한 지식과 기술의 습득을 보장한다는 목표는 교육정책, 교육과정, 교사교육, 학생평가를 포괄한다. 글로벌 의제가 양적 혹은 질적 지표 범위를 구체적으로 지정하지 않은 포괄적 목표로, 방글라데시의 제7차 5개년계획은 특정 대상을 다루지 않는다고 명시한다(GED, 2015). 하지만 국가교육정책에서 인권, 성평등, 평화, 문화다양성의 내용을 강조한다. 국가교육과정으로 초등 단계의 인권교육, 중등 단계의 사회교육, 이슬람과 도덕교육(Islam and Moral Education, IME)이 존재하여, 교육 내 세계시민교육의 세부 요소를 강조하고 있다.

그 외에 SDG4를 달성하기 위한 핵심 전략 학습환경과 교사 역시 살펴볼 필요가 있다. 우선, 학교 환경과 관련해 방글라데시의 학교의 약 76.86%가 전기를 사용할 수 있고, 17.9% 학교가 컴퓨터를 보유하고 있으며, 8.36%가 교육 목적으로 인터넷에 접근할 수 있다(GED, 2020a). 그리고 52.06%의 학교가 장애 학생을 위한 기반 시설 및 자료를 갖추고 있고, 43.5% 학교에 손 씻기 시설이 있고, 78.88%가 깨끗한 식수를 제공하며 70.88%가 남녀 기본 위생시설을 갖추고 있다(GED, 2020a). 또한, 교사와 관련해 교사 연수를 받은 교사 비율은 전체 교육단계에서 약 50-60%이다. 그리고 교사 연수를 받은 교사의 비율은 초등교육에서 더 낮은 것으로 나타나, 초등교육 학생 등록률이 증가하는 것과는 상이하게 정작 자격을 갖춘 교사가 부족한 상황이다.

SDGs를 달성하기 위한 노력을 지속하는 가운데 방글라데시 정부는 5개년계획을 반영하는 교육 계획을 설립하고자 하였고, 이를 위해 Education Sector Analysis(ESA)를 진행하였다. 이는 세부적인 부분에서까지 교육의 전반적인 상태를 제시하였다. 그리고 이를 통해 밝혀진 교육의 핵심 과제는 1) 접근성(등록률 및 기관의 수), 2) 내부적 효율성(수료, 중퇴 및 반복률), 3) 교육의 질(교사 및 학습 성과)이다(Bangladesh MoE, 2020a). 이에 앞서 SDGs 달성 및 이행 현황 그리고 교육 현황의 결과를 종합하자면 형평성을 포함한 교육 접근성, 효과성을 포함한 교육의 질이라는 큰 두 차원에서 각 교육단계별로 여러 이슈가 존재하고 있다.

우선, 기초교육에선 교육의 질과 관련한 여러 주요 문제들이 있다. 앞서 교육 현황에서 보여주듯 초등학교 단계에서 상당 수준의 보편적 초등교육 등록률을 달성하였고, 성별 격차 역시 나타나지 않는다. 그러나 2021년도 기준으로 15%의 학생들이 중도 탈락하는 것으로 나타나 여전히 교육의 질과 관련한 문제가 남아 있음을 시사한다. 전기 중등교육단계에서 역시 교육의 질은 큰 문제로 학교급 중 가장 많은 수의 학생이 학교를 떠나는 시기이다. 특히 중학교에서 낮은 교육의 질은 고등학교 및 고등교육, 나아가 직업 세계로의 연계를 저해한다는 점에서 이는 심각한 이슈이다. 더욱이, 취학 전 영유아 교육은 교육의 질에 있어 더욱 직접적인 한계를 경험하고 있다. 대부분의 공립초등학교에서 취학 전 교육을 제공하지만 이를 위한 전담 교실과 교사의 수가 매우 부족하다.

기초교육 이후 본격적으로 학교교육이 성인 세계로의 전환으로 이어지는 고등학교 교육부터는 형평성과 관련한 교육의 접근성과 질이 모두 주요한 이슈이다. 우선 고등학교 교육은 중학교 교육과 같은 문제에 직면해 있지만, 그 정도가 더욱 심각하다. 비록 중퇴율은 중학교보다 낮지만, 등록률 자체가 50%에 미치지 못해 이미 고등학교의 접근 자체가 상당히 어렵다는 것을 짐작할 수 있다. 그리고 고등학교부터 일반과 직업기술로 교육 트랙이 나뉘고, 정부가 인지하는 핵심적인 고등교육 이슈는 일반교육에서 직업기술교육훈련 트랙으로 그리고 중등에서 고등학교 그리고 고등교육으로의 흐름의 연계에 있다(Bangladesh MoE, 2020b). 따라서 현재 사회가 요구하는 직업기술 능력 및 고용시장의 요구 등을 충분히 고등학교급 이상에서 반영하는 것이 교육의 질과 관련한 핵심 이슈이다.

2016-17년 노동력 조사에 따르면, 방글라데시에는 약 4000만 명의 15-29세 청년 인구가 있다. 이 인구는 취업자(1795만 명), 실업자(213만 명), 교육, 고용 훈련을 받지 않는 청년(1230만 명), 이직 혹은 이직 희망자(800만 명), 기타(88만 명)로 구성되어 있다(Bangladesh MoE, 2020b). 이에 대해 방글라데시 정부는 직업기술교육훈련이 젊은이들의 경제적 변화에 대한 기회 제공과 개인의 잠재력을 실현하는 중요한 구성 요소라고 말한다. 특히 고용을 위한 교육과 4차 산업혁명이 만나 ICT의 교육적 활용이 더욱 강조되고 있다. 방글라데시 고등교육전략계획 2018-30(HEQEP, 2018)은 SDGs를 기반으로 한 고등교육의 핵심 목표로 ICT 기반 대학 관리 시스템 구축 및 모든 고등교육 기관에서 ICT 지원 학습을 촉진하는 등의 내용을 포함하고 있다. 이러한 배경으로 Bangladesh MoE(2020b)는 고등교육 학위를 가진 인력의 고용가능성이 실제 신흥경제의 고용시장의 수요를 충족하지 못하고 있으며, 오히려 고등교육 졸업생 사이의 실업률은 일반 실업률의 두 배 이상이라는 Rahman(2019)의 연구를 인용한다.

더욱이, 고등교육 이상의 직업기술교육에서 성별 격차가 여전히 존재한다는 지적이 있다. ILO와 EU(2015)는 성역할 및 성 고정관념에 대한 지역 사회의 인식을 기반으로 여성의 직업기술교육훈련에 대한 진입 장벽을 확인했다. 앞서 교육 현황에서 총취학률 추이가 보여주듯, 이미 초등 및 중등교육에서 방글라데시는 성평등을 달성하였다. 초등교육 및 중등교육에서 GPI 지수는 2010년 이후 몇 해만을 제외하고 1을 상회하고 있다. 그러나 후기중등교육부터 GPI는 급격히 떨어진다. 2016-2018년 동안 0.7 정도의 수준에서 머물다가 2019년이 되어서 0.9에 가까워지는 모습이다. 직업기술교육훈련에선 그 수준이 여전히 낮다. 이 역시 GPI 지수가 2019년에 0.7로 올라갔지만, 다른 교육단계와 비교했을 때 상당히 성별 격차가 큰 교육단계이다.

마지막으로 정규 학교교육 트랙 이외에 국가가 관리하는 핵심 교육체계인 마드라사 교육과 비형식교육에서는 교육의 질이 가장 핵심적인 이슈로 등장한다. 우선, 정부는 알리야 마드라사 교육을 강화하기 위한 다각적 이니셔티브를 수행했고, 이를 통해 종교 교과과정과 일반교육의 균형을 맞추는 데 진전을 이루었다. 그러나 교육과정을 차치하더라도, 교사의 자질과 학습 자원 부족은 교육의 질을 저해하는 핵심 문제이다. ADB(2011)는 1) 교사들의 교육방법에 대한 적절한 훈련 부족 2) 비종교과목의 교과서와 시험문제를 일반 학교와 동일하게 사용하지 않음 3) 알리야 마드라사 교육 계획, 관리, 모니터링 평가하는 Bangladesh Madrasah Education Board(BMEB) 역량 제한 4) 학생이 각 단계에서 교육 내용 및 강의 계획서를 완료하지 못함 5) 시설이 충분하지 않음을 마드라사 교육의 핵심 문제로 지적한다. 결과적으로 마드라사 교육은 교육의 질을 담보하는 교사, 인프라, 제도적 기반이 부족한 상황이다.

다음으로 비형식교육은 교육의 형평성과 접근성 향상의 대안으로 제시된 교육 형태이다. 비형식교육은 기본문해 프로그램을 통해 소외된 아동에게 두 번째 교육 기회를 제공하는 것을 주요 목표로 한다. 정규 학교를 중퇴한 많은 학교 밖 아동·청소년들을 다시 제도권 교육 영역으로 데리고 오는 것이다. 그리고 성인교육 역시 그 핵심 분야로 시장 수요에 부응하는 기술과 역량을 습득할 수 있도록 기능문해 교육을 제공하는 것을 목표로 한다. 그러나 여전히 비문해로 여겨지는 최소 3,250만 명의 청소년과 성인 중 극히 일부만 이런 비형식교육의 트랙에 등록되어 있어,

프로그램 확대와 이를 통한 학교 밖 아동·청소년을 위한 교육 기회 제공 및 성인을 위한 재교육과 문해교육이 시급하다.

라. SDGs 달성을 위한 도전과제

방글라데시는 SDGs를 달성하기 위한 과정을 통해 여러 진전을 보여왔다. 하지만 초등, 중등, 고등교육, 나아가 직업교육, 마드라사 교육, 비형식교육 등 모든 교육단계에서 교육의 질과 형평성 차원에 주요 이슈들이 나타나는 것을 발견했다. 이는 방글라데시가 SDG4를 달성하기 위해서 고려하고 극복해야 할 여러 도전과제가 있음을 시사한다. 이에 따라 정부는 ESA를 통해 전반적인 교육 현황을 진단하고, 제8차 FYP와 일치하는 포괄적인 교육분야계획(Education Sector Plan, ESP)을 발표했다. 이는 "2041년까지 방글라데시가 선진국이 되기 위한 목표에 따라 지속 가능하고 번영하는 사회를 구축하고 모두를 위한 평생학습을 촉진하기 위한 공평하고 접근 가능한 양질의 교육이라는 SDG4 목표 달성에 기여"하는 것을 목표로, SDGs 달성을 위한 정부의 의지와 노력을 구체적인 실천과제와 함께 제시한다. 이에 관련해 방글라데시 정부가 ESA를 통해 발견하거나 SDGs Progress Report를 통해 밝힌 주요 도전과제는 다음과 같다.

〈표 9-2〉 방글라데시 교육의 주요 도전 과제

SDG4 달성을 저해하는 주요 과제 (GED, 2020a)	ESA에서 드러난 주요 과제 (Bangladesh MoE, 2020a)
• 낮은 교육 지출(방글라데시의 GDP의 약 2%[6]) • 400만 명의 소외된(근로아동, 장애아동, 소수민족, 외딴 지역 및 빈민아동) 학교 밖 아동·청소년 • 높은 중퇴율과 낮은 전환율 • 전문성을 갖춘 교사 수의 부족 • 중앙 집중화된 교육 서비스 • 성차별 및 도시-농촌 간 교육적 격차 • 교육의 질 및 형평성을 달성하기엔 부족한 인프라	• 지역 및 사회경제적 배경에 따른 교육적 불평등 • 불충분한 교사의 수와 역량 및 동기 부족 • 관행적인 교수학습법 및 시험의존성 • 직업 전환에 부족한/부적절한 기술이나 역량 • 기술 격차를 해결하기 위한 여러 활동 조정의 어려움 • 불공평한 시스템에 기반한 사회경제적 배경에 따른 고등교육 접근성 차이 • 연관성 높은 교육과정 개선을 위한 전략 및 계획의 부재 • 낮은 교육 공공 투자 및 교육시스템 확장

이러한 교육의 도전과제와 앞서 현황 및 이슈를 종합하자면, 교사 양성 및 훈련, 연관성이 높은 교육 제공과 이를 위한 ICT 기반 교육 인프라 마련, 교육형평성 제고를 위한 비형식교육 강화, 교육시스템 전반적 체질 개선 등이 방글라데시 교육 발전의 주요 도전과제로 나타난다.

가장 먼저 전문적인 교사 양성은 모든 학교급의 교육의 질을 향상하기 위해 핵심적이다. Bangladesh MoE(2020b)는 영유아교육, 직업기술교육훈련, 고등교육 그리고 마드라사 교육에 이르는 모든 교육 수준에서 교사에 대한 이슈를 언급한다. 우선 영유아교육은 여전히 많은 발전이 필요한 분야로 이는 교사의 수급 역시 포함한다. 따라서 방글라데시 교육부는 이를 위해 유치원 교육이 운영되기 위해, 모든 초등학교에 훈련된 취학 전교육 교사 가용성을 높이고, 지속적인 전문성 발전을 설명한다.

6) 남아시아 및 개발도상국 중에서 가장 낮은 수준이다.

또한 직업기술교육훈련과 고등교육에서는 특히 전문성을 갖춘 교사, 교사의 역량이 핵심적이다. 최근 TMED는 직업기술교육훈련을 위한 SWIFT 프레임워크 작업을 주도하였는데, 이를 위한 사전조사에서 자격을 갖춘 교사가 부족하다는 약점이 파악되었다. 특히 직업기술교육훈련을 확장하려는 가운데 자격을 갖춘 교사의 부족은 더욱 커다란 장애물이 된다. 따라서 SWIFT 프레임워크에 효과적인 교사 교육을 포함하고, 교사의 양과 질을 평가하는 질보증 시스템 발전 등의 필요성을 자체적으로 인지하고 있다. 그리고 고등교육은 교사와 관련해 두 가지 이슈가 있다. 전문성을 갖춘 교수진, 교수진 역량 강화 역시 중요한 이슈로 교수진의 전문교육을 위한 지원이 필요함을 이야기한다. 그러나 이 외에 고등교육은 나머지 교육시스템과 직접적인 연결고리가 있는 곳으로 특히 학교에 교사를 공급하거나 여타 분야에 전문가를 공급하는 역할 역시 수행한다. 방글라데시 교육부(2020b)는 이러한 고등교육의 이중적 역할을 인지하고 고등교육 내 교사의 전문성 향상과 동시에 적절한 고등교육을 통한 자격을 갖춘 교사의 공급 모두를 강조한다.

실로 절대적인 규모의 교사 부족 문제는 개발도상국의 핵심 교육 도전과제이다. 그리고 이것이 자격을 갖춘 교사 수급의 쟁점으로 이어질 때 이는 더욱 커다란 장애물이 된다. 앞서 영유아교육, 직업기술교육훈련, 고등교육뿐 아니라 2016년 초등교육단계에서 역시 자격을 갖춘 교사 비율은 58%에 불과했다(UIS, 2016). 교사의 전문성은 그 자체로 끝나는 것이 아니라 교육의 질을 결정하는 핵심 요소이다. 일례로 Bangladesh MoE(2020b)는 마드라사 교육의 질 저하의 원인을 교사의 부족으로 설명한다. 또한 GED(2020a)는 SDGs 4.1 지표와 관련해 역량을 갖춘 교사의 부족을 앞서 SDGs 이행 현황에서 보이듯, 학생들의 낮은 문해율, 즉 낮은 성취의 주요 원인으로 지적한다. 이러한 맥락에서 방글라데시 정부는 교사의 질 개선을 위해서 UN이나 세계은행 등 다자기구를 중심으로 일례로 초등교육 과정 발전 프로그램(The Primary Education Development Programme, PEDP) 등의 프로젝트를 수행해왔고, 이를 통해 초등교육의 질 제고에 이바지했다는 평가를 받았다(안해정 외, 2017). 그러나 여전히 자격을 갖춘 교사의 비율은 기초교육 급에서 역시 충분하지 않을뿐더러, 기초교육 외에 다른 교육단계에선 교사의 수급조차 부족한 실정인 것이 현실이다. 따라서 양질의 교육을 담보하기 위한 전문성을 갖춘 교사 양성과 훈련은 핵심 도전과제 중 하나로 여전히 많은 진전과 노력이 요구된다.

다음으로 ICT를 기반으로 적절성과 연관성이 높은 교육의 제공을 위한 노력이 필요하다. 특히 이는 전문성을 갖춘 교사와 함께 교육의 질을 보장하기 위해 핵심적이다. Bangladesh MoE(2020b)는 영유아교육과 초등교육에 있어 교수학습 자료의 적절성과 교수학습 변화가 반드시 수반되어야 함을 강조한다. 그러나 이러한 교육의 연관성과 적절성 차원은 특히 직업기술교육훈련과 고등교육에 있어 핵심 도전과제이다. 특히 인재 양성 차원에서 교육을 강조하고 있는 만큼 방글라데시 정부는 산업인력을 위한 교육의 역할 역시 강조하고 있다. Bangladesh MoE(2020b)는 국가의 청년 노동력을 위해 충분한 고용을 창출하는 것은 해결해야 할 중요한 문제 중 하나이며, 특히 직업의 성격이 변화하고 신기술에 의해 주도되는 고용이라는 맥락에서 그러하다고 말하며, 교육시스템에 특별한 초점을 맞추고 사람들의 관련 기술과 역량을 강화하는 것이 필수적임을 강조한다. 이를 나타내듯 직업기술교육훈련 SWIFT 프레임워크의 첫 번째는 시장에 반응하는 직업기술교육훈련 설계에 있다. 그리고 고등교육은 청소년의 성인기 이행에 있는 핵심 과정으로 고용시장의 반응에 역시 민감해야 한다(Bangladesh MoE, 2020b).

교육의 연계성과 적절성을 증진하기 위한 한 방편으로 ICT 교육 기반 마련 역시 중요하다. 고등교육 담당기관인 UGC와 교육부는 방글라데시 고등교육전략계획 2018-30을 준비했고, 이에 SDGs 교육 의제에서 구상한 고등교육에 대한 국가 목표를 반영했다. 본 전략계획에는 대학 재정 관리 개선, 산학연계 구축 및 강화, UGC 강화, 교육 자원 지원, 입시 및 시험의 전환 외에 ICT 기반 대학 관리 시스템 구축, ICT 지원 학습을 촉진하기 위한 시설을 모든 고등교육기관으로 확장하는 것을 포함한다(HEQEP, 2018). 이처럼 ICT 기반을 강조하는 배경에는 양질의 교육을 담보하기 위한 교육 시설 확충이 존재한다. 방글라데시 정부는 ESP를 통해 많은 대학들이 양질의 고등교육을 위한 혁신을 추진했음에도 특히 ICT 학습환경이 부적절했음을 지적한다. 그리고 이는 코로나 상황에서 더욱 두드러졌는데, Bangladesh MoE(2020b)는 코로나 대유행 상황에서 ICT 부족이 심각한 문제가 되었음을 지적하였고, 대학의 바람직한 교육환경으로 ICT 인프라 개선을 꼽았다.

그리고 ICT 기반은 교육의 질 향상을 위한 시설을 넘어 삶과의 연계성, 직업 세계로의 이행에서도 강조되고 있다. 방글라데시는 풍부한 노동 인구에 비해 정규 기술 훈련을 받은 산업 수요에 부합하는 숙련 노동자가 상당히 부족해 이는 경제성장의 장애물로 작동한다(ADB, 2015). 실제로 졸업생들 사이의 높은 실업률은 약 4%인 일반 실업률의 두 배 이상으로 나타난다(Rahman, 2019). 이와 관련해, ICT 관련 역량은 청년 성인들의 직업세계 이행에서 핵심적인 과제이기도 하다. 그리고 최근 디지털 문해교육에 대한 요구가 증가하고 있다. 안해정 외(2019)는 방글라데시를 기초 디지털 문해력 지원 국가로 분류하는데, 이는 디지털 문해율을 나타내는 ICT 기능 보유 비율이 낮고 특히 여성의 ICT 기능 보유 비율이 10% 미만으로 남성보다 현저히 낮은 국가이다. 따라서 디지털 문해력 강화를 위한 기초적인 지원이 필요하며 특히 여성 ICT 기능 접근성을 높이기 위해 노력이 필요하다. 이때, 디지털 리터러시는 거시적 맥락에서 국가 정책의 성공과도 관련이 있다. 방글라데시 정부는 2010년 공공서비스의 효율성 투명성 책무성 개선을 위해 교육 분야를 포함한 정부의 주요 서비스를 디지털화하는 'Digital Bangladesh' 정책을 발표했다. 그리고 정책 성공을 위해선 디지털 문해가 핵심적이다. 따라서 ICT 기반 교육 환경 구축을 통한 적절성 높은 교육 제공 그리고 ICT 역량을 강화하는 삶의 연계성이 높은 교육을 보장하는 것은 방글라데시의 핵심 도전과제이다. 그리고 이는 특히 15세 이상 성인과 관련해서 더욱 중요한 문제로 교육이 직업 세계로의 이행으로 이어질 수 있도록 하는 노력이 지속되어야 한다.

세 번째로 형평성 제고는 방글라데시 교육에 있어 가장 중요한 이슈일 것이다. 방글라데시의 경우 특히 기초교육에 있어선 높은 취학률을 보여준다. 그러나 여전히 많은 학교 밖 아동·청소년이 존재하고 중퇴율 역시 교육단계가 올라갈수록 증가한다. 초등교육이 이미 보편화된 단계에서 중등교육 취학률이 70% 초반에 머물고 있다는 것은 초등교육을 마치지 않고 중도 탈락하거나 중등교육단계로 진학하지 않는 학교 밖 아동·청소년들이 많이 남아 있다는 것을 의미한다. 중도탈락률은 방글라데시의 교육 형평성 논의에서 매우 주요한 이슈이다(안해정 외, 2020). 안해정 외(2017)는 방글라데시를 기초교육 잠재 우선 지원국으로 기초교육에 있어 (최)우선 국가보다는 나은 상황이지만 여전히 많은 개선이 필요한 국가로 특히 중도 탈락과 학교 밖 아동·청소년 이슈에 집중해야 함을 말한다.

학교 밖 아동·청소년과 교육 기회의 불평등은 빈곤, 지역 등 여러 원인에 기인한다. 안해정 외(2021)에 따르면, 방글라데시는 빈곤층의 교육 기회 지원 국가로 이들 국가는 저소득층의 교육 이수율이 낮고 소득 수준에 따른 교육 이수 기회의 격차가 높은 국가이다. 따라서 저소득층을 대상으로 한 교육 기회를 확장하는 것이 매우 중요한 나라이다. UNICEF(2021)는 빈곤에 의한 교육적 불평등 그리고 학교 밖 아동·청소년의 수를 설명한다. 일례로 가장 빈곤한 소득 5분위의 사이에서 초등교육 미이수율이 상당하게 나타난다. 또한 학교 밖 아동·청소년의 비율은 교육단계가 높아질수록 증가하는데, 이때 소득의 영향은 매우 분명하다. 후기중등교육 나이의 가장 가난한 소득 5분위 아동의 약 절반(45%)이 학교에 다니지 않지만, 가장 부유한 아동은 19%만 학교에 다니지 않는다. 이런 소득에 따른 교육 이수율의 차이는 교육단계가 올라갈수록 더욱 두드러져, 고등학교 교육에서 부의 격차의 영향은 더욱 극명해진다. 가장 부유한 학생이 고등학교를 마치는 비율은 가장 가난한 학생보다 약 4배 더 높아, 가장 부유한 소득 분위의 50%가 고등학교를 마치지만 가장 가난한 소득 분위의 경우 12%만이 고등학교를 마치고 약 80%는 학교를 떠난다는 것이다.

빈곤과 함께 교육형평성을 저해하는 핵심 원인 중 하나는 바로 지역이다. 방글라데시의 경우 농촌과 도시 지역의 교육적 불평등이 매우 두드러진다. UNICEF(2021)에 따르면 기초문해를 습득하지 못한 아동의 대다수는 농촌 지역에 거주하며, 영유아 교육에도 출석률은 도시 아동일 경우 더 높게 나타났다. 영유아 교육에 등록하지 않는 아동의 대다수(80%)는 시골 지역에 거주하며, 발달이 수준에 적합하게 이루어지지 않은 아동의 대다수(82%)도 마찬가지이다. 이와 관련해 GED(2020a)는 시골 지역에 비해 도시 지역의 아동이 더욱 '시기에 적절한 발달' 수준을 유지하고 있다고 말한다. 따라서 도농 간 차이는 교육 수준을 이수하는 아동의 비율에도 영향을 미친다. 특히, 이러한 교육 접근성의 차이는 고등학교에서 현저하게 차이가 발생해 도시 어린이의 경우 35%, 시골 어린이의 경우 28%로 나타난다. 각 단계의 교육을 마치지 못한 아동의 80%가 농촌 지역에 거주한다.

결론적으로 제도권 교육의 이수율은 농촌 지역에 거주하거나 빈곤 가정일 경우 낮게 나타난다. 비록 지역적 격차가 사회경제적 격차만큼 심각하진 않지만, 이 둘 모두 모든 교육단계에 영향을 미치며, 이는 농촌 및 빈곤 아동이 도시 또는 부유한 또래에 비해 교육에 대한 추가 장벽에 직면하고 학교 밖 아동·청소년으로 남아있을 가능성이 높다는 것을 의미한다. 근로아동, 장애아동, 소수민족 아동, 외딴 지역이나 빈곤에 처한 아동은 SDG4 목표 달성의 큰 도전과제로 특히 빈곤층을 위한 양질의 교육을 제공하기 위한 공공프로그램이 필요하고, 특히 취약한 환경의 소외된 이들을 위한 전체 생애주기 동안의 학습 결과 개선을 위한 집중된 노력이 필요하다(GED, 2020a).

그리고 이런 취약계층, 학교 밖 아동·청소년을 위해 핵심적인 것이 바로 비형식교육이다. 안해정 외(2017)는 제2의 기회를 위해 비형식교육이 필요하며 이를 통해 아동노동을 하는 아이들에게 교육 기회와 사회재통합을 촉진하고 취약아동·청소년의 조기 노동으로부터 구출할 수 있음을 강조한다. Bangladesh MoE(2020b) 역시 비형식교육이 포괄적 양질의 초등교육의 주요 전략의 일부로서 중퇴 아동, 근로 아동, 특수교육이 필요한 아동, 외딴 지역에 있는 아동 등 모든 소외된 집단을 위한 교육이 되어야 함을 말한다. 따라서 교육 불평등을 해소하고 포용적인 교육을 제공하기 위한 비형식교육의 확대는 매우 핵심적이다. 그리고 이들이 복합적인 상황에 의해 교육 기회를 박탈당하는 만큼 이러한 차이를 포용할 수 있는 형평성을 담보하는 비형식교육 발전이 요구된다.

그리고 비형식교육은 평생학습 맥락에서 성인교육에 있어서 중요하다. 방글라데시는 비문해 성인이 많이 거주하는 국가 중 하나로 안해정 외(2021)는 포괄적 문해교육 지원 국가로 분류한다. 이러한 국가 유형은 청소년의 기초문해는 높으나 성인은 중간 수준으로 국가 지원이 성인의 기초문해 보장으로 확대되고 중등교육 지원을 강화하는 포괄적 교육이 필요한 국가이다. 앞서 많은 수의 학교 밖 아동·청소년은 성인이 되어서도 낮은 문해력으로 인해 생활에 필요한 기술이나 직업기술을 제대로 교육받지 못하고, 저임금 노동에 종사하면서 빈곤에서 벗어날 수 없는 악순환이 반복된다. 성인문해율 또한 2018년 기준 73.9%로 여전히 낮은 편인데, 이러한 성인들의 기초 및 기능 문해교육이 주로 비형식교육으로 이뤄진다. 따라서 방글라데시의 교육형평성을 제고하기 위해서는 학교교육이 의무화되기 이전 시기에 경제적인 이유로 교육을 받지 못하였던 성인·노년층에 대한 평생학습과 비형식교육 확대 및 지원이 필수적이다.

마지막으로 가장 중요한 것은 교육시스템 전반의 체질 개선이 필요하다는 것이다. 방글라데시 교육 지출은 2022년 기준 여전히 10%대이다. 여러 교육적 이슈가 존재함에도 여전히 이 수치는 높지 않다. 정부 예산 중 교육 지출은 2016년 이후로 2021년까지 오히려 계속 감소세였고 2022년 약간 증가하였다. 이러한 재정은 교육 전반 시스템 개선을 위해서 가장 기본적으로 중요한 내용으로 더욱 적극적인 교육 예산 배정이 중요하다.

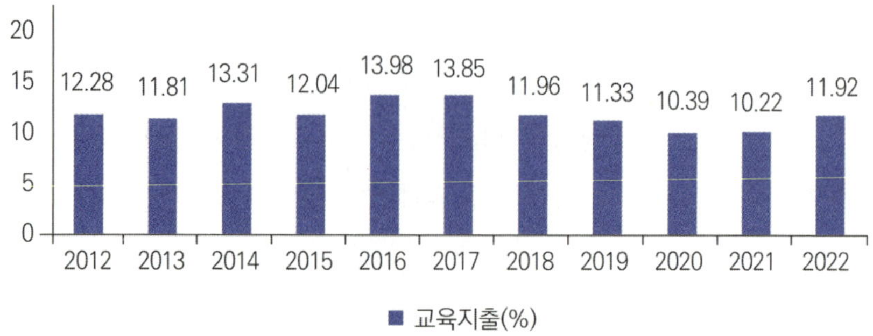

출처: UIS, 2022

[그림 9-1] 정부예산 중 교육 지출 비율

나아가 GED(2020b)는 각 학교 급에서 체질 개선이 필요함을 강조한다. 우선 영유아교육에 있어선 관련 데이터를 제대로 수집하는 것이 중요한 과제이다. 그리고 초등교육에선 상당한 접근성 증진을 이뤘지만 이 외에 학생들의 보건 및 영양 상태를 포괄하는 통합적, 포괄적 교육 이니셔티브의 전개와 이를 위한 시스템 개선이 요구됨을 강조한다. 그리고 중등교육에서는 더욱이 공통 핵심 교육과정에 대한 정보조차 부족한 상황으로 이를 효과적으로 시행하기 위한 단계, 과정에 대한 고려가 필요하다. 기술직업교육훈련에서 역시 SWIFT 프레임워크는 형평성과 질 보장을 위한 더 나은 거버넌스와 관리 구조를 마련하고 이를 통해 다양한 상황에 보다 민감하게 대응할 수 있도록 해야 함을 말한다.

비형식교육과 마드라사 교육은 가장 많은 시스템 개선이 요구되는 분야이다. 우선 비형식교육은 재정 마련 및 효과적 시행 전략 마련이 부재한 상황으로 특히 포괄적인 양질의 교육 전략의 일부로 통합적인 시각에서 제공되어야 한다. 탄탄한 시스템이 부재하는 상황에서 비형식교육 하위 프로그램의 성격, 범위, 발전은 여전히 논의 중이며 비문해로 청소년과 성인 중 극히 일부만 문해 프로그램에 등록한 상황이다. 더욱이 중등수준의 비형식교육은 마련조차 되지 못했다. 따라서 비형식교육에 전반적인 시스템 개선이 핵심적이며 특히 소외된 아동을 위한 교육 보장 그리고 성인들을 위한 평생학습 및 직업세계로의 이행을 고려한 교육 제공의 기틀 위에 이러한 비형식교육을 구상해야 한다.

나아가 마드라사 교육 역시 비슷한 상황에 놓여있다. 대부분의 마드라사 교육의 문제는 인프라, 교사, 제도적 문제와 관련이 있는데 이는 즉, 전체적인 교육시스템이 미흡하다는 것이다. 일례로 마드라사 학교에서 급식에 대한 규정이 없는데, 따라서 시스템의 실질적 개선을 위한 포괄적 접근 방식이 핵심적이다(Bangladesh MoE, 2020b). 실제로 정부는 알리야 마드라사 교육을 강화하기 위한 다각적 이니셔티브를 수행했고, 특히 종교교과과정과 일반교육의 균형을 맞추는 데 진전을 이루었다. 그러나 ADB(2011)가 제기한 마드라사 교육의 문제는 교사, 교과서, 시험, 지원 및 관리 주체, 학생들의 성취, 시설 등 마드라사 교육과 관련한 전체적인 수준에 존재했다. 따라서 비형식교육과 마드라사 교육과 같이 제도권 교육을 제공하지만 정규 학교교육 외에 교육에 있어 특히 전반적인 체질 개선은 매우 시급한 과제로 이를 위한 정부와 여러 공여 기구의 노력이 요구된다.

제10장

네팔의 교육발전과 주요 이슈

가. 들어가며

네팔의 공식 명칭은 네팔 연방민주공화국(The Federal Democratic Republic of Nepal)으로 남아시아에 있으며 인도 및 중국(티베트)과 접경한 내륙 국가이다. 네팔은 한반도의 2/3배로 80퍼센트가 산으로 둘러싸여 있다. 대부분 산으로 덮여있는 네팔의 고도는 200-8,848미터에 이르며 남쪽은 대체로 낮고 북쪽의 에베레스트산 정상은 8,848미터로 세계에서 가장 높다. 8,000미터가 넘는 세계의 극봉이 여덟 개나 있는 네팔의 극봉지대에는 네팔의 인구 중 10%가 살고 있으며 네팔의 중심부인 미들힐스 지역에는 40%가 거주 중이고 나머지 인구의 50퍼센트는 오늘날 네팔에서 가장 빠른 속도로 성장하고 있는 미들타운에 살고 있다(버뱅크, 2005). 미들타운의 인구는 꾸준히 증가하고 있으며 비옥한 평원으로 네팔의 곡창지대이자 산업중심지라 할 수 있다. 네팔의 동쪽은 상대적으로 서쪽보다는 풍요로운 편이다. 동쪽에는 학교 · 도로 · 의료시설 등이 있으며 개발도 진행 중이나 서쪽에는 학교와 의료시설이 거의 없으며, 도로 · 전기 · 산업시설이 낙후되어있다. 전체적으로, 네팔은 여전히 세계에서 가장 가난한 나라 중 하나로, 네팔 정부는 네팔 국민 빈곤 수준 완화를 통한 최빈국 졸업 달성을 위해 다양한 노력을 기울이고 있다(한국국제협력단, 2022).

주네팔대한민국대사관[1]의 네팔 약사에 따르면, 네팔의 초기 역사는 불교와 힌두교 색채가 강한 네와르족(Newari) 전설을 중심으로 전해지고 있다. 4세기경 카트만두에서 발흥한 리차비(Licchavis) 왕조는 카트만두 지역을 지배하고 7세기 이후 타국과 외교적, 문화적 교류를 시작하면서 티베트와 중앙아시아에 불교문화를 전파하는 데 기여하였다. 8세기경 중세로 접어들면서 카트만두 북쪽에 있는 누와코트(Nuwakot)의 타쿠리(Thakuri) 왕조가 지배 세력이 되면서 네팔은 불안정과 침략의 시대로 접어들었으나 11세기경 다쿠미의 아리데바(Arideva) 왕이 말라 왕조(Malla Dynasty)를 세워 네팔 문화의 새로운 르네상스의 기초를 마련하였다. 15세기에는 카트만두 분지 안에 말라 왕조의 3개 왕국이 세워졌으나 프리트비 나라얀 샤(Prithvi Narayan Shah) 왕은 말라 왕조를 멸망시키고 고르카(Gorkha) 왕조를 세워 네팔을 통일시키며 영토 확장에 힘썼다. 19세기 초 네팔은 무역 협약을 체결한 영국의 동인도회사와의 갈등으로 인해 발생한 영국-네팔 전쟁에서 패배하여 수가울리 조약(Treaty of Sugauli)을 맺어 대부분의 영토를 빼앗기고 동서의 길이가 현재처럼 축소되었다. 1846년 장군 장바하두르(Jang Bahadur Rana)는 쿠데타로 정권을 장악하고 스스로 라나라는 종신 재상에 취임하여 네팔 통치를 시작하였으며 라나 체제 보호 및 국내문제에 대한 실질적인 자치를 영국으로부터 보장받았다. 1951년 네팔 의회당(Nepali Congress Party)이 이끄는 혁명군은 라나 체계를 무너뜨리고 왕정으로 복귀하였다. 그 후 국

1) https://overseas.mofa.go.kr/np-ko/brd/m_1718/list.do

왕이 전권을 휘둘리며 네팔은 암흑기를 겪었으나 90년대에 들어서면서 네팔 의회당을 중심으로 정치민주화운동이 본격적으로 전개되어 10년에 걸쳐 내전이 이어졌다. 공식적으로 2006년 내전이 종식되고 이어 2008년에 왕정이 종식되었지만, 이로 인해 1만 2천7백 명이 죽고 15만 명이 집을 잃었으며 정치적 불안과 공백이 지속되었다. 90년대는 이처럼 네팔의 정치적 혼돈기였으며 2008년이 되어서야 신헌법제정을 위한 총선을 통해 선출된 제헌의회가 5.12 국왕제를 폐지하고 민주공화국을 선포하기로 한 결의안을 채택함으로써 "네팔연방민주공화국"이 탄생하게 되었다. 2015년 9월에 신헌법이 공포되었으며 이에 따른 선거를 실시하여 공산당 정부가 출범하였다. 그러나 정파 간 입장 차이로 인한 내각 구성 지연 등 네팔의 정치적 불안정은 지속될 전망으로 보인다(한국국제협력단, 2022).

네팔의 인구는 현재 2,919만 명 정도이며, 힌두교(80%), 티베트·몽골족(17%), 소수민족(3%)으로 구성되어있다.[2] 네팔은 이주자의 나라로, 각 문화 집단은 각자의 독특한 전통을 유지하고 있다. 각자의 문화를 유지할 수 있었던 이유 중 하나는 네팔 사회에서 서로 다른 인종과 부족 간의 결혼이나 융합이 금기시되었으며 힌두교의 카스트 제도가 여전히 강하게 뿌리내리고 있기 때문이다(버뱅크, 2005). 네팔의 카스트 제도는 역대왕조가 왕권 강화와 효율적인 국민지배를 위해 힌두교를 적극 수용하여 법적으로 카스트를 강제하기 위해 1854년에 카스트 법을 제정한 후 1963년(입헌군주제 채택 이후)이 되어서야 폐지되었지만, 사회 내 카스트 의식은 오랜 전통과 관습으로 오늘날까지 잔존하고 있다(주네팔대사관, n.d.). 네팔의 카스트는 브라만/Brahman(승려계급), 체트리/Chetri(귀족, 무사계급), 바이샤/Vaisyas(농민, 상인계급), 수드라/Sudras(하인

2) https://www.mofa.go.kr/www/nation/m_3458/view.do?seq=7

계급)로 구분되며, 이는 각 계급이 살아가는 법, 옷 입는 법, 출산, 결혼, 죽음과 관련한 기타 의식을 규정한다. 더 나아가, 네팔에서는 이름 자체가 카스트를 암시하고 있어 성만으로 직업과 지위, 결혼 대상, 사회에서 어울릴 수 있는 계층 등에 있어서 세세한 제약을 받는다(버뱅크, 2005). 이러한 사회적 맥락으로 인해, 네팔의 경제성장 및 절대 빈곤 감소[3]에도 불구하고 지역, 인종, 카스트, 성별 간 불균형이 남아 빈부격차가 크다. 특히, 네팔은 도·농 간 소득 격차가 매우 심하며 농촌주민이 전체 빈곤 인구의 95%를 차지하고 있고 그중에서도 아동 또는 여성 등의 취약계층은 더욱더 열악한 환경에 놓여있다(한국국제협력단, 2022).

네팔은 지형의 영향으로 지역별로 종교나 문화가 다양하며 그중에서도 특히 힌두교와 불교가 공존하면서 문화가 융합된 곳이다. 힌두교와 불교의 이러한 조화로 인하여 네팔에서는 불교사원 내에 힌두사원이, 힌두사원 내에 불상이 공존하고 있는 것을 발견할 수 있으며 종교예식 행사에도 힌두교인 및 불교인이 함께 참여 및 거행하는 모습을 볼 수 있다.[4] 그 밖에 네팔의 문화는 아리안족, 힌두문화, 티베트, 몽골 및 불교문화를 혼합한 성격을 띠고 있다.[5] 국가 공용어인 네팔어(Nepali)와 소수민족 언어가 사용되며 네팔어는 학교에 들어가면서부터 공식적으로 배우는 언어이다. 소수민족 언어의 경우, 다양한 민족과 문화가 공존하는 만큼 122개가 있으며 1개는 소멸하여 120여 개가 사용되고 있다(Eberhard 외, 2019). 주네팔대사관에 따르면, 네팔에서는 힌디어로도 소통할 수 있으

3) 네팔의 빈곤선 이하 비율은 '16년 기준 21.6%이며 '17/'18년 기준 18.7%, '19/'20년 16.7%로 점진적으로 개선되고 있으나, 코로나 팬데믹으로 인해 취약계층 빈곤 상황 악화 예상됨(한국국제협력단, 2022).

4) https://overseas.mofa.go.kr/np-ko/brd/m_1718/list.do

5) https://www.kiep.go.kr/aif/nationInfoDetail.es?systemcode=02&nation_idx=2&mid=a30500000000

며 장기간 회교 지배하에 있던 인도의 영향으로 네팔 내에서 페르시아어와 아랍어 단어도 사용되고, 건축양식, 사회관습 등에서도 회교 문화의 영향이 발견된다. 추가로, 네팔에는 힌두교와 관련된 축제가 많으며 축제일은 대부분 태음력에 의해 정해지므로 해마다 날짜가 조금씩 다르나, 그중 대표적인 네팔의 축제는 다사인(Dasain, 최대규모의 가호축제), 티하르(Tihar, 빛의 축제), 부다 자얀티(Buddha Jayanti, 부처님탄신축제) 등이 있다.

네팔은 전 세계에서 가장 가난하고 소외된 국가 중 하나였지만, 1990년대 이후 민주화를 거쳐 시장경제를 적극 도입하고 일련의 개혁을 통해 발전해왔으며 이 과정에서 해외원조 등의 외부 자원도 크게 일조하였다(Sigdel, 2020). 네팔은 1990년대까지 GDP의 50% 이상이 농업 분야에서 기여한 농경 국가였으나, 개혁 조치를 통해 산업과 서비스 부문을 발전시키겠다는 네팔 정부의 의지에 따라 농업에 대한 의존도는 다소 낮아졌다(Sigdel, 2020). 그러나 여전히 네팔은 도농 간 소득 격차가 심하며 농촌주민이 전체 빈곤 인구의 95%를 차지하고 국민의 66%가 농업에 종사하면서 GDP의 1/3을 차지하나, 영세농업으로 농업 생산성이 매우 낮다(한국국제협력단, 2022). 반면에 산업 및 서비스 부문이 급속히 성장하여 19/20년 회계연도 해당 부문의 GDP 기여도가 상당히 증가하였으며 전체 GDP 기준 농업·제조업·서비스업은 각각 27.5%, 14.27%, 58%를 차지하고 있다(한국국제협력단, 2022). 1990년대 이후부터 네팔의 관광 사업 또한 괄목할 만한 성장을 거두었다. 네팔의 거대한 산맥, 동·식물, 문화유산, 강, 빙하, 호수 등은 전 세계 각국에서 점점 더 많은 관광객을 끌어들이고 있다(Sigdel, 2020). 전 세계 국가 대부분이 그러하듯 코로나 팬데믹으로 인해 네팔의 관광업 또한 큰 타격을 입었으나, 코로나 팬데믹

확산세가 꺾이며 21/22 회계연도 상반기에 서비스 부문을 주요 회복 동인으로 도소매 무역, 운송 및 금융 서비스 부문이 큰 회복세를 보이며 관광업이 재개됐다(류찬영, 2022). 세계은행에 의하면 네팔은 21/22년 회계연도 기준 2.5%의 경제성장률을 보였으며 완만한 회복세를 보일 것으로 전망된다(한국국제협력단, 2022).

나. 교육시스템 및 현황

〈표 10-1〉 네팔 학제

<table>
<tr><th>학년</th><th>단계</th><th>일반교육</th><th>직업교육</th><th>비고</th></tr>
<tr><td>13+</td><td>고등교육</td><td colspan="2" rowspan="2">학사~박사</td><td>석사 이후
Master of Philosophy
과정 선택 가능</td></tr>
<tr><td>13</td><td rowspan="5">중등교육</td><td rowspan="5">무상
교육</td></tr>
<tr><td>12</td><td rowspan="2">일반중등교육(2년)</td><td rowspan="2">직업기술교육훈련(3년)</td></tr>
<tr><td>11</td></tr>
<tr><td>10</td><td colspan="2" rowspan="2">공통중등교육(2년)</td></tr>
<tr><td>9</td></tr>
<tr><td>8</td><td rowspan="8">초등교육</td><td colspan="2" rowspan="8">기초교육</td><td rowspan="8">무상
의무
교육</td></tr>
<tr><td>7</td></tr>
<tr><td>6</td></tr>
<tr><td>5</td></tr>
<tr><td>4</td></tr>
<tr><td>3</td></tr>
<tr><td>2</td></tr>
<tr><td>1</td></tr>
<tr><td colspan="2" rowspan="2">취학 전 교육</td><td colspan="2">유치원</td><td rowspan="2"></td></tr>
<tr><td colspan="2">영유아교육</td></tr>
</table>

출처: Dilas, Cui & Trines(2018)

네팔은 2015년 헌법 개정을 통해 연방제도를 도입하였으며 네팔의 개정된 헌법은 교육을 기본권으로 하여 모든 시민은 초등교육까지 무상의무교육을, 중등교육 수준까지 무상교육을 받을 권리가 있음을 명시하고 있다. 그러나 헌법이 개정되었음에도 여전히 연방제 추진을 놓고 네팔 연립내각을 구성하는 정당의 입장이 엇갈리고 있는 상황으로 연방제도 운영에 필요한 법률 제정이 계속 미뤄지고 있다. 네팔 중앙정부가 지방정부에 권한을 부여하는 법률 등 연방제도 운영에 필요한 법률이 미비한 상황으로 네팔 교육시스템 또한 현재 과도기에 놓여있는 상황이다. 이에 푸슈파 카말 다할(Pushpa Kamal Dahal) 네팔 총리는 2023년에 이전 정부에서 입법하지 못한 연방교육법(Federal Education Act)을 도입하는 것을 현 정부의 주요 국정과제로 설정하고 추진한다고 발언하였다.[6] 연방교육법은 지방정부가 초등 및 중등교육을 감독 및 관리할 수 있도록 지방정부에 권한을 부여하는 법으로, 지난 정부에서도 연방교육법을 준비하였으나 계속해서 미뤄져 왔다. 이런 이유로, 대부분의 네팔 교육시스템은 현재 교육부가 총괄 관리・감독하고 있다.

네팔의 교육부는 5개의 지역교육국(Regional Educational Directorates)을 중심으로 관리・감독하고 있으며 지역교육국은 지역 수준에서 정책을 구현할 수 있도록 지원하는 다양한 지역 교육사무소(District Education Offices) 및 자원 센터(Resource Centers)로 구분된다. 연방제 체제에서 네팔 교육부의 역할이 정확히 어떻게 변화하게 될지 알 수 없지만, 교육부는 교육에 관한 정책 및 계획 수립, 예산 및 재정, 교육과정 개편 및 교과서 개발, 교사 교육 및 채용, 교육위원회(National Education Board)

6) https://www.emerics.org:446/newsBriefDetail.es?mid=a10500000000&systemcode=02&brdctsNo=341432

를 통한 교육평가 시스템 등을 전반적으로 지속 관리할 것으로 보인다(Dilas, Cui & Trines, 2018; 한국국제협력단 ODA 교육원, n.d.). 한편, 교육부 산하 기관은 기능에 따라 크게 4개 부서로 구분할 수 있으며 고등교육, 교육 운영, 기획 및 모니터링, 평가 및 감독으로 나뉜다(한국국제협력단 ODA 교육원, n.d.). 네팔 고등교육의 경우, 교육부 산하의 대학보조금위원회가 네팔 대학 기금을 지원하며 고등교육 관련 주요 정책 입안의 기능을 담당하고 있다(한국국제협력단 ODA 교육원, n.d.). 직업기술교육훈련의 경우, 교육부 산하 직업기술교육훈련위원회(Council for Technical Education and Vocational Training, CTEVT)가 네팔의 직업기술교육훈련을 총괄하여 관리 및 조정한다. CTEVT는 네팔의 직업기술교육훈련 표준규정 및 업그레이드, 직업교육훈련 프로그램 제공기관 조정, 직업교육훈련 기관 운영자, 자격강사 및 교육과정 개발자 제공, 기술시험 및 자격 인증 등을 주관하고 있다. 현재 기술검정 및 자격증 운영 관리를 위한 NSTB(National Skill Testing Board)가 설립되어있으나 향후 국가직업기술자격시스템(NVQF)으로 전환될 예정이다(안해정 외, 2018).

네팔의 학제는 현재 의무기초교육(8학년), 중등학교(9-12학년)와 고등교육으로 이루어져 있다. 네팔 공립학교는 주로 네팔어를 사용하며 사립학교는 영어를 사용하고 있다. 또한, 네팔의 학기는 네팔의 새해가 시작되는 4월에 시작하여 익년 3월/4월에 학기가 끝난다. 네팔 초등교육의 경우, 헌법 개정으로 2016년부터 초등교육(5년: 5-9세)에서 의무기초교육(8년)으로 확대되었다. 교육법 개정으로 인해 네팔은 기초교육(8년)을 의무무상교육으로 제공하게 된 것이다. 초등 이전은 의무교육단계로 구분되어 있지 않지만, 취학 전 교육(pre-primary education) 시기로 유아발달센터(early childhood development center) 또는 사립 유치원에 입학할 수 있는 선택권이 주어진다.

네팔의 중등교육의 경우 기존에는 중등교육(7년: 10-16세)과 중등이후 교육(5년: 17-21세)으로 구분되었는데 헌법 개정으로 인해 통합되었다. 중등교육 진학을 위해서 8학년 말 지역단위로 주관하는 시험을 통과해야 하며 이 시기에는 교육 트랙이 분리된다. 2년의 공통중등교육과정 이후, 학생의 선택으로 일반중등학교(Secondary School) 또는 직업기술교육훈련(Technical Schools and Training Institutes)교육을 위한 진학으로 이어진다. 일반중등 교육과정의 경우, 네팔어, 영어, 과학, 수학, 사회, 직업훈련(1개)과 선택과목(소수민족 언어, 외국어 또는 추가 직업훈련과목)으로 구성된다. 직업기술교육훈련 교육과정은 농업, 의학, 임학 또는 공학 등과 같은 교과목에 초점을 맞추고 있다. 그러나 네팔의 직업기술교육훈련 교육과정은 아직 파일럿 단계로 현재 제한된 수의 학교에서만 제공되고 있다. 네팔의 중등교육 대부분은 공립학교(community schools)에서 이루어지고 있으며 사립학교(institutional schools)의 수는 상대적으로 적은 편이다. 그 밖에 마드라사(Madrasah) 아슈람(Ashrams) 등과 같은 종교 기반의 학교와 국제학교들이 있다.

네팔 고등교육의 경우, 학사학위로 시작해서 석사 및 박사과정으로 진행되는데 석사학위 취득 후 박사과정 전에 Master in Philosophy(M.Phil)에 많이 진학한다. 이는, 네팔 학사과정이 3년인 이유로 석사학위가 국제적으로 제대로 인정되지 않기 때문이다(한국국제협력단 ODA 연구원, n.d.). 현재, 네팔에는 고등교육만을 위한 세부적인 정책이 없어 다양한 발전계획 또는 법령 등에 고등교육 관련 내용을 포함하고 있다. 한편, 네팔 고등교육의 특징 중 하나는 대학교의 수가 많지 않으나 대학 내 단과대학 및 캠퍼스가 많아 대학 규모가 상대적으로 큰 편이라는 것이다.

1950년대 기점으로 네팔의 공교육의 역사는 그리 길지 않다. 수도 카트만두를 중심으로 1833년에 설립된 영국계 초등교육기관은 일부 상위계층을 위한 것이었으며 라나스 가족 통치가 종식된 후 민주주의가 싹을 틔우던 1951년에서야 일반인들을 위한 교육기관들이 설립되었으나, 해당 학교들은 인도식 교육 구조나 패턴을 그대로 따라 한 학교들이었다(UNESCO, 2015a; THEAsiaN, 2019). 이와 같은 열악한 교육 여건으로 인해 1950년대 네팔 전체 문해율은 5%였으며 전체 인구의 1% 미만이 학교에 다니고 있었다(Dilas 외, 2018). 특히, 네팔의 보수적인 힌두교 지배사회에서의 차별과 억압으로 인해 여성들은 학교에 다니지 못해 교육받을 기회가 거의 없었다. 이 시기에 네팔에는 고등학교가 22개교뿐이었으며 그중 20개교는 지역사회가 설립 및 운영했는데 네팔 정부는 이처럼 지역사회 파트너십에 의존하며 교육을 지속적으로 성장시켜왔다(World Bank, 2009). 네팔 고등교육기관의 경우, 1959년에서야 네팔 최초 대학교인 트리부반대학교(Tribhuvan University)가 설립되었으며 이는 1986년까지 네팔에서 유일한 대학교였고 여전히 네팔에서 큰 대학 중 하나이다. 1950년부터 이후 60년간 네팔 전국에는 초중등학교가 3만 5,222개, 10개의 종합대학에는 1,400개에 이르는 단과대학과 캠퍼스가 세워졌다(Dilas, Cui & Trines, 2018).

네팔은 1971년 「국가교육개혁계획」과 같은 교육개혁 노력 등의 일환으로 의무 공교육 제도를 갖추게 되었으며 빈곤 가정 출신들도 공교육 혜택을 받을 수 있게 되었다. 현재 교육 분야에서 네팔 정부의 우선순위는 '교육 기회를 확대'하는 것이다. 이에 네팔 정부는 모두를 위한 교육(2004-2009)과 이전 학교 분야 발전계획(2009-2016)에 이어 2016년부터 2023년까지 학교분야발전계획(School Sector Development Plan, SSDP)

을 통해 교육의 접근성과 질을 강화하여 최빈개발도상국 지위에서 네팔을 졸업시키는 것을 목표로 하고 있다(Dilas, Cui & Trines, 2018).

SSPD는 7개년 교육계획으로, 네팔 교육부를 중심으로 정부와 8개 개발파트너 간의 공동자금 조달협정이 체결되어 다양한 이해관계자와 공동계획 및 모니터링하며 네팔교육제도를 지원하는 원조의 한 형태이다(GPE, 2021). SSDP의 핵심 내용은 낮은 학습 수준과 학습 결과의 불평등으로 인한 교육의 질을 개선하는 것이며, 이를 해결하기 위해 네팔의 학습환경, 교수학습 방법, 교육과정, 교과서 및 학습자료, 학생평가 및 시험 시스템 개선 등에 필요한 재원 지원과 기술 자문이다. 네팔은 SSDP를 통해 네팔의 공교육 제도 밖에 있는 아동과 취약계층을 포함하여 모두의 교육 기회를 확대하고 양질의 교육 기회를 제공하고자 한다. 이와 같은 대규모의 국가 단위 사업은 다양한 공여 기관 간의 협력을 통해 가능하며 국가의 교육정책을 기준으로 시행되기에 원조의 적절성과 효과성이 높은 ODA 지원 형태로 볼 수 있을 것이다(안해정 외, 2017).

더 나아가, 네팔 정부는 SSDP 이후를 대비하여 교육분야계획(Education Sector Plan, 2021-2030) 초안을 수립하는 등 지속해서 SDG4 달성을 위한 노력을 기울이고 있다. 이처럼 네팔 정부는 여러 노력의 일환으로 최근 몇 년 동안 교육 접근성 및 형평성을 지속적으로 개선 중이다. 네팔의 초등 및 중등교육단계 등록률 및 이수율뿐만이 아니라, 남녀 간 격차 또한 급격하게 감소하였다. 그러나 여전히 고등교육단계로 올라갈수록 남녀 간 격차가 존재하며 사회 계층 간 및 지역 간 격차가 심화하는 양상을 보인다(한국국제협력단, 2022). 네팔 교육 분야의 주요 현황은 다음과 같다.

우선, 네팔은 전체 인구의 44.2%가 18세 미만으로, 15-49세 노동 가능

인구 비율이 50.6%를 차지하고 있다(한국국제협력단, 2022). 이처럼 풍부한 젊은 노동인구는 네팔의 경제성장을 이룰 수 있는 잠재력을 보유하고 있으나 청년층의 기술 부족, 낙후된 인프라와 기자재, 교사 역량 부족, 산업 수요 및 실용 기술을 제대로 반영하지 못한 이론 중심의 직업기술교육훈련 교육과정 등이 문제로 지적되고 있다(한국국제협력단, 2022). 네팔의 경제성장뿐 아니라 지속 가능한 개발과 빈곤 감소를 위해 네팔 정부는 국내 산업 및 해외 인력 수요에 부응하기 위한 경쟁력 있는 숙련 기술인력 양성, 기술교사 역량 강화, 교육훈련 과정 개선을 위하여 다양한 노력을 추진하고 있으나 여전히 미흡한 상황이다.

네팔 정부의 교육예산 중 고등교육 편성 비중은 약 10% 미만으로 직업기술교육훈련을 포함한 고등교육 역량 강화를 위한 국가 차원의 계획이 부족한 상황이다. 더 나아가 네팔 전체 정부 지출 대비 전체 교육비가 차지하는 비중을 살펴보면 2015년에 비해 최근으로 올수록 감소하는 경향을 보인다. 네팔의 GDP 대비 교육 관련 정부 지출의 경우, 비용이 증가하는 경향을 보이지만 증가율이 미미하다. 앞서 언급한 바와 같이, 네팔 정부는 교육비 지출을 외부 자원과 지역사회 파트너십에 의존하는 경향이 크기 때문에 정부 지출비가 증가하고 있지 않은 것으로 보인다.

네팔 학교 밖 아동·청소년의 현황을 살펴보면, 초등학교 나이의 학교 밖 아동·청소년은 2015년 기준 다소 증가하는 경향을 보이고 있으나 후기 중등교육단계 학교 밖 아동·청소년은 감소하는 경향을 보인다. 전기 중등교육단계 학교 밖 아동·청소년의 경우 증가하는 추세이며 코로나 팬데믹 사태 이후 시기인 2021년에 측정된 수치는 매우 높은 비율을 보이고 있다. 1980년대에 초등학교 연령의 학교 밖 아동·청소년이 41.1%였던 점을 살펴보면, 네팔의 교육 접근성이 대폭 확대된 것으로 볼 수 있을 것이다. 주목할 만한 또 다른 점은 네팔의 초등교육단계 학교 밖 아동·청소년의 경우, 아시아 지역을 포함하여 세계 평균 수준보다 낮은 수치를 보여주고 있다는 점이다.

네팔의 교육 접근성이 확대된 만큼 네팔의 문해율 역시 1980년대부터 꾸준히 증가하였다. 성인 문해율보다는 청소년 문해율의 증가 폭이 더 크며 1980년대 30%에 머물러 있던 청소년 문해율은 2021년 기준 94.18%로 상승했다. 네팔의 청소년 문해율은 세계, 아시아 및 비슷한 소득수준 국가들의 평균 수치보다 다소 높거나 비슷한 수치를 보여주고 있다. 또한, 2021년 기준으로 살펴보면, 네팔 청소년 문해율의 남녀차이에 대한 비율은 1.89%로 상대적으로 적은 차이를 보인다. 그러나 네팔 성인 문해율에 대한 남녀차이는 14.81%라는 다소 큰 차이를 보이고 있으며 세계, 아시아 및 비슷한 소득수준 국가들의 평균 수치보다 낮다.

네팔의 유아교육단계 순 취학률은 증가하는 추세를 보이고 있다. 2015년 85.27%의 취학률이 4.17% 증가하여 2020년에 89.44%가 증폭하였다. 초등교육단계에서부터 후기 중등교육단계의 이수율 또한 지속해서 증가하는 경향을 보인다. 1990년대 기준 초등교육단계 이수율은 20.2%에서 69.23%가 증가한 89.44%(2022년 기준)이다. 네팔의 초등교육단계 이수율은 비슷한 소득수준의 국가들과의 평균 이수율과 비슷하나, 세계 평균 수치와 아시아 지역에 속한 국가 평균 수치보다는 다소 낮은 수치를 보인다. 네팔의 전기 및 후기 중등교육단계 이수율의 경우, 저조했던 수준에 비해 꾸준히 증가하고 있으나 후기 중등교육단계 이수율의 경우, 세계 평균과 아시아 및 비슷한 소득수준 국가들의 평균 수준에 훨씬 못 미치고 있어 개선할 필요가 있어 보인다.

마지막으로, 네팔의 교육단계별 이수율에 따른 성별 비율의 경우, 앞서 이수율이 지속적으로 증가했듯이 여학생 및 남학생 비율 모두 증가하고 있다. 네팔의 여학생 및 남학생 비율을 살펴보면, 후기 중등교육단계의 경우 성별 격차가 다소 낮으나 초등교육단계, 특히 전기 중등교육단계에서의 성별 격차가 낮은 경향이 있다.

다. SDG4 이행 현황 및 주요 이슈

UN SDGs 중 교육목표(SDG4)의 달성 및 이행 현황 중 문해율, 학교 밖 아동·청소년 및 청소년과 교육단계별 이수율은 현황에서 다루었기에 해당 부분에서는 제외하였다. 우선, 초중등교육과 관련해 접근성을 넘어 숙달 기준 달성도를 살펴보자면 네팔의 경우 현재 법적으로 지정된 무상 및 의무교육 기간이 적절하다. 그러나 실제로 아동들이 최소 숙달 수준을 달성하는 비율은 매우 낮은 실정이다. 그리고 영유아 취학률 및 학습 참여율은 지속적으로 개선되어왔으나 여전히 많은 개선이 필요한 상황이다.

그리고 직업기술교육훈련 및 고등교육의 경우, 네팔의 직업훈련 참여 비율 및 고등교육 취학률은 매우 낮은 이행 수준을 보이는 영역이기도 하다. 또한 컴퓨터 관련 활동을 수행할 수 있는 ICT 능력을 갖춘 청소년 및 성인의 비율과 관련해서 역시 네팔은 매우 저조한 이행 수준을 보여주고 있다.

반면 모든 교육단계별 성평등 지수는 점진적으로 개선되고 있는 것으로 확인된다. 또한 문해력과 관련해 앞서 교육 현황에서도 살펴봤듯이, 네팔의 문해율은 점진적으로 개선되어왔다. 그러나 성인 문해력의 경우 그 수준이 다소 낮게 조사되어 여전히 개선이 필요한 영역으로 조사된다.

나아가 학습시설은 네팔의 지리적 특성상 더욱 중요한 목표이자 지표이다. 그럼에도 네팔의 경우 잦은 지진 등에 강하고 안전한 설비를 갖춘 학교가 필요한 상황이나 여전히 학습환경 인프라가 매우 열악한 상황이다. 또한 선진국이나 기타 개발도상국의 직업훈련, ICT, 과학기술 및 공학 분야를 포함한 고등교육에 등록하도록 지원하는 장학금의 확대와 관련해서도 큰 개선의 필요성이 엿보인다. 마지막으로 교사와 관련해, 교육단계별 최소한의 교육훈련을 받은 교사의 비율과 학생 당 교원 비율은 점진적으로 개선되었으나, 훈련받은 교사의 비율을 높여야 하는 과제가 존재한다.

이러한 이행 현황은 네팔의 교육 지표들이 상당 부분 점진적 개선을 보여왔음을 설명한다. 실로 네팔의 교육은 공교육이 시작된 1950년대 이후 상당한 발전을 이루어왔다. 특히, 지난 7년간 네팔은 포용적이고 공평한 양질의 교육을 보장하는 데 있어 어느 정도의 성과를 거두었으나 전례 없는 코로나 팬데믹으로 인하여 네팔 교육 발전에 차질이 생기기도 하였다. 또한, 1934년 이후 최악의 참사로 기록되고 있는 2015년 네팔 대지진은 네팔 교육에 많은 타격을 주었으며 네팔 교육 발전을 더디게 만들었다. 구체적으로, 네팔은 2015년 대지진으로 인하여 500,000개의 집과 9,300개의 학교가 무너졌고 700,000명의 사람이 빈곤 상태로 내몰렸으며 이에 따라 타격받은 네팔 교육시스템은 여전히 느린 속도로 회복되고 있다(Dilas 외, 2018). 최근 들어서 네팔의 개정된 헌법은 교육을 기본권으로 하여 모든 시민은 초등교육까지 무상의무교육을, 중등교육 수준까지 무상교육을 받을 권리가 있음을 명시하고 있으며, 이에 의무무상교육에 관한 법률이 공식화되었지만 지금까지 연방교육법이 제정되지 않고 있다. 이에, SDGs 달성을 위한 네팔의 노력은 학교분야발전계획(School Sector Development Plan, SSDP)을 중심으로 이루어지고 있다.

네팔은 SDG4의 세부 목표 중 모든 교육단계별 취학률, 이수율 및 성평등 지수 등이 점진적으로 개선되고 있다. 네팔에서 SDGs 현황을 자체적으로 보고하고 있는 자료에 따라(Nepal SDGs Forum, 2022) 네팔의 최신 취학률과 그에 따른 성평등 지수를 자세히 살펴보면, 네팔의 기초교육단계인 1-5학년과 1-8학년의 순 취학률은 각각 97.1%(전 학년도 96.5%)와 93.8%(전 학년도 92.7)로 계속 증가하고 있다. 기초교육단계(1-8학년) 순 취학률의 성평등 지수는 0.98로 이전 학년도(2018-2019학년도)와 같은 수준으로 유지되었으며 중등교육단계인 9-12학년의 순 취학률 성평등 지수는 1.01, 9-10학년은 1.01, 11-12학년은 1.03으로 나타났다. 중등교육단계 순 취학률의 성평등 지수는 전년도 대비 동일한 수준으로 유지되었으나 이는 비슷한 비율의 아동・청소년이 지속적으로 해당 교육기관에 취학 중인 것으로 볼 수 있을 것이다. 중등교육단계의 취학률 또한 마찬가지로 9-12학년 전체 중등교육단계 여아 취학률이 전년도 50.4%에서 51.3%로 증가하였으며 후기 중등교육단계의 여아 취학률은 전년도 50.7%에서 53.1%로 증가하였다(UIS, 2022).

교육단계별 이수율의 경우, 초등교육단계는 81.70%, 전기 중등교육단계는 71%이며 후기 중등교육단계는 36.1%로 지속적으로 증가하였다(UIS, 2022). 네팔의 교육단계별 이수율에서 주목할 만한 점은, 성별에 따른 이수율이다. 네팔의 모든 교육단계별 이수율은 남아보다 여아 비율이 더 높은 것으로 나타나고 있기 때문이다. 그러나 교육단계가 올라갈수록 전체적으로 이수율이 낮아지며 후기 중등교육단계의 경우, 2020년 기준 36.1%밖에 안 된다(UIS, 2022). 더 나아가 네팔의 취약계층인 소수민족 학생 비율을 살펴보면, 2019-2020학년도의 최하층민 학생(카스트제도 4개 신분에 속하지 못하는 불가촉천민으로 분류되는 달리트, Dalit)의 비율이 전 학년도 7%에서 8.7%로 약간 증가하였으나 10% 미만으로 집계되고 있다. 그러나 극도로 소외된 소수민족인 자나자티(Janajati) 학생 취학률은 전년도 대비 급하락하였으며 이들의 취학률은 30% 정도로 나타나고 있어 취약계층 간 격차는 여전히 큰 것으로 나타났다.

이처럼, 네팔은 취학률, 문해율 및 성평등 지수와 같은 교육 분야에서의 점진적인 성과에도 불구하고 여전히 해결해야 할 과제가 많다. 네팔이 당면한 교육 관련 주요 문제점들은 취약계층의 교육 접근성 확대 및 형평성 개선과 교육의 질 향상으로 볼 수 있을 것이다. 특히, 네팔은 지리적 특성, 사회·경제적 격차와 다양한 민족 구성으로 인한 빈곤, 사회적 배제 및 차별 등의 문제점 개선 등이 시급한 상황이다.

네팔에서는 여전히 많은 이들이 형식 교육을 받지 못하거나 해당하는 교육단계 수준의 교육을 마치지 못하고 있다. 특히, 국가 전체수준에서의 성인 문해율은 2021년 기준 65세 이상은 26.26%이며 25-64세는 66%로 매우 낮으며 문맹인 대부분은 소외되고 박탈된 소수민족 출신들로 구성되어있다(UIS, 2022). 네팔의 종교적 소수자를 포함하여 달리트와 자나자티 등과 같은 소수민족 학생들의 교육 취학률 또한 매우 저조한 상황이다(Nepal SDGs Forum, 2022). Nepal MoEST(2021)에 따르면, 전체 학생 중 달리트 학생의 기초교육단계 취학률은 2019학년도 20%에서 2020학년도에 19.5% 감소했으며 자나자티 학생의 취학률 또한 2019학년도 대비 급감하였고 이들의 취학률은 평균 30% 정도밖에 안 된다(Nepal SDGs Forum, 2022). 장애 학생의 교육 접근성 또한 매우 저조하다. 네팔에서 장애 학생을 위한 인프라와 설비를 갖춘 초등학교 및 전기·후기 중등학교 비율은 각각 40.28%, 33.08%, 66.65%(UIS, 2022)로 나타났으며 장애 학생의 전체 교육단계 등록률은 16%밖에 안 되고 학년이 올라갈수록 높은 비율의 장애 학생이 중퇴하고 있는 것으로 나타났다(UNESCO, 2021a). 네팔의 이러한 교육격차는 코로나 팬데믹으로 디지털격차까지 더해져 더 심화하였으며 특히 저소득가정과 장애아동 및 청소년이 취약해진 상황이다.

전반적으로 네팔은 교육단계별로 차이는 있으나 취학률과 이수율이 점진적으로 확대되었으며 성별 격차 또한 크지 않은 것으로 확인된다. 학교 밖 아동·청소년의 비율 또한 2017년 이후 3년간의 데이터가 누락되었지만 2022년 기준과 비교 시, 후기 중등교육단계 학교 밖 여아 비율을 제외하고 모두 다 향상된 것으로 나타났다(UIS, 2022). 이에, 네팔의 취학률과 이수율뿐만이 아니라 학교 밖 아동·청소년 비율도 점진적으로 감소하는 추세지만 네팔 교육의 질적인 측면은 개선이 시급해 보인다. 특히, 네팔의 학업성취도가 매우 저조한 실정이다. 구체적으로 살펴보면, 네팔의 초등교육 졸업 단계에서 수학 분야 최소 숙달 수준을 달성하는 아동 비율은 2019년 기준 19.70%밖에 안 되며 해당 아동 중 여아 비율은 14.40%이고 남아 비율은 24.50%로 학업성취도 측면에서의 성별 격차가 매우 크게 나타났다. 같은 교육단계에서 읽기 관련 최소 숙달 수준을 달성하는 아동 비율의 경우, 19.90%밖에 안 되며 여아 비율은 19.70%이고, 남아 비율은 20%로 수학만큼의 성별 격차는 안 나타나지만 전반적으로 학업성취도가 매우 저조한 것으로 확인된다. 네팔은 최소한의 학업성취도를 보장하기 위해 교육환경 개선과 교육의 질 향상을 위한 노력이 필요한 상황이다. 한편, 학업성취도 보장을 위한 교육환경 및 교육의 질 향상은 국가 거버넌스와도 연관되는 문제이다. 이에, 네팔은 먼저 정치 안정화를 통해 2023년 현 정부의 주요 국정과제로 추진할 계획인 연방교육법을 도입하여 개정된 헌법을 원활하게 제정할 필요가 있을 것이다.

라. SDGs 달성을 위한 도전과제

주요 이슈 부분에서 언급된 교육 관련 주요 문제점들을 개선하기 위해서 네팔은 취약계층의 교육 접근성 확대 및 형평성 개선과 교육의 질 향상에 더욱 집중할 필요가 있을 것이다. 네팔의 취약계층의 접근성 및 형평성 개선을 위해서 가장 먼저 개선되어야 할 부분은 네팔 정치 체제 안정화 및 네팔 연방교육법 제정이다. 앞서 이야기했듯이, 네팔의 정치적 불안정과 분열로 네팔 정부가 지방정부에 권한을 부여하는 법률 등 연방제도 운영에 필요한 법률이 여전히 미비한 상황으로 네팔 교육시스템이 과도기에 놓여있어 교육 발전이 저해되고 있다. 네팔의 개정된 헌법에서 교육을 기본권으로 하여 모든 시민은 초등교육까지 무상의무교육을, 중등교육수준까지 무상교육을 받을 권리가 있음을 명시했듯이, 모두를 위한 교육을 모두에게 원활하게 제공하기 위해서는 개정된 헌법에 따른 연방교육법이 제정되어야 할 것이다.

네팔의 교육 발전을 저해하는 또 다른 이유로는 2015년 대지진과 코로나 팬데믹뿐만이 아니라 뿌리 깊은 카스트 제도로 인해 고도로 계층화되어있는 네팔 사회문화를 들 수 있을 것이다. 네팔은 인구의 44.6%만이 네팔의 공용어인 네팔어를 모국어로 사용하고 있으며 상위의 카스트 힌두 엘리트들이 백여 개의 다양한 언어를 사용하는 소수민족으로 구성된 다문화 사회를 지배하고 있다(Dilas, Cui & Trines, 2018). 이에 달리트를 포함하여 여러 소수민족 등의 취약계층은 교육을 포함한 사회적 기본서비스에 대한 접근성이 낮고 네팔 사회에서 소외되고 있어 네팔의 계층 및 지역 간 분열과 격차가 클 수밖에 없다. 네팔과 같이 문화·종교적으로 다양하고 분열된 국가에는 연방주의가 최적의 정부형태라는 데 많은 전문가가 동의하고 있다(Dilas, Cui & Trines, 2018). 이에 네팔 사회에서는 정치 체제 안정화를 통한 교육개혁 추진이 가장 중요한 도전과제가 될 것이다. 더 나아가 연방교육법이 원활하게 적용되기 위해서는 관할 학교를 관리・감독할 수 있는 지방정부의 역량강화와 협력관계 구축이 중요할 것이다.

더 나아가 네팔 정부는 정치 안정화를 통한 교육개혁 추진뿐 아니라, 교육 분야에 대한 지출・투자 비용을 확대할 필요가 있다. Nepal SDGs Forum(2022)에 의하면, 네팔이 최소 20% 이상의 예산을 교육 분야에 배분하도록 권고하고 있다. 현재 네팔의 전체 정부 지출 대비 교육비는 2015년 기준 15%였으며 2022년에는 12.44%로 감소하였다. GDP 대비 교육 관련 정부 지출을 살펴보면, 2015년 3.29%였으며 2020년에는 4.18%로 증가하였으나 최신 수치는 누락된 상황이다(UIS, 2022). 네팔의 지역별 교육비 예산을 살펴보면, 한 지역을 제외하고 나머지 지방의 교육비는 전체 예산의 5%를 초과하지 않고 있다(National Campaign for Education Nepal(NCE Nepal), 2021). 이런 이유로, 네팔의 교육 분야는 상당 부분 외부 파트너십에 의존하고 있다. 그러나 민간 부문에서의 지나친 의존도는 네팔 교육의 질에 영향을 끼치며 또 다른 계층화를 고착시키는 효과가 있어 주의가 필요할 것이다(Gellner & Adhikari, 2020).

네팔에 주어진 주요 과제 중 두 번째는 교육의 질 향상이다. 교육의 질을 나타내는 지표 중에는 교사와 학습환경, 학생의 학업성취도 등이 대표적으로 사용되고 있는데(안해정 외, 2017) 네팔의 해당 지표들은 모두 저조하다. 앞서 강조했듯이 그중에서도 특히 네팔 아동 및 청소년의 학업성취도는 매우 낮으며 이들의 최소한의 학업성취도를 보장하기 위해서는 학습환경과 교육의 질이 개선되어야 한다(Nepal SDGs Forum,

2022; UIS, 2022). 네팔의 교육시설은 여전히 매우 열악하여 책상과 의자를 포함하여 교실이 부족하며 정부에서 제공하는 교과서가 유일한 교육자료이지만 그마저도 부족한 상황이다(버뱅크, 2005). 네팔 교육의 최소한의 질 향상을 위해서는, 먼저 재난에 강하고 안전하며 장애 친화적인 인프라를 갖추어 취약계층을 포함한 모두를 위한 학습환경으로 개선할 필요가 있다.

교육의 질 향상에 영향을 미치는 요인으로 다국어 언어 사용, ICT 활용 교육 등과 같은 학습환경도 들 수 있다(안해정 외, 2017). 네팔은 모국어로서 다양한 소수민족 언어를 사용하는 인구 비율이 높은 데 비해, 학교교육에서는 공용어인 네팔어를 사용하고 있어 학생들의 학습효과가 떨어지고 이에 따라 교육과정에서 소외되는 이들이 많다. 게다가, 네팔 헌법은 네팔에서 사용되고 있는 모든 소수민족 언어를 공식 언어로 인정하고 있어 모든 아동과 청소년은 자신이 속한 민족어로 교육을 받을 권리가 있음을 명시하고 있으나 해당 언어로 교육받을 기회와 여건이 부족한 실정이다(INLEPS, n.d.). 이런 맥락에서 네팔은 다문화 교육에 대한 제도적 지원이 필요하나 다국어 사용 관련 문제를 해결하기 위한 논의는 부족한 실정이다. 또한, 학습환경 개선을 위한 네팔의 ICT 활용 교육 관련해서는 ICT 설비 확대, ICT 활용을 위한 교사 역량 강화 및 교과과정 발전 등 모든 부분에 대한 지원이 필요한 상황이며 이는 네팔 정부 SDGs 이행을 위한 도전과제 중 하나로 명시되어있다.

더 나아가 교육의 질 향상에 주요한 요인인 교사 역량 강화에 대한 지원이 더 필요할 것이다. 세계현황보고서는 교육의 질 제고와 관련하여 지속적으로 교사의 역할을 가장 중요한 요인으로 강조해 오고 있으며 교사 관련 지표 중 가장 대표적인 '교사 1인당 학생 수'와 더불어 '훈련된 교사 1인당 학생 수'와 같은 지표로 교육의 질을 평가하고 있다(안해정 외, 2017). 이에, 네팔 교사 비율을 살펴보면, 초등교육단계에서 최소한의 교직 훈련을 받은 교사의 비율은 97.22%, 전기 중등교육단계는 85.99%이며 후기 중등교육단계의 비율은 43.1%이다(UIS, 2022). 학생당 교원 비율의 경우, 초등교육단계는 17.76, 전기 중등교육단계는 35.28이며 후기 중등교육단계는 31.62이다(UIS, 2022). 한편, 네팔 정부에서 정책적으로 교사들에게 교사 연수 제도 의무화 등 교사 자격 기준을 대폭 강화한 노력 등으로 인하여 교사 1인당 학생 수 지표가 1999년에는 260 대 1이었던 점을 고려하면 네팔 교육의 질은 대폭 향상되었지만, 여전히 교육단계별, 계층 및 지역별 격차가 크다(안해정 외, 2017; UNESCO, 2015b).

네팔은 교육의 다양한 부분에 있어서 점진적인 성과를 이루어왔으나, 지리적 특성과 다양한 민족 구성으로 인한 사회・경제적 격차가 그대로 교육 기회 및 학업성취도에 투영되고 있다(UIS, 2022). 따라서 네팔은 공평한 양질의 교육을 보장하기 위해서는 무엇보다 더 많은 취약계층을 포용할 수 있는 교육 여건을 조성하기 위한 노력이 필요하다. 이에 네팔은 Nepal SDGs Forum(2022)과 National Planning Commission of Nepal(2021)에서와 같이, 공평한 교육의 접근성과 양질의 교육을 위한 몇몇 개의 도전과제를 자체적으로 명시하고 있다. 해당 도전과제 중 학업 기회와 성취도가 상대적으로 낮은 아동과 청소년들에게 질 높은 교육뿐만이 아니라 그들의 삶과 연관된 학습과 훈련을 지원할 수 있어야 한다고 명시되어있다. 이런 맥락에서 소외된 계층에게 고용기회를 장려하기 위해 지역사회 아동 및 청소년(특히 여성) 대상의 직업기술교육훈련 지원을 확대해야 할 필요가 있음을 강조하고 있다. 이러한 직업기술교육훈련을 보장하기 위해서는 무엇보다 직업기술교육훈련 분야에 적절한 자원을 배분하고 교과과정에 관련 교육 내용을(기술교육훈련 트랙 확대) 포함할 것을 명시하고 있다(Nepal SDGs Forum, 2022; National Planning Commission of Nepal, 2021). 더 나아가, 다양한 지역문화와 관련된 교육콘텐츠를 형식 및 비형식교육과정에 반영 및 통합함으로써 상호 이해관계를 촉진하기 위한 노력은 취약계층에게 적절하고 의미 있는 양질의 교육 기회를 제공하는 데 기여할 것임을 권고하고 있다. 이처럼 네팔의 교육은 점진적으로 진전하고 있지만 여전히 해결해야 하는 교육과제가 많다. 그러나 네팔 또한 이와 같은 문제점을 인지하고 이를 개선하기 위한 방안들을 자체적으로 선언하고 있어 네팔의 교육은 지속적으로 진전될 여지가 있어 보인다.

제 3 부

양질의 교육 실현을 위한 아시아적 전망

1. 양질의 교육 프레임워크
2. 아시아 교육발전 분석틀로서의 SDG4와 세 가지 교육접근법
3. 아시아 개발도상국의 교육발전 종합 분석
4. SDG4 달성을 위한 국가별 주요 이슈
5. SDG4 달성과 지역격차
6. 아시아 개발도상국의 교육발전 전망

본서에서 논의하고 있는 교육과 발전에 대한 담론은 2부에서 정리한 국가별로 '교육의 질' 혹은 '양질의 교육'을 구현하기 위해 어떤 접근을 취하고 있는지를 살펴보고자 한다. 따라서 각 국가들의 교육현황과 교육시스템 및 교육현안들을 살펴볼 것이다. 각 국가들마다의 문화의 차이와 사회가 직면하고 있는 문제들과 처한 상황들로 인해 통일된 방식으로 각 국가의 보고서가 준비될 수는 없으나 이번 3부에서는 각 국가들이 양질의 교육을 논의하는데 활용이 될 수 있는 주요한 개념적인 분석 프레임워크(들)에 대해서 아래와 같이 설명한다. 이를 기반으로 본서에서 기술한 아시아 개발도상국에서의 '모두를 위한 양질의 교육' 향상을 위한 전망을 제시하고자 한다.

1. 양질의 교육 프레임워크

'양질의 교육'에 대한 국제적인 담론은 1990년 좀티엔에서 열린 1990년 WCEFA(World Conference on Education For All)에서부터 일반적으로 기본교육, 특히 초등교육에 대한 접근성을 확대하는 데 중점을 두어왔다. 그리고 이러한 양적 확대는 분명히 1980년대 개발도상국들의 1/4이 넘는 국가들에서 지속되어온 초등학교 등록률 감소에 대한 반응이었다. 그러나 2000년 이후 '양질의 교육'에 대한 개념은 2000년 다카르 행동강령에서 공식화된 명시적인 목표에 따라 국제교육의 담론으로 형성되었다. 이는 1990년대에 국제사회의 교육지원 사업의 주요 지원 방향이었던 초등교육에 대한 접근 확대라는 양적 중심의 교육 기회 확대에 중점을 두며 진행된 결과로 인해 2000년 이후 '양질의 교육'이라는 개념에 더욱 관심을 갖게 된 상황과 맥락을 같이할 수 있다고 말할 수 있다.

이러한 환경 속에서 2015년 UN의 SDG4가 발표되기 이전까지 국제사회가 글로벌 교육 아젠다로 EFA와 MDGs를 추진하는 과정에서도 '양질의 교육'이라는 논의에서 말하고자 하는 '양질의 교육'이 실제로 무엇을 의미하는지에 대한 다양한 논의를 진행하였고 단일정의나 접근방식이 아닌 다양한 개념화와 다양한 접근방식을 추진하였다. 특히 UNESCO는 전 세계 교육 발전을 위한 조직의 노력을 구성하기 때문에 회원국들의 교육발전을 지원하는 데 있어 '양질의 교육'이라는 개념이 중요하였다. 특히 EFA 목표를 추진하는 과정에서 지속적으로 진행 상황을 모니터링하면서 개발된 개념화에 초점을 맞추어 왔고, 학습의 질과 교육시스템의 성과를 더 잘 이해하고 조사하기 위해 제시된 다양한 접근법에 대해 설명하고 있다. 이번 제1절에서도 UNESCO가 논의하고 있는 세 가지 프레임워크들인 1) 학습자 중심 접근법, 2) 입력-과정-출력 접근법, 3) 다차원적인 사회 상호작용 접근법들에 대해 다음과 같이 설명을 할 수 있다.

'학습자 중심 접근방식'은 학습을 '양질의 교육'이라는 프레임의 중심에 두고 아동권리 관점에서 진행하는 유니세프의 접근 방식으로 설명될 수 있다. 이러한 '학습자 중심 접근방식'보다 좀 더 기술적이고 합리적인 '입력-과정-출력 접근방식'은 산업적 관점에서 교육이라는 '제품'의 품질과 교육시스템의 '성과'를 평가하는 모델로 사용되었다. '다차원적 사회적 상호작용 접근방식'은 교육을 공공재로 분석하는 사회학적 접근으로, 특정 맥락에서 다양한 이해관계자 그룹의 관점을 통합하여 교육 구성에 대한 합의를 이끌어내는 지속적인 과정이다. '양질의 교육'에 대한 분석을 위해 설명하고자 하는 세 가지 프레임워크들에 대한 설명을 다음과 같이 할 수 있다.

가. 학습자 중심 접근법(The Learner Center Approach)

첫 번째 접근법인 '학습자 중심 접근법'은 '양질의 교육'에 대한 생각의 중심에 학습을 위치시킨다는 점에서 학습자 중심으로 정의될 수 있다. 특히 인권과 아동의 권리를 중요하게 생각하고 있는 이 접근 방식은 교육 및 교육 경험에 대해 포괄적인 접근방식으로 다루게 되어 권리 기반 프레임워크로도 설명이 될 수 있고 이는 학습 기회에 대한 모든 장벽을 적극적으로 제거해야 할 뿐만 아니라 학습 경험 자체가 본질적인 가치가 있으며 아동 권리를 증진한다는 점에 주목을 하고 있다. 따라서 '학습환경에서 학습자의 수준'과 학습경험을 생성하고 지원하는 '교육시스템의 수준'을 명확하게 구분하여 교육 및 학습 방법, 학습환경, 조직적인 차원의 교육시스템으로 구성하고 있다.

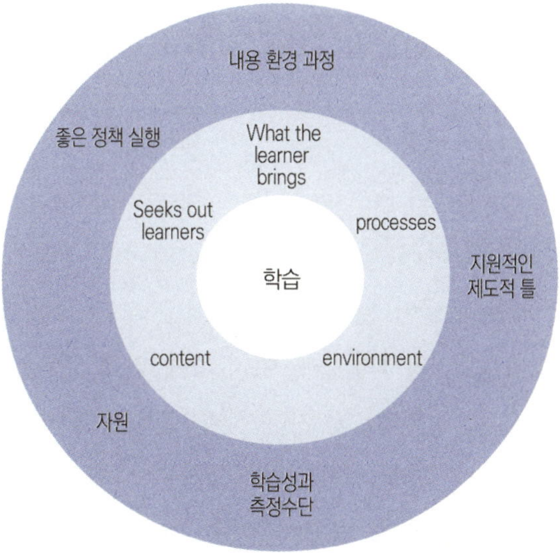

출처: UNESCO, 2005

[그림 3-1] 양질의 교육 프레임워크

'학습자 중심 접근법'에서 다루고 있는 '양질의 교육'에 대한 기준은 다음의 4가지 측면을 강조하고 있다. 1) 포용과 평등: 아동의 평등권, 다양성 존중, 성평등. 2) 효과적인 교육 및 학습: 교사의 동기부여 및 지원 시스템, 교육과정, 학습자 중심의 교육 및 학습 방법. 3) 안전하고 건강한 생산적인 학습환경: 기술기반 안전교육, 건전한 성장기준, 체육교과목 편성 등. 4) 학교 운영에 대한 참여와 조화: 학생 및 교사 참여, 가족-공동체 및 학교 파트너십, 학교 리더십 포함. '학습자 중심 접근법'은 UNICEF(2005)가 제안하고 있는 아동친화적인 학교(CFS) 프레임워크의 핵심으로 적용이 되어 특히 저소득 국가들에서는 초등학교 교육 기회 확대에 초점을 맞추는 경향이 있기에 이 프레임워크를 통해 양질의 교육에 대한 포괄적인 이해를 제공하고, 학습자의 다양성과 맥락적 영향을 인식하는 통합적인 접근방식을 제공해오고 있다.

나. 입력-과정-출력 접근법(The Input-Process-Output Approach)

'입력-과정-출력 접근법'은 교육이라는 '제품'의 품질과 교육시스템의 성과를 측정하는 츨정하려는 교육 생산의 산업적인 관점에서 기인한 기술적이고 합리적인 모델이다. 이 접근 방식은 모든 교육과정의 결과의 특성(산출물, 교육성과, 영향력)들이 여러 가지 입력 요소(학습자의 특성, 교육과정, 교사 및 학교 환경) 및 기타 상황적인 요인들에 따라 달라진다는 접근을 하고 있다. 특히 이러한 접근방식은 세계은행의 비전에 기인하여 학교수준에서 효율성을 결정하는 요소를 식별하는 모델을 제안하고 학교 환경뿐만 아니라 교수 및 학습과정 모두를 형성하는 '활성화 조건'(예를 들어, 효과적인 학교 리더십 및 유능한 교사)와 관련된 요소를 강조한다. 그리고 학교 내의 이러한 '활성화 조건'들은 다음과 같은 '입력'에 따라 달라진다고 설명이 된다. 학부모와 지역사회의 지원, 교육과정 및 교육/학습 자료, 시설 등이 해당된다. 끝으로 '학교 효율성'은 궁극적으로 학생의 참여, 학업 성취도, 사회적 기술 및 경제적 성공 측면에서 결과를 통해 평가가 된다.

2002년 최초의 글로벌 모니터링 보고서(GMR)에서 제안하고 있는 프레임워크는 이러한 '입력-과정-출력 접근법'을 기반으로 교실, 학교 및 국가 교육 정책의 수준을 명확하게 구분하여 설명하였으며 최초의 모델은 2005년 '양질의 교육' [그림 3-2]와 같이 GMR(2005) 모델을 통해 설명될 수 있다.

GMR(2005) 프레임워크는 일반적인 입력-과정-출력 프레임워크를 변형하여 다음의 5가지 기준들을 통해 '양질의 교육'에 대한 설명을 하고 있다.

'학습자 특징'은 교육과정의 효율성을 크게 결정하는 학습자와 가정의 특성을 포함하고 있으며 여기에는 학습자의 적성, 건강, 성별, 인내심, 학교에 대한 준비, 사전 지식, 가족 및 학습에 대한 사회경제적 장애물 같은 특성을 포함하고 있다. '활성화 요인'은 프레임워크 내에서 중앙에 위치하며 교수학습 방법, 실제 교육 시간, 평가 방법, 평균 학급 규모, 교육 언어 및 수업관리 전략과 같은 필수적인 교육학적 요소들을 포함하고 있다. '맥락'은 교육 및 교육에 직접적인 영향을 미치고 형성하는 다양한 다음의 요소들로 인프라 및 장비, 교육과정, 강의 계획서, 교과서 및 기타 교육자료, 교사, 학교장, 관리자의 교육 및 동기 부여, 학교 관리 양식과 같은 학습과정 및 학습환경을 포함하고 있다. '결과'는 학습과정을 통해 문해력 및 산술 능력, 생활에 필요한 기술, 창의성 및 정서, 가치, 다양성 존중 및 사회적 응집력, 사회적 복지 및 사회발전에 미치는 영향들을 말하고 있다. 끝으로 '맥락'은 교수/학습 과정의 역동성을 이해하기 위해 지역 맥락의 사회적, 문화적, 경제적, 정치적 차원을 고려하는 요소들을 포함하고 있다.

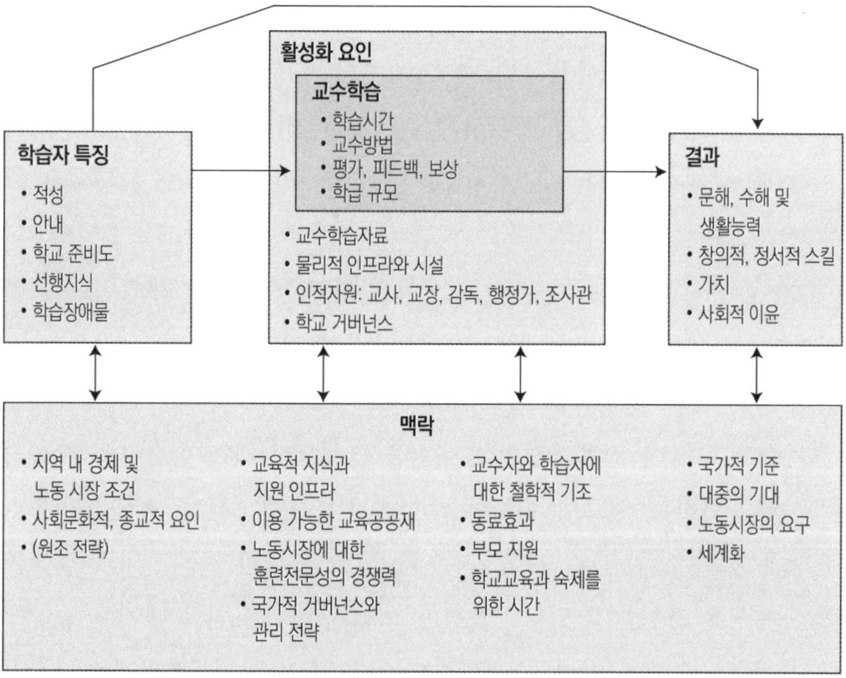

출처: GMR, 2005

[그림 3-2] 교육의 질 프레임워크

다. 다차원 사회 상호작용 접근법(The Multidimensional Social Interaction Approach)

마지막으로 설명되는 '다차원 사회 상호작용 접근법'은 '입력-과정-출력 접근법'을 개선하고자 교육시스템의 품질을 모니터링하는 데 도입이 되는 분석 프레임워크들을 테스트하면서 '양질의 교육'을 광범위하게 개념화하여 설명하고 있다. '양질의 교육' 본질을 정량화할 수 있는 '교육성과'의 개념이 모든 교육자들에게 공유되지 않는 상황에서, '입력-과정-결과' 모델의 도구적이고 합리적인 방식을 초월하기 위해 더 넓은 사회적 접근 방식을 채택해야 한다고 주장한다. 공공재로서의 교육이라는 비전을 바탕으로 이러한 사회적 접근방식은 교육의 다양한 차원과 국가교육시스템의 목표에 대해 이해 관계자 간의 합의나 사회적 계약을 지속적으로 재정립하는 과정에서 상호작용 역학에 초점을 맞추고 있다.

[그림 3-3]에 해당하는 Tikly(2010)의 양질의 교육 모델에서는 교육에 관련된 다양한 이해관계자(학습자, 부모, 교사, 정부 등) 사이에 가능한 다른 가치에 기반을 두고 있는 분석 프레임워크로 이러한 접근 방식에서 교육의 질 문제는 역사적, 사회경제적, 정치적, 그리고 주어진 교육시스템이 운영되고 있는 문화적 맥락, 불평등의 악화 재생산 또는 축소, 특히 성별, 소득, 소수자 지위 등을 다루게 된다. 특히 '다차원 사회 상호작용 접근' 프레임워크에서는 첫 번째 교육 정책을 형성하는 맥락적 요인(역사적, 사회경제적, 정치적, 문화적)을 중요하게 생각하고, 두 번째 교사를 포함한 지역 이해관계자의 관점은 주어진 맥락에서 '양질의 교육'을 이해하는 데 핵심적인 작용을 하게 되어 실제로 교육의 질을 향상시키려는 모든 시도에서 지역 수준의 이해관계자들의 인식을 고려하는 부분을 중

요하게 강조하고 있다. 이 모델에서는 '양질의 교육 문제'를 정책, 가정, 지역사회, 학교 활성화 환경을 정의하는 요소들이 교차하는 중심에 위치시키고 있으며 이는 [그림 3-3]을 통해 확인할 수 있다.

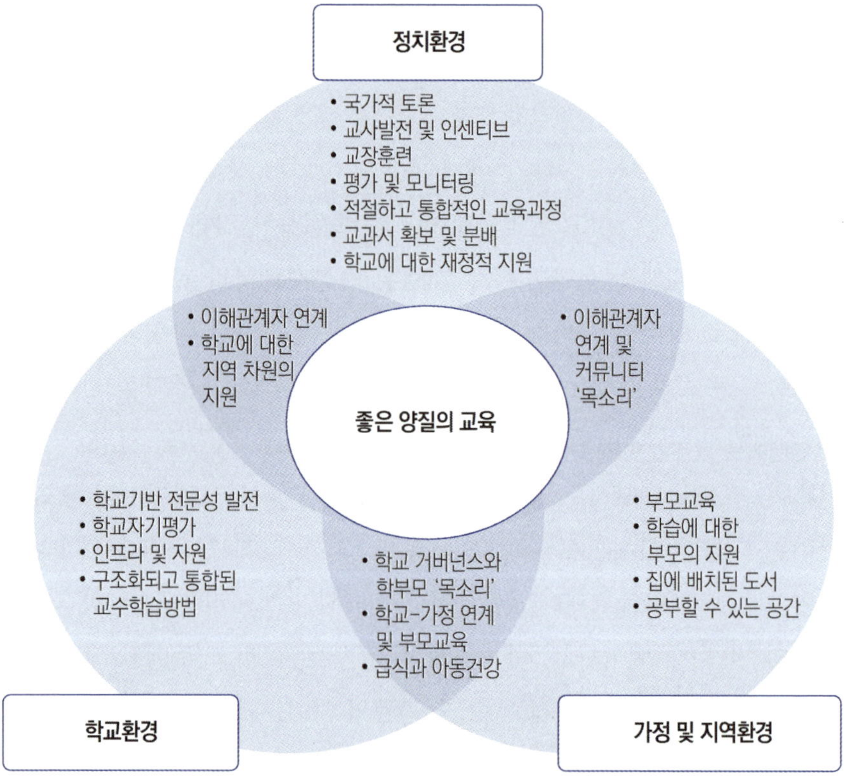

[그림 3-3] Tikly 양질의 교육 모델

앞서 기술한 바와 같이 2000년 이후 양질의 교육에 대한 담론은 UNESCO의 학습자중심 접근법과 세계은행의 입력-과정-출력 접근법, Tikly(2010)의 다차원 사회 상호작용 접근법과 같이 다양한 접근법들을 통하여 발전

되어 왔다. UNESCO의 학습자중심 접근법은 학생들의 개별적인 필요와 관심사에 초점을 맞추어 학습동기를 증진하고 학습의 질을 향상시키는 접근법이지만 모든 학생들에게 개별적인 관심을 기울이기 위해서는 상당한 자원과 교사의 시간이 필요하다는 전제조건이 필요하며 이는 자원이 부족한 환경에서는 실행하기 어렵다는 한계점을 지니고 있다.

GMR(2005)에서 채택하고 있는 입력-과정-출력 접근법은 교육시스템의 모든 측면(입력, 과정, 출력)을 포괄적으로 고려하여 교육의 효과성을 객관적으로 평가할 수 있지만 이러한 접근법은 종종 양적 지표에만 중점을 두며, 학습자의 주관적 경험이나 교육의 질적 측면을 간과할 수 있다는 한계가 있는 반면, Tikly(2010)의 다차원 사회 상호작용 접근법은 교육을 다차원적 사회적 상호작용으로 보고, 문화적, 경제적, 정치적 맥락을 고려하여 교육정책이 지역사회의 특성을 반영하여 추진되어야 한다는 부분을 강조하고 있다. 하지만 이와 같이 복잡한 사회적 상호작용을 고려하는 것은 정책 결정과 실행을 복잡하게 만들 수 있으며 구체적인 평가 기준 설정을 어렵게 한다는 비판을 받는다.

이렇게 다양한 접근법으로 '양질의 교육'에 대해 논의해 온 교육 분야의 담론은 EFA, MDGs 그리고 2015년 SDGs까지 이어져왔고, 2015년 UN SDGs의 네 번째 목표인 SDG4는 '모두를 위한 양질의 교육 보장 및 평생학습 기회 증진'을 목표로 하고 있으며 앞서 기술하였던 세 가지 접근법의 다양한 요소들을 포함하고 있다. SDG4는 학습자 중심 접근법에서 강조하고 있듯이 모든 학습자의 잠재력을 최대한 발휘할 수 있는 포괄적이고 공평한 교육환경 조성을 강조하고 있으며, 입력-과정-출력 접근법이 보여주고 있는 교육의 질을 향상시키기 위한 구체적인 목표와 지표 설정에 중점을 두어 SDG4의 하위목표들 그리고 측정지표들을 포함하고 있다. 또한 다차원적 사회적 상호작용 접근법이 강조하고 있는 다양한 문화적, 경제적 맥락에서 교육의 효과성을 고려하며, 지역 사회의 특성을 반영하는 교육정책의 중요성을 포함하고 있다.

특히 Tikly(2010)가 말하고 있는 다차원적 사회 상호작용 접근법은 학습의 질, 교육 접근성, 평등성, 지속 가능성을 중심으로 하며, 학생중심의 교육, 교육내용의 현지화, 기술의 통합을 강조한다. 그리고 SDG4에서도 Tikly(2010)의 접근법이 강조하는 부분들을 기반으로 모든 사람에게 포괄적이고 공평한 양질의 교육을 제공하고 평생학습의 기회를 증진하는 것을 목표로 교육의 질, 평등성, 지속가능성을 강조하고 있다. 아시아 국가들은 다양한 경제적, 문화적 배경을 지니고 있어 각 국가들이 처한 교육 발전의 필요성과 도전과제들이 다르기 때문에 본서에서는 앞서 기술한 교육의 질, 접근성, 평등성, 지속가능성을 종합적으로 평가하는 지표를 SDG4로 활용하여 국가별 교육 정책, 인프라, 학생의 학습 성과들을 살펴보고자 한다.

종합적으로 이 절에서 소개하고 있는 양질의 교육을 논하기 위해 등장했던 세 가지 교육 접근법들이 강조하고 있는 개념적 초점, 각 접근법들의 장점과 도전과제 그리고 다양한 맥락에서의 적용과 자원적 함의 및 개발도상국의 교육발전을 분석하거나 측정함에 있어 적합성, 끝으로 정량적 및 정성적인 분석 가능성에 대한 종합적인 내용들을 〈표 3-1〉과 같이 정리하였다.

〈표 3-1〉 양질의 교육에 대한 세 가지 교육 접근법 비교 분석

기준	학습자 중심 접근법 (UNESCO, 2006)	입력-과정-출력 접근법 (GMR, 2005)	다차원 사회적 상호작용 접근법(Tikly, 2010)
강조되는 개념적 초점	• 학습자의 요구, 경험, 관심사를 우선시함.	• 교육시스템 내의 자원(입력), 과정(과정), 결과(출력)에 초점을 맞춤.	• 교육을 더 넓은 사회경제적, 문화적, 정치적 맥락 안에서 고려함.
장점	• 학습자의 참여와 동기를 강화함; 개인화된 교육을 허용함.	• 교육 생태계에 대한 종합적인 청사진을 제공; 체계적인 평가를 용이하게 함.	• 더 넓은 사회경제적 요인을 고려함; 다양한 문화적 맥락에서 매우 적합함.
도전 과제	• 상당한 자원과 훈련된 교육자가 필요함; 자원이 부족한 환경에서 구현하기 어려움.	• 학생의 복지와 같은 질적 측면을 간과할 수 있음; 복잡한 교육 결과를 완전히 포착하지 못할 수 있음.	• 구현하기 복잡함; 평가를 위한 명확하고 정량화된 지표가 부족할 수 있음.
다양한 맥락에서의 적용	• 학생들을 참여시키는 데 효과적이지만, 다양하고 자원이 부족한 환경에서는 일관되게 구현하기 어려움.	• 구조적 평가에 유용하지만, 문화적 다양성을 완전히 포착하지 못할 수 있음.	• 사회경제적 다양성에 부합하지만, 주의 깊은 구현과 모니터링이 필요함.
필요한 자원적 함의	• 높음 - 효과적인 구현을 위해 광범위한 훈련과 자원이 필요함.	• 중간 - 포괄적인 데이터 수집과 분석을 위한 자원이 필요함.	• 높음 - 교육에 대한 사회문화적 영향을 이해하기 위한 심층 분석과 모니터링을 위한 자원 필요함.
개발도상국에서의 적합성	• 자원 요구 사항으로 인해 구현하기 어려움; 현지 맥락에 맞게 적용이 필요함.	• 구조적 평가에 적합; 질적 평가를 위한 보완이 필요함.	• 현지 사회경제적 및 문화적 요인을 세심하게 고려하면 적합; 심층적 현지 지식 필요함.
정량적 및 정성적 분석 가능성	• 질적 분석에 강함; 정량적 지표에 대한 보완이 필요함.	• 정량적 분석에 강함; 질적 측면에 대한 보완 필요함.	• 양자를 균형 있게 다루지만, 측정 가능한 결과를 보장하기 위해 세심한 설계 필요함.

2. 아시아 교육 발전 분석틀로서의 SDG4와 세 가지 교육접근법

가. 아시아교육을 보는 SDG4와 세 가지 교육접근법

이번 연구는 앞서 설명한 양질의 교육을 논하고 있는 세 가지 접근법들과 SDG4를 활용하여 아시아 지역 개발도상국들의 교육 분야 이슈들과 발전 현황 분석을 목표로 하고 있다. 앞서 설명하였던 UNESCO의 학습자 중심 접근법은 각 학생의 개별적인 필요와 학습 스타일에 맞춰 교육을 조정하는 것의 중요성을 강조하고, 학생들의 적극적인 학습, 비판적 사고 및 학습 과정에서의 참여를 주로 바라보는 접근법이었다. 다만, 이번 연구에서 살펴보고자 하는 자원의 제약이 있는 아시아 지역의 개발도상국들의 교육시스템에서는 대규모 교실과 제한된 인프라 내에서 개인화된 교육을 혁신적인 방법으로 구현해야 가능하다는 제한점을 갖고 있음을 알 수 있었다.

GMR(2005)의 입력-과정-출력 접근법은 교육시스템의 세 가지 구성요소인 입력(교사, 교과서와 같은 교재 및 교육자원), 과정(교수 방법론 및 교실에서 일어나는 교육활동), 출력(학생의 학습성취도)에 초점을 맞추고 있는 접근법으로 자원이 제한되고 불균등하게 배분된 아시아 개발도상국 맥락에서는 자원배분과 교수방법론이 교육 결과에 미치는 영향을 분석하는 데 유용한 분석틀로만 활용이 될 수 있다는 한계를 지니고 있었다.

끝으로, Tikly(2010)의 다차원 사회적 상호작용 접근법은 보다 넓은 사회-문화적 및 정치적 맥락 내에서 교육의 질을 고려하는 접근법이었다. 문화적, 경제적, 정치적 요인을 포함하는 다양한 차원이 교육에 미치는 영향과 사회적 상호 작용의 역할을 강조하고 있는 Tikly(2010) 접근법은 아시아 개발도상국 교육환경을 분석할 때 문화적 규범, 경제적 장벽, 정치적 구조와 같은 복잡한 사회적 역학이 아시아 개발도상국의 교육에 미치는 영향을 이해하는 데 유용한 도구로 활용이 될 수 있음을 알 수 있었다.

이와 같이 세 가지 접근법들은 아시아 지역의 개발도상국 맥락에서 적용을 하게 될 경우 각각의 장·단점들을 지니고 있었다. 학습자 중심 접근법은 개인화된 학습을 촉진하지만 자원 제약환경에서는 구현하기가 어려운 한계를 갖고 있었고, 입력-과정-출력 접근법은 교육시스템을 구조적으로 평가하는 데에는 유용하지만 교육의 질적인 측면을 간과하게 되는 단점을 지니고 있었으며, 다차원 사회적 상호작용 접근법은 교육에 영향을 미치는 다양한 요소들을 포괄적으로 이해할 수는 있지만 실질적으로 교육의 질을 측정하는 분석틀 활용하기에는 쉽지 않다는 제약을 갖고 있었다.

아시아 개발도상국들의 양질의 교육을 논하기에 앞서 각 국가들이 직면하고 있는 다양한 교육 분야의 이슈들과 도전들을 고려하면서 해당 국가들의 교육발전을 평가하기 위해서는 앞서 언급하였던 세 가지 접근법들을 혼합하여 다음과 같이 활용할 수 있을 것으로 사료된다. 학습자 중심 접근법의 개인적 필요에 대한 초점과 입력-과정-출력 접근법의 교육시스템에 대한 구조적 평가를 결합하여 분석틀로 활용하면, 교육 입력 및 과정의 질이 학생 발달에 미치는 영향을 종합적으로 고려할 수 있다. 이와 함께 교육에 영향을 미치는 보다 넓은 사회-문화적 및 정치적 맥락을 이해하기 위해서는 다차원 사회적 상호작용 접근법에서 강조하고 있는 요소들을 포함하고, 이를 통해 해당 국가에서 발생하고 있는 교육문제나 교육적 도전들이 사회적 문제와 밀접하게 연관된 개발도상국에서의 복잡성을 포착하는 데 활용될 수 있다.

양질의 교육을 논하기 위해 등장하였던 UNESCO(2006) 학습자 중심 접근법, 입력-과정-출력 접근법(GMR, 2005), Tikly(2010) 다차원 사회적 상호작용 접근법 이후에 국제사회는 2015년 세계교육포럼을 통해 Education 2030 의제를 채택하였고 이는 당해 UN SDGs의 교육목표인 SDG4를 통해 공표되었다. SDG4는 '모든 사람을 위한 포괄적이고 공평한 양질의 교육을 보장하고 평생 학습 기회를 증진'하는 것을 목표로 하고 있으며 이를 위해 교육의 질, 접근성, 형평성, 평생학습을 포괄하는 목표로 다양한 맥락에서 교육의 발전과 진보를 평가하는 데 적합한 접근법 또는 분석틀로 활용될 수 있다.

SDG4를 양질의 교육을 논하는 개념적 접근법으로 활용하여 아시아 지역의 개발도상국들의 교육시스템을 평가하게 될 경우, SDG4의 다양한 목표들을 통해 학습자들의 요구, 교육환경의 질, 사회적 맥락이 어떻게 상호적으로 연계되어 있는지를 살펴볼 수 있으며, 이를 통해 교육시스템의 개선 필요성과 기회를 파악하고, 효과적인 교육정책과 프로그램을 개발할 수 있다. 아울러, SDG4를 양질의 교육을 분석하는 분석 틀로 활용할 경우, SDG4의 각 목표와 하위 목표들을 기반으로 교육의 접근성, 교육의 질, 형평성, 포용성, 지속 가능성들을 종합적으로 평가할 수 있다. 특히, 각 국가의 교육 데이터와 성과(등록률, 중퇴율, 학업 성취도, 성별 및 사회적 배경에 따른 학습 격차 등)를 분석하여 SDG4의 목표 달성 정도를 평가하여 교육의 질적 개선, 학습 격차 해소, 평등한 교육 기회 확대 등에 필요한 개선 조치들을 제시할 수 있다.

앞서 살펴본 세 가지 접근법과 SDG4를 연계해 보면, 학습자 중심 접근법은 포괄적이고 공평한 교육을 강조하는 SDG4의 목표와 일맥상통하며, 학습자의 필요와 경험에 초점을 맞춘다는 점에서 유사하다. 학습자 중심 접근법을 활용하여 교육의 발전을 평가할 경우, 교육의 질과 평생학습을 다루는 SDGs u SDG4의 하위 목표들을 평가하는 데 유용할 수 있다.

입력-과정-출력 접근법의 경우는 자원(입력), 교육방법(과정), 학습결과(출력)를 평가하는 구조화된 방법론으로서 SDG4를 보완하며, 교육의 접근성과 질을 측정하는 데 특히 유용하여, SDG4의 진행 상황을 정량적으로 평가하는 데 활용할 수 있다. SDG4가 강조하는 교육의 형평성과 포용성은 교육의 사회-경제적, 문화적, 정치적 측면의 영향을 살펴볼 수 있는 다차원 사회적 상호작용 접근법과 맥락을 같이한다. 이 접근법을 SDG4 틀 안에서 활용하면, 아시아 지역의 개발도상국들이 직면한 다양한 교육적 도전을 이해하고 해결하는 방안을 제시하는 데 도움이 될 것이다. 이와 같이, 양질의 교육에 대한 세 가지 교육접근법을 SDG4와 연계하여 비교하면, 각 접근법들의 특징과 SDGs와 관련된 부분들을 〈표 3-2〉와 같이 정리할 수 있다.

〈표 3-2〉 양질의 교육에 대한 세 가지 교육 접근법과 SDG4 통합 비교 분석표

특징	학습자 중심 접근법(UNESCO, 2006)	입력-과정-출력 접근법(GMR, 2005)	다차원 사회적 상호작용 접근법 (Tikly, 2010)	UN SDG4 (2015)
주요 초점	• 개별 학습자의 요구와 경험	• 교육 자원, 과정, 결과	• 교육에 영향을 미치는 사회적, 문화적, 정치적, 경제적 요인	• 모든 사람을 위한 포괄적이고 질 높은 교육
SDG4 목표와의 정렬	• SDG4.5(성별 평등 및 포용), SDG4.c (질 높은 교사)와	• SDG4.1(무료 초등 및 중등 교육), SDGs 4.4(고용을	• SDG4.7(지속 가능한 발전 및 글로벌 시민권)과 일치	• 초등부터 고등 교육 및 기술 개발에 이르기까지 광

특징	학습자 중심 접근법(UNESCO, 2006)	입력-과정-출력 접근법(GMR, 2005)	다차원 사회적 상호작용 접근법 (Tikly, 2010)	UN SDG4 (2015)
	일치	위한 기술)와 일치		범위한 교육 목표를 포괄
데이터 및 평가 중점	• 학습자 참여 및 결과에 중점을 둔 정성적 데이터	• 교육 입력, 과정, 출력에 관한 정량적 데이터	• 사회 경제적 영향 및 교육 결과에 대한 정성적 및 정량적 데이터	• 접근, 참여, 완료, 문해력 및 계산 능력을 측정하는 정량적 및 정성적 데이터의 혼합
SDG4와 관련된 강점	• 다양한 학습 요구에 부응하는 개인화 및 포괄적 교육 촉진	• 교육 자원 배분 및 교육 효율성 평가에 대한 구조적 프레임워크 제공	• 다양한 사회 경제적 맥락에서의 교육 고려	• 양질의 교육에 대한 모든 측면을 포괄하는 포괄적 프레임워크
SDG4와 관련된 도전 과제	• 자원 집약적이며 효과적인 구현을 위해 숙련된 교사 필요	• 질적 측면과 다양한 문화적 맥락을 간과할 수 있음	• SDG4 맥락에서 명확한 평가 지표 부족; 복잡한 구현	• 다양한 교육 맥락에서 강력한 데이터 수집 및 모니터링 메커니즘 필요
SDG4에 대한 정책적 함의	• 개인화된 학습환경 및 교사 훈련을 지원하는 정책 필요	• 공평한 자원 분배 및 효율적인 교육 과정을 보장하는 정책 필요	• 사회 문화적 다양성 및 경제적 불평등을 고려하는 교육 정책 필요	• 접근, 평등, 질, 평생 학습 기회에 대한 광범위한 정책 필요
개발도상국에서의 적용 가능성	• 자원 제약으로 인한 도전이 있지만 학습자 참여에 매우 유익	• 현지 맥락에 적응하는 것이 가능하지만 구조적 평가에 효과적	• 다양한 사회 경제적 설정에서 주의 깊은 계획 및 자원 필요	• 포괄적인 교육 개발을 위해 필수적; 현지 맥락에 따른 맞춤형 접근 필요

〈표 3-2〉에서 제시된 각 접근법의 장점과 단점들을 보완하고 아시아 지역 개발도상국의 교육 이슈와 문제, 교육 발전정도를 분석하기 위해서는 통합적 접근이 필요함을 알 수 있었다. SDG4의 광범위한 목표, 입력-과정-출력 접근법의 상세한 분석 도구, UNESCO(2006) 접근법의 학습자

중심 강조, Tikly(2010) 접근법의 사회경제적 인식 등을 결합하여 활용하면, 교육 접근성(등록률, 인프라)뿐만 아니라 교육의 질(학습성과, 교사교육)과 포용성(성평등, 소외계층지원)에 중점을 둘 수 있다. 또한 아시아 각국의 다양한 문화적 및 사회경제적 맥락을 존중하며 평가기준을 조정할 수 있고, 이를 통해 국가와 지역마다 교육 과제와 해결책이 크게 다를 수 있음을 인식할 수 있다.

아시아 지역 개발도상국들이 공통적으로 직면한 제한된 자원, 높은 학습격차, 불평등한 교육접근 기회 등의 여러 문제들과 도전들은 학습자중심 접근법과 입력-과정-출력 접근법을 통해 교육의 질과 효율성을 평가하고 개선 방향을 설정하는 데 활용될 수 있다. 동시에, Tikly(2010)의 접근법은 교육정책이 이러한 도전과 문제들을 극복하고 사회적・경제적 맥락에 맞게 조정될 수 있는 방향을 제시할 수 있다.

SDG4를 개념적 접근법으로 활용하고 앞서 언급한 세 가지 교육 접근법들의 강점을 통합하면, 아시아 지역 개발도상국의 교육 개발 현황을 이해하고 개선하기 위한 포괄적 접근 방식이 될 수 있다. SDG4와 함께 세 가지 양질의 교육 접근법을 연계하여 더욱 효과적인 교육전략을 개발함으로써, 해당 국가의 다양한 교육적 요구와 도전에 대응할 수 있는 해결 방안을 모색할 수 있을 것이다. 이렇게 통합된 접근 방식을 통해, 이번 연구는 각 국가의 교육발전 노력을 글로벌 목표인 SDG4와 연계하고 일치시킬 수 있는 방안을 도출할 수 있을 것이다.

나. 아시아 지역의 권역별(남아시아, 동남아시아, 아세안) SDG4 활용 사례

앞서 설명한 SDG4를 교육발전 분석틀로 활용하여, 2021년 UNESCO와 아시아 지역의 교육 관련 기구인 SAARC, SEAMEO, ASEAN은 아시아 지역의 교육발전 현황을 권역별로 측정하고, 글로벌 교육 목표 간의 관계를 분석하였다. 이를 바탕으로, SDG4 이행의 도전과제들과 권역별로 SDG4 모니터링 시스템 구축을 위한 제언을 제시하고 있다. 이렇게 아시아 지역을 권역별로 교육발전 현황을 측정하고 비교할 수 있었던 이유는 2030 의제가 채택된 이후 아시아 지역의 국가들이 현지 상황에 맞게 SDG4 목표들을 조정하였기 때문이다. 그리고 각 국가들의 합의된 글로벌 목표를 향한 진행 상황을 보다 쉽게 추적할 수 있도록 2019년에 SDG4 지표에 대한 기술협력 그룹(TCG)은 글로벌 수준에서 벤치마킹하기 위한 7가지 지표를 수립하는 활동을 했다.

SDG4 모니터링은 보편적인 원칙을 기반으로 모든 이해관계자(시민사회, 기업, 학계 및 정부 포함)가 교육 2030 의제 달성에 대한 공유 책임을 인식하는 참여 프레임워크를 강조하며, 다목적 프레임워크로서 글로벌, 주제별, 지역 및 국가 수준에서의 참여를 중시하는 보편적 원칙에 기반하고 있다. 이러한 프레임워크의 구성요소는 다음의 사례들을 통해 살펴볼 수 있다.

1) 남아시아지역협력연합

남아시아지역협력협합(South Asian Association for Regional Cooperation, SAARC)의 회원인 남아시아 8개국은 교육 2030을 위한 SAARC 프레임워

크(SAARC Framework for Action for Education 2030)를 공동으로 공식화하여, 이 지역에서 SDG4를 발전시키기 위해 2019년 승인하였고 지역 협력을 강화하기 위해 우선순위가 지정된 13개의 주요 주제 영역의 상세한 실행 계획을 포함하고 있다. SAARC 프레임워크는 지역 모니터링 메커니즘과 진행 상황 평가의 중요성을 강조하며, 여러 이해관계자와의 협의를 통해 프레임워크 초안을 개발하였다. 이 프레임워크는 해당 지역의 SDG4 진행상황을 효과적으로 모니터링할 수 있도록 지역 관련 지표를 포함하고 있다.

SAARC는 13개의 주요 주제영역들을 SDG4의 목표와 연계성을 지니며 다음과 같이 지정하고 있다. (1) 교육 접근성 확대 및 학교 밖 아동·청소년 감소(SDG4. 목표 4.1), (2) 교육 형평성 및 포용 보장(SDG4. 목표 4.2 그리고 4.5), (3) 남녀평등 실현(SDG4. 목표 4.5), (4) 학습 성과 향상 및 양질의 교육 촉진(SDG4. 목표 4.a), (5) 삶과 직업을 위한 기술 습득 촉진(SDG4. 목표 4.3), (6) ICT 역량강화(SDG4. 목표 4.4), (7) 교사 양성 프로그램의 품질 및 관련성 개선(SDG4. 목표 4.c), (8) 교육 거버넌스 개선, (9) SDG4 진행상황 모니터링을 위한 제도적, 인적 역량강화, (10) 교육재정 강화(SDG4. 목표 4.a), (11) 평생학습기회 보장(SDG4. 목표 4.7), (12) 파트너십 및 협업강화(SDG4. 목표 4.b)이다.

2) 동남아시아교육장관기구

동남아시아교육장관기구(Southeast Asian Ministers of Education Organization, SEAMEO)는 교육, 과학 및 문화 분야의 지역 협력을 촉진하는 장관급 협의체로 11개국 교육부 장관으로 구성되어 교육, 건강, 문화 및 전통, 훈련, 연구, 정보와 ICT 분야를 협의하는 기구이다. 제48차

SEAMEO 위원회 회의에서 2015-2030 행동 의제의 7가지 우선순위를 다음과 같이 SDG4 목표와 연계하여 발표하였다.

우선순위 (1) 보편적인 유아 보육 및 교육 달성(SDG4. 목표 4.2), (2) 포용적인 교육정책의 장애물 해결(SDG4. 목표 4.1 그리고 목표 4.5), (3) 교육 회복력 추진(SDG4. 목표 4.a), (4) 직업기술교육훈련 촉진(SDG4. 목표 4.3 그리고 4.4), (5) 교원교육 활성화(SDG4. 목표 4.c), (6) 고등교육 및 연구의 조화 촉진(SDG4. 목표 4.b), (7) 21세기 교육과정 채택(SDG4. 목표 4.7)이다.

3) 동남아시아국가연합

2016년 제11차 ASEAN 교육 고위관리회의(SOM-ED)에서는 아세안 교육 2016-2020을 승인하고 채택하였다. 이 워크숍에서는 교육에 관련된 ASEAN 계획의 공식화를 마무리하고 교육 부문을 더욱 발전시키기 위한 전략에 대해 ASEAN 회원국들 사이에 합의를 도출하여 SDG4와 연계한 8개의 하위목표와 19개의 우선순위 영역 및 70개의 교육활동에 대해 다음과 같이 정리하고 있다.

첫 번째 정책 하위목표는 동남아시아 역사와 토착지식의 강화를 통해 ASEAN 인식을 촉진하는 것으로, 다음과 같은 주요 영역을 설정하고 있다. 이는 (1.1) 아세안 학생 및 청소년을 위한 교환 프로그램을 통한 아세안 인식 제고, (1.2) 평화롭고 조화로운 사회에 기여하는 교육을 통한 평화와 아세안 공동체 문화 촉진, (1.3) 온라인 및 국경 간 이동성을 통해 고등교육에서 ASEAN 연구 프로그램 및 과정의 발전이다.

두 번째 하위 목표는 장애인 취약계층, 기타 소외계층을 포함한 모든 사람을 위한 기본교육의 질과 접근성 향상으로 (2.1) 소외된 학교 밖 아동・청소년을 위한 기본 교육 제공 및 접근 개선을 통한 포용적 학교 증진, (2.2) 양질의 교육활동 개입을 통한 기본 교육의 질 향상이다. 두 번째 하위목표는 SDG4의 목표 4.5, 4.1, 4.a와 연계하여 추진하고자 함을 알 수 있다.

세 번째 하위 목표는 ICT 활용 강화로 다음의 영역들을 포함하고 있다. (3.1) 양질의 교육에 대한 접근성을 향상시키기 위해 교육용 소프트웨어 개발 및 온라인 교육 설계에 대한 인적 및 제도적 역량의 확장과 개선, (3.2) 아세안 회원국에서 ICT를 통해 디지털 학습에 접근하고 사용할 수 있는 역량 강화 및 이를 지원하기 위한 관련 역량 구축 프로그램 제공이다. 세 번째 하위목표는 SDG4의 목표 4.4와 연계되어 추진되는 내용으로 정리되어 있다.

네 번째 하위 목표는 직업기술교육훈련 지원과 지역의 평생학습으로 설정하였다. 이를 위해 다음의 영역들을 포함하고 있다. (4.1) 고용 및 지속 가능한 발전을 위한 직업기술교육훈련 접근성 확대, (4.2) 직업기술교육훈련 인력 및 자원의 네트워킹, 파트너십 및 동원을 통한 양질의 직업기술교육훈련 변화를 위한 지역 조화 강화, (4.3) 직업기술교육훈련 또는 비학위(자격증)기관에 대한 지역 품질 인증을 위한 제도 확립, (4.4) ASEAN 전역의 직업기술 수요와 공급 간의 격차 감소(ASEAN Connectivity, 2025). 네 번째 하위목표의 영역들은 SDG4의 목표 4.3, 4.4와 연계되어 있다.

다섯 번째 하위 목표는 지속가능발전을 위한 교육목표를 설정하여, 지속가능발전교육(ESD)과 관련 교육 및 기타 부문 간의 협력 강화를 포함하고 있으며, 이는 SDG4의 목표 4.7을 지닌다.

여섯 번째 하위 목표는 양질의 교육보증 메커니즘의 구현을 통한 고등교육 부문 강화로 (6.1) ASEAN 맥락을 반영한 교육의 질 보장 메커니즘

개발, (6.2) 양질의 교육 보장 메커니즘 발전을 위한 제도적 역량 지원을 우선순위 영역으로 포함하고 있다.

일곱 번째 정책 하위 목표는 산학협력을 통해 사회경제적 발전분야에서 고등교육의 역할 촉진으로 설정하고 (7.1) 대학, 산업 및 지역사회 간의 강력한 연계 구축, (7.2) 아세안 내 유학생수 증가를 우선순위 영역으로 포함하고 있다.

마지막 여덟 번째 정책 하위목표는 교육계의 교사, 학자 및 기타 주요 이해관계자를 위한 역량강화 프로그램 제공으로 우선순위 영역은 (8.1) 종합적이고 다차원적이며 광범위한 교류와 협력을 위한 교육교류 추진, (8.2) 21세기 기술을 위한 교사 역량강화를 포함하고 있으며 이는 SDG4의 목표 4.c와 연계하여 추진됨을 보여주고 있다.

앞서 살펴본 바와 같이, 그동안 많은 아시아 국가들이 교육 접근성과 참여에 초점을 맞춘 교육관리정보시스템(Education Management Information System, EMIS)을 구축하여 활용하고 있으나, 교육의 질에 대한 데이터는 여전히 통합적으로 수집되지 않고 있으며, 대부분의 아시아 국가들은 학습성과를 효과적으로 모니터링할 수 있는 표준화된 학습평가 프로그램이 부족한 상황이다. 일부 국가들은 국제교육평가에 참여하고 있지만, 아시아 지역 전체에 걸쳐 평가 기준의 일관성이 결여되어 있다는 점이 공통적인 문제로 거론되고 있었다.

이와 함께 아시아 지역의 권역 및 국가별 교육부에서 수집한 데이터들은 공유되지 않고 있으며, 제도권의 공교육 분야가 해결하지 못하거나 접근하지 못하는 교육 부분을 시민사회단체가 지원하고 있지만, 이들의 교육활동 데이터가 국가 차원의 데이터에 포함되어 활용되지 않고 있다. 또한, 아직까지 많은 아시아 국가들, 특히 중저소득 및 저소득국 국가들은 재정, 기술, 인력 자원의 제약들로 인하여 교육 관련 데이터 생산이 어렵거나 데이터 품질이 표준화되지 않은 문제가 있으며, 이는 SDG4의 이행현황을 측정하는 데 한계로 작용하고 있다.

이러한 아시아 지역의 권역별 SDG4 모니터링 시스템을 강화하기 위해서 우선 SDG4 지표에 대한 명확한 지역 및 국가별 벤치마크를 설정하는 것이 정책 개발과 진행상황 모니터링에 도움이 된다. 최근 들어 다양한 교육 하위 부문에 걸쳐 일관된 표준과 분류 시스템을 적용한 데이터 시스템을 개선하고 ICT를 사용한 여러 통계 데이터베이스의 통합 필요성을 강조하고 있다. 더 상세하고 관련성 있는 교육 데이터를 생성하기 위해 개별 학생 및 교사 데이터를 포함할 수 있는 EMIS로의 전환을 각 국가들이 추진하고, 국가 및 국제기준에 부합하는 정기적인 평가를 통해 교육시스템의 비효율성을 식별하고 학습성과를 개선해야 하며, 기존의 국별 평가들이 글로벌 학습 결과 지표에 맞추어 보고될 수 있는 정책연계를 촉진해야 한다고 보고하고 있다(UNESCO, 2021b).

SDG4는 각기 다른 국가들의 교육발전 현황을 공통적으로 모니터링하고 공유하는 데 공통적인 틀로 사용되고 있으며 2030년까지 SDG4를 달성하기 위해서 국가별로 거버넌스, 책임, 조정, 모니터링, 후속 조치 및 검토, 보고 및 평가를 위한 국가적 차원에서 SDG4 지표가 활용되고 있음을 확인할 수 있다. SDG4는 아시아 지역 국가들이 직면하고 있는 다양한 교육 분야의 과제들을 SDG4 지표로 정리하여, 국가 교육계획, 정책 및 프로그램에 맞추어 역량 구축과 자원 할당의 우선순위를 설정하는데 도움을 준다. 전체 교육시스템을 포괄한다는 점에서, SDG4는 다양한 수준의 교육 접근성과 형평성의 현재 상태를 반영할 수 있는 공통적인 프레임으로 작용하고 있다.

3. 아시아 개발도상국의 교육발전 종합 분석

가. 교육지표로 본 교육발전 현황

국가의 교육발전 현황을 이해하기 위해서 SDG4 모니터링 지표를 비롯한 다양한 기준들을 활용할 수 있다. 여기서는 '교육의 질' 관점에서 국가 현황을 논의할 수 있는 기준으로 SDG4와 관련한 'GDP 대비 교육 관련 정부 지출', '전체 정부지출 대비 교육비'와, '인간개발지수(HDI)'의 평균 교육기간 및 기대교육기간을 살펴보았다. 그리고 교육 기회의 형평성에 대한 현황을 이해하기 위해 국가 간 상대적인 교육 기회와 장벽을 측정한 UN ESCAP의 '비유사성지수(Dissimilarity Index, D-Index)'를 중등교육과 고등교육을 중심으로 확인하였다.

개별 국가의 교육발전을 이해할 수 있는 기준 및 지표 값을 비교해보면, 전반적으로 정부의 전체 지출 대비 교육비 비율이 높을수록 인간개발지수(HDI)도 높은 경향으로 나타난다. 그리고 GDP 대비 정부의 교육 지출 비율은 중등교육 및 고등교육의 불평등 기회와 장벽이 고려된 비유사성지수(D-Index)와 높은 관련이 있는 것으로 나타났다. 이러한 현황은 개발도상국의 교육 투자가 중등교육과 고등교육 경험을 통해 형성된 인적자원개발과 무관하지 않음을 보여주며, 교육 부문 투자는 국가발전에 충분히 고려되어야 하는 영역임을 설명해준다.

그에 비해 GDP 대비 정부의 교육 지출 비율과 인간개발지수(HDI)는 관련성이 다소 낮은 것으로 나타난다. 이는 삶의 질 제고를 고려한 교육 투자 및 배분의 필요와 연결 지어볼 수 있다. 개발도상국의 교육 문제는 보건, 경제, 문화 등 사회 각 영역과 유기적인 상호연계성하에 교육발전을 도모해야 함을 되새겨 볼 필요가 있다.

그리고 이상의 교육지표 간 관계(Correlation)에 있어 개발도상국에서 나타나는 경향 중 하나는 초등교육과 고등교육 간의 단위 비용의 차이가 크다는 점이다. UIS 데이터에 따르면, 뉴질랜드, 일본, 홍콩 등의 고소득 국가에서는 학생 1인당 정부의 지출 금액 차이가 학교급 간에 크지 않음에 비해, 파키스탄, 스리랑카, 네팔 등의 국가들은 고등교육의 단위 비용이 초등교육보다 3배 이상 높다. 이러한 현황은 중등교육 및 고등교육 이전에 중퇴율이 높은 소외된 학생들에 비해 고등교육에 진학할 수 있는 학생들에게 불균형적으로 교육비가 투입되면서 공공 지출의 혜택을 제대로 받지 못함에 따라 교육 불평등의 증가를 야기할 수 있다.

국가별 교육지표를 비교해보면, 먼저 인도네시아와 필리핀은 정부의 전체 지출 대비 교육비 비율을 비롯하여 인간개발지수(HDI), 비유사성지수(D-Index) 등의 지표 값이 대체로 높은 수준이다.

그에 비해 베트남은 정부의 교육비 지출 비율과 인간개발지수(HDI)는 높은 편이나, 이 두 가지 지표 값의 높은 순위에 비해 중등교육과 고등교육의 기회 불평등과 진입 장벽은 여전히 높다. 여기서 베트남의 비유사성지수(D-Index)가 2013년에 보고된 지표 값임이 고려되어야 하나 2014년 이후 장학금 관련 공적개발원조가 감소한 현황과 맞물려 이러한 경향이 개선되었을 가능성은 낮아 보인다.

스리랑카는 다른 지표들에 비해 인간개발지수(HDI)가 0.782로 상대적으로 높으며, 평균 교육기간 또한 10.8년, 기대 교육기간은 14.1년으로 매우 높다. 다만, UNDP 보고서에 따르면 이 현황은 문맹 성인의 수, 초등학교에 입학하지 못한 아동의 비율을 비롯하여 스리랑카의 일부 지역이 의도적으로 배제된 데에 따른 결과로 추정하기도 한다.

〈표 3-3〉 국가별 교육발전 현황

국가	GDP 대비 정부의 교육 지출 (%)		전체 정부 지출 대비 교육비 (%)		인간개발지수 (HDI)	평균교육기간 (년)	기대교육기간 (년)	중등교육 기회-장벽 (D-Index)		고등교육 기회-장벽 (D-Index)
					2021					
필리핀	2021	3.86	2022	15.41	0.699	9.0	13.1	2017	0.13	0.25
인도네시아	2019	2.84	2019	17.34	0.705	8.6	13.7	2017	0.17	0.26
베트남	2021	2.98	2018	16.09	0.703	8.4	13.0	2013	0.21	0.30
캄보디아	2021	1.67	2021	15.74	0.593	5.1	11.5	2014	0.35	0.45
라오스	2021	1.86	2021	10.76	0.607	5.4	10.1	2017	0.31	0.41
미얀마	2019	2.14	2019	9.82	0.585	6.4	10.9	2016	0.34	0.41
파키스탄	2021	2.08	2019	11.59	0.544	4.5	8.7	2017	0.24	0.28
스리랑카	2019	1.99	2018	11.33	0.782	10.8	14.1	-	-	-
방글라데시	2021	1.83	2021	10.22	0.661	7.4	12.4	2019	0.21	0.30
네팔	2021	4.03	2022	12.44	0.602	5.1	12.9	2019	0.20	0.29

참고: 비유사성지수(D-Index)는 다른 국가와 비교하여 지표 값(0.00-0.60)이 낮을수록 기회 불평등 및 진입장벽이 낮은 것으로 설정됨.

출처: UIS. http://sdg4-data.uis.unesco.org/
UNDP. https://hdr.undp.org
UN ESCAP. https://www.unescap.org/

네팔의 경우, GDP 대비 정부의 교육 지출 비율이 4.03%로 10개 국가 중 가장 높으나 다른 지표들은 상대적으로 높지 않다. 이는 투자 대비 인간개발지수(HDI) 및 교육의 질 개선이 해결되지 못함을 의미한다. 관련하여 세계은행은 교육과정 발전을 비롯한 교사 배치 등의 교육의 질, 형평성 문제를 네팔의 미해결 과제로 보고한다. 또한 네팔 정부는 지방정부에 교육 예산의 대부분을 지원하고 있는데, 높은 비율의 예산 집행에도 불구하고 예산의 대부분이 회계연도 말에만 사용되는 이슈도 남아있다.

나. 국가별 교육 현황과 SDG4 이슈

필리핀, 인도네시아, 캄보디아, 라오스, 스리랑카, 네팔 등 대부분의 국가들은 교육의 질을 강화하는 교육정책을 수립하고, 교육의 질 개선을 위해 그간 교육 현황에서 중점적으로 보완해야 하는 영역을 개선하는 정책을 추진해왔다. 그로 인해 스리랑카, 네팔은 교육 접근성에 있어 성별 격차가 감소하게 되었고, 라오스, 방글라데시의 초등교육 취학률은 지속적으로 증가하였으며, 베트남의 유아교육은 상당 부분 개선되었다. 필리핀, 인도네시아, 캄보디아의 경우는 자격을 갖춘 교사가 증가하면서 학생 중심 교육을 실현해가고 있으며, 미얀마의 청소년과 성인의 문해율은 높은 수준으로 개선되었고, 파키스탄은 교육 분야의 지방분권이 강화되었다.

그에 비해 SDG4와 관련한 교육 이슈들이 10개 국가 모두에 다양하게 산적해 있기도 하다. 필리핀은 직업교육 및 고등교육의 접근성 향상을 위한 국가 교육시스템과 정책들이 체계적으로 구축되었으나 문해율의 지역격차, 중등교육 및 고등교육 분야의 낮은 학업성취도 등의 교육의 질과 관련한 이슈들을 안고 있다. 인도네시아는 내수시장에 의한 괄목할 만한 경제성장에 대비하여 빈곤과 빈부격차 문제가 학업성취 불균형, 학교 밖 아동·청소년 증가, 학교 따돌림 등의 교육 이슈들을 야기하고 있으며, 초등학교 학습환경의 컴퓨터 부족, 고등교육에 대한 청년들의 낮은 선호 등이 노정되어 있다. 베트남은 교육 부문의 정부 예산이 축소되고 장학금 관련 공적개발원조 유입량이 감소하는 등의 이슈가 있다. 그리고 캄보디아는 국가 차원에서 인적자원개발을 강조하고 있음에도 불구하고 글로벌 역량의 경쟁력은 하위권에 그치고 있으며, 농촌 지역의 교원 부족, 초·중등학교의 열악한 학습환경을 개선해야 한다. 라오스 역시 초·중등 청소년의 ICT 능력이 낮은 수준인데, 여기에 학교 밖 아동·청소년을 비롯하여 초등학교 유급률, 중도탈락률이 크게 증가하였고, 고등교육 참여율이 동남아시아 국가 중 가장 낮다. 미얀마는 쿠데타 및 내전시위로 인해 교육환경이 위협 요소에 노출되어 있으면서 유아교육의 낮은 등록률, 소득 및 지역에 따른 교육 접근성의 격차, 수업 언어에 따른 학업성취 격차, 학생 문해율의 감소와 같은 여러 가지 교육 이슈들을 극복해야 하는 실정이다. 파키스탄 또한 지역 간 교육격차, 초등교육의 접근성, 학교의 전기 사용 등의 학습환경 이슈가 심각하다. 스리랑카는 과학기술 분야에 대한 선호가 낮으면서 그에 따라 학교의 컴퓨터 보급률, 과학기술 교사의 부족, 성인의 낮은 수준의 ICT 능력 이슈가 있으며, 내전과 자연재해로 인해 교육 인프라와 환경이 열악한 지역이 있다. 방글라데시는 성불평등, 도시인구 과밀 등의 국가발전을 저해하고 있는데, 여기에 학교 중도탈락률, 지역과 소득에 따른 교육 불평등으로 교육 이수율 차이가 상당하다. 네팔은 소수민족과 취약계층의 취약한 교육 접근성 및 문해율을 비롯하여 지진에 대비한 교육 인프라가 열악하며, 직업기술교육훈련 참여율, 고등교육 진학률, ICT 능력 수준은 저조하다.

4. SDG4 달성을 위한 국가별 주요 이슈

전 세계가 사회·경제적, 환경적 차원에 걸쳐 실존적 도전 상황을 경험하면서 SDGs 달성이 그 어느 때보다 시급하다. 그럼에도 불구하고 지속가능발전을 위한 2030 교육 의제가 채택된 이후로 SDGs 달성 일정은 매년 늦어지고 있다. UN(2022)에 따르면, 2017년에 SDGs를 달성할 것으로 예상되는 시기가 2052년이었으나 2021년에는 코로나 팬데믹 등의 영향으로 예상 시기가 2065년으로 늦어질 것으로 전망한다.

이러한 글로벌 동향은 개발도상국에서 더욱 극명하게 나타난다. 3절에서 살펴본 바와 같이 아시아 10개 국가들은 SDG4와 관련한 국가별 주요 이슈들이 다양하게 나타나고 그에 대한 정부의 대응이 상이하게 이루어지고 있음을 알 수 있다.

동시에 이러한 개별성 안에서 10개 국가들에서 교육의 질과 관련하여 공통적으로 나타나는 교육 쟁점들도 있었는데, 이를 크게 교사의 질, ICT와 디지털 접근성, 직업기술교육훈련, 코로나 팬데믹의 영향의 네 가지로 구조화해 볼 수 있다.

먼저 교사의 질은 10개 국가들이 인간의 잠재성을 발현하고 학생의 성취를 제고하기 위한 교육 발전의 관점에서 공통적으로 강조하는 쟁점이다. 관련하여 Duflo 연구팀(2012)은 40개국을 대상으로 10여 년의 참여관찰과 실험연구를 통해 가난한 국가의 학생들이 학교에 가지 않는 이유는 접근성보다는 학교의 낮은 교육의 질로 인해 학생들이 결석을 하거나 중도 탈락을 하기 때문이라고 주장한 바 있다. 다음으로 ICT 및 디지털 접근성과 직업기술교육훈련은 개발도상국들이 인적자원개발의 관점에서 산업구조의 변화에 대응하고 경제 성장을 목적으로 물리적 학습환경 및 인프라, 직업기술 습득을 강조하면서 연계된 쟁점이다. 이와 더불어 SDGs를 달성하는 과정에서 나타난 코로나 팬데믹의 영향과 도전과제는 모든 개발도상국에 그간의 노력과 성과에 심각한 위기를 직면하게 하였다. 나아가 당면한 위기를 넘어 교육이 회복되기 위해서는 광범위하고 지속 가능한 혁신이 요구됨을 인식하게 되었다.

가. 교사의 질

교육의 질을 논의함에 있어 교사 자격 및 전문성은 교육 운영의 가장 보편적으로 논의되는 구성요건이라 할 수 있다. 앞서 살펴본 10개 국가 대부분의 교육 정책 또한 교사의 질과 관련한 정책들을 강조하는 현황을 통해서도 충분히 공감되는 바이다. 그러한 노력으로 많은 개발도상국의 학생 1인당 교사 수 및 교사 처우가 2015년을 기점으로 그 이전보다 대체로 개선되었다. 예를 들어, 미얀마의 월평균 급여가 67달러에서 107달러로 상향 조정되기도 하고, 네팔은 1999년 교사 1인당 학생 수 지표가 260명이었던 것에 비해 상당 부분이 개선되었으며, 캄보디아는 교원 자격의 필요성을 명확하게 인식하고 교원교육대학(TEC)을 설립하는 시도들이 이루어지고 있다.

관련하여 SDG4에서 교사의 질과 관련한 지표들을 살펴보자. 관련 지표로 SDG4.c.[1]의 '개발도상국의 교사 훈련을 위한 국제 협력을 포함하여 자격을 갖춘 교사의 공급'이 있다. SDG4.c.의 하위 지표 중 SDG4.c.1.[2]을 통해 유아교육, 초등교육, 중등교육에 있어 최소 자격을 갖춘 교사의 비율을 모니터링하고 있다.

필리핀, 캄보디아, 라오스, 미얀마, 네팔은 학교급에 상관없이 대부분의 교사가 최소 자격을 갖추고 있다. 그에 비해 베트남, 파키스탄, 방글라데시 등은 교사로서 자격을 갖출 수 있는 국가의 정책적 지원이 좀 더

1) SDG4.c. By 2030, substantially increase the supply of qualified teachers, including through international cooperation for teacher training in developing countries, especially least developed countries and small island developing States

2) SDG4.c.1. Proportion of teachers with the minimum required qualifications, by education level

요구되는 상황이다.

또한 SDG4.c.4.[3)]의 국가별 현황을 살펴보면, 최소 자격을 갖춘 교사 비율을 학생 수와 대비하여 모니터링하게 될 경우, 교사 비율이 급격하게 감소하는 것으로 나타난다. 최소 자격을 갖춘 교사 비율이 100%로 나타난 필리핀, 캄보디아를 비롯한 대부분 국가의 자격 교사 비율은 절반 이하로 감소하게 된다.

교사 자격과 관련한 정책이 보완되어야 하는 국가들은 인적자원개발 및 직업기술교육훈련에 대한 지원과 사회적 인식이 낮은 경향이 공통적으로 나타나는데, 교사의 질이라는 교육 이슈도 이러한 사회 문화에 기인한 것으로 이해된다. 일례로 파키스탄의 경우는 초등교육 단계에서 자격을 갖춘 교사의 비율이 77.31%로 비교적 안정적인 현황으로 보고되고 있으나, 파키스탄 정부의 교육통계에 따르면, 실제 교사 직업에 대한 사회적 지위가 높지 않고 경제적으로 낙후된 지역은 교사 수가 절대적으로 부족하며, 이러한 지역의 교사들의 근태에 있어서도 무단결근 등의 문제들이 발생하고 있다.

이상과 같이 교사의 질을 개선하기 위해서는 교사의 수가 절대적인 영향을 주며, 다음으로 교사로서 요구되는 자격을 갖춘 교사의 수가 중요한 쟁점이 되는데, SDG4의 실현에 있어서 절대적인 규모의 교사 부족 문제를 우선적으로 해결해야 한다.

---

3) SDG4.c.4. Pupil-qualified teacher ratio by education level

〈표 3-4〉 국가별 SDG4(4.c.) 모니터링 현황

SDGs 세부지표	필리핀	인도네시아	베트남	캄보디아	라오스	미얀마	파키스탄	스리랑카	방글라데시	네팔
	2020	2020	2021	2021	2021	2018	2019	2020	2021	2021
4.c.1. 유아교육에서 최소 자격을 갖춘 교사 비율 (%)	100.00	-	81.72	100.00	94.54	81.40	-	81.52	-	82.39
4.c.1. 초등교육에서 최소 자격을 갖춘 교사 비율 (%)	100.00	-	69.56	100.00	99.10	95.34	77.31	82.63	50.43 (2017)	97.22
4.c.1. 중등교육에서 최소 자격을 갖춘 교사 비율 (%)	100.00	-	-	100.00	99.66	88.99	-	81.41	62.31	83.39 (2020)
4.c.4. 유아교육의 학생 대비 자격을 갖춘 교사 비율 (%)	25.85	21.07 (2018)	18.82	33.90 (2020)	43.18 (2018)	14.95	-	15.26 (2019)	-	23.11
4.c.4. 초등교육의 학생 대비 자격을 갖춘 교사 비율 (%)	25.33	17.52	33.20	42.06 (2020)	24.77 (2018)	26.68	92.09 (2017)	25.96	47.24	17.76
4.c.4. 중등교육의 학생 대비 자격을 갖춘 교사 비율 (%)	24.64	15.84 (2018)	-	-	22.36 (2017)	28.12	-	22.35 (2018)	33.14	33.34

출처: http://sdg4-data.uis.unesco.org/

더불어 지금까지 살펴본 SDG4(4.c.) 글로벌 지표를 통해 최소 자격을 갖춘 교사 비율을 비롯하여 학생 대비 교사 비율에 관한 데이터 가용성이 증가하는 경향을 확인할 수 있으나, 여전히 데이터의 적용 범위는 한계를 가지고 있다. 필리핀, 캄보디아 등 대부분의 국가에서 교사가 자격을 갖춘 것으로 보고되고 있으나, 교사 자격을 관리할 수 있는 정책적, 통계적 관리 시스템이 제대로 갖춰지지 않은 개발도상국의 경우는 자격을 갖추

지 못한 교사 비율이 더 높을 가능성이 있다(UNESCO & UNICEF, 2021). 게다가 SDG4.c.1.의 최소 자격은 의미 그대로 최소 자격에 해당하며 교사가 가르치는 교과목에 관련한 전문성을 다루지는 않는다.

나. ICT와 디지털 접근성

최근 개발도상국은 경제 성장의 일환으로 인적자원개발을 강조하면서 인터넷과 ICT의 접근성을 제고하기 위한 정책을 강조하고 있다. 교육 접근성을 국가 단위 교육 정책으로 마련한 라오스, 네팔을 비롯하여 인적자원개발을 주요 정책으로 다루는 필리핀, 인도네시아, 캄보디아, 미얀마 등의 국가들이 대표적이다. 이러한 맥락으로 설정된 SDG4의 세부 지표로는 'SDG4.3.(2030년까지 모든 여성과 남성에게 적정비용의 양질의 직업기술교육훈련 및 대학과정을 포함한 고등교육에 대한 평등한 접근을 보장)'이 해당된다. 더불어 인적자원개발을 위해서는 효과적인 학습환경 조성이 전제되어야 하는데 관련 지표는 'SDG4.a.(아동, 장애인, 성차를 고려한 교육시설을 건립 및 개선하고, 모두를 위한 안전하고, 비폭력적이며, 포용적이고 효과적인 학습환경을 제공)'를 꼽을 수 있다.

이러한 정책적 방향에 맞추어 학교 현장에서 구현된 학습환경을 SDG4.a.1.[4]을 통해 살펴보자. 초등학교와 중등학교의 인터넷 접근성은 국가마다 다양한 수준이면서, 대체로 초등학교보다는 중등학교의 인터넷 접근성이 더 나은 경향이다.

4) SDG4.a.1. Proportion of schools offering basic services, by type of service

초등학교를 중심으로 국가별 차이를 비교해보면, 베트남은 83.80%의 초등학교가 인터넷 접근성을 갖추었으나 그에 비해 네팔, 미얀마 등의 국가들은 5% 미만의 열악한 학습환경이 조성되었다. 다만 네팔의 경우 중등학교의 인터넷 접근성은 초등학교에 비해서는 비교적 나은 환경이 조성되었는데, 미얀마는 중등학교의 인터넷 접근성도 부족한 실정이다. 네팔과 같이 지리적 한계를 극복하고 교육 접근성을 제고하기 위해 인터넷 접근성이 가장 중요하게 고려되어야 할 쟁점이나, 역으로 네팔은 지리적 한계에 의해 다른 국가에 비해 디지털 학습환경이 열악하다. 이러한 악순환은 최근 디지털 격차(digital divide)에 의해 취약계층의 사회적 격차가 더욱 강화된다는 교육 쟁점과 맥을 같이한다.

인도네시아의 경우는 코로나 팬데믹 이전부터 교육정보화 정책의 고도화를 추진해 온 국가로서 중등교육을 중심으로 ICT의 접근성이 높은 수준이지만 여전히 인터넷이 연결되지 않은 학교가 8만 개 이상이며, 학교 내 ICT 장비가 부족하다(김혜정 외, 2022). 라오스의 SDG4.a.1. 이행현황은 보고되지 않았으나 2019년을 기준으로 인터넷을 한 번도 활용해 본 적이 없는 20대 초반 청년이 60% 이상임을 감안하면, 초·중등학교의 인터넷 접근성은 10개 국가 안에서도 상대적으로 낮은 수준임을 예측할 수 있다.

교육평등과 교육 기회 확대를 위해 개발도상국의 ICT에 대한 중요성을 크게 강조하고 있음에도 불구하고 ICT의 보편적 활용은 여전히 많은 해결이 요구되는 도전과제로 남아있으며, 그 과정에서 국가 내 정보격차라는 새로운 쟁점이 드러나는 실정이다.

〈표 3-5〉 국가별 SDG4(4.a.) 모니터링 현황

SDGs 세부지표	필리핀	인도네시아	베트남	캄보디아	라오스	미얀마	파키스탄	스리랑카	방글라데시	네팔
	2020	2018	2021	2021	-	2018	-	2019	2021	2022
4.a.1. 교육목적의 인터넷 접근이 가능한 초등학교 비율 (%)	31.08	-	83.80	7.06	-	0.23	-	18.57	49.30	4.53
4.a.1. 교육목적의 인터넷 접근이 가능한 중등학교 비율 (%)	72.41 (2019)	61.40	89.37	32.44	-	5.86	-	41.92	52.07	29.70 (2022)

출처: http://sdg4-data.uis.unesco.org/

여기에 디지털 솔루션은 변혁적 교육을 이끌어내는 영역으로 인정되면서 학교교육을 비롯한 고등교육, 직업기술교육훈련 등 다양한 교육 분야에서 강조되고 있다. ADB(2021)의 디지털 솔루션은 첫째, 개인화 학습을 통한 학생의 학업성취의 개선, 둘째, 학생의 학습을 모니터링할 수 있는 교사 역량의 향상, 셋째, 학습데이터에 기반한 교육을 제공하고 교육시스템의 책임성의 개선 등에서 기대할 수 있는 효과들을 제안하였다.

관련하여 필리핀 교육부의 경우, 공립학교 학생들을 대상으로 한 온라인 교육 플랫폼(DepEd Commons)을 개발하였고, 사립학교와 학교 밖 아동・청소년의 비형식교육을 지원할 수 있는 콘텐츠를 포함하였다. 스리랑카 교육부 또한 코로나 팬데믹에 대응하기 위해 통신회사와 협력하여 1-13학년 학생들을 위한 온라인 학습용 이러닝 포털(E-Thaksalawa)을 무료로 배포한 바 있다. 인도네시아 정부는 온라인 교육의 광범위한 확대를 정책 목표로 설정하고, 사이버교육원 설립 등 양질의 온라인 교육에

개방적으로 접근할 수 있도록 다양한 정책들을 추진하고 있다.

디지털 접근성을 제고하기 위한 이러한 국가별 다양한 노력들이 학생들의 학습 발달에 기여하는 긍정적인 영향은 분명하지만, 동시에 디지털 학습이 갖는 한계와 디지털 교육환경으로 인해 나타날 수 있는 교육격차에 대한 이슈들도 고려해야 한다.

특히 디지털 교육환경은 안정적인 전력 공급망, 적절한 성능을 갖춘 컴퓨터와 인터넷 연결망 등 디지털 인프라가 적절히 갖추어진 뒤에야 교육의 온라인화를 고려할 수 있다(박수영 외, 2020). 그러나 재정적 제약에 직면한 개발도상국은 디지털 인프라가 부족한 데다 도시와 농촌 간 지역적 격차가 크기 때문에 학습권 보장에 여러 어려움이 따르며 학습 빈곤을 악화시킬 수 있다. 실제 선진국과 개발도상국 간의 정보접근의 불균형에 해당하는 디지털 격차는 코로나 팬데믹 이전부터 매우 컸으며, 21세기에 이르러 양적인 측면뿐만 아니라 질적인 측면에서의 격차가 심화되어 왔다(OECD, 2001). 향후 교육의 디지털화는 가속화될 것으로 예상되므로 장기적이고 지속 가능한 관점에서 디지털 접근성을 안정화하려는 노력이 요구된다.

다. 직업기술교육훈련

SDGs 이후, 고등교육을 비롯한 직업기술교육훈련은 인권적 관점에서 중요한 교육 의제 중 하나로 강조되고 있다. 이전에 비해 SDGs 관련 글로벌 의제들은 기초교육뿐만 아니라 평생교육에 초점을 두면서 직업기술교육훈련 등 실무에 활용이 가능한 교육에 대한 관심이 크게 증가하고 있다. 관련하여 앞서 살펴본 10개 개발도상국들이 산업구조를 전환하려는 시도의 일환으로서 국가 정책으로 고등교육과 기술 분야의 직업기술교육훈련이 주요하게 언급된 바 있다.

인도네시아, 베트남, 캄보디아, 방글라데시를 중심으로 인적자원개발과 국가개발계획을 살펴보면 다음과 같다(조정윤 외, 2022). 인도네시아는 인적자원개발을 국가 정책의 우선순위 목표로 설정하고 교육 정책에 있어서 역량 중심 교육을 강조하고 있다. 그에 따라 최근 15-24세 청년의 직업훈련 참여 비율이 크게 증가하였는데, 2009년에 5% 정도에 그친 직업훈련 참여율은 2018년에 12.80%로 나타났다. 그럼에도 불구하고 취업에 직접적으로 활용되는 ICT 역량의 격차가 도시와 농촌 지역 간에 크게 나타나면서 국가 인적자원개발의 확대를 위해 해결해야 하는 도전과제를 안고 있기도 하다. 지역사회 기반의 직업훈련센터(Balai Latihan Kerja)를 마련하여 제조 부문을 비롯한 자동차, 전자 및 ICT 관련 직업기술교육훈련을 제공하고 있으나 인적, 물적 인프라가 충분하지 못한 실정이다(UNESCO, 2021b).

베트남은 국가개발계획으로서 4차 산업혁명에 부합하는 산업기술 혁신을 위한 인적자원과 직무능력 발전을 설정하였는데, 이러한 국가계획은 베트남의 빠른 성장을 생산성 증가를 기반으로 추진함을 알 수 있다. 그에 비해 SDG4.3.1의 형식·비형식 직업기술교육훈련에 참여하는 성인 비율은 2012년에 비해 2020년과 2021년에 오히려 감소하는 등 직업기술교육훈련 참여는 변화하는 산업수요를 충족하지 못하는 실정이며, 이러한 약화는 양질의 직업기술교육훈련 제공이 이루어지지 못한 데에 따른 것으로 보고된다.

캄보디아 또한 국가개발계획에서 인적자원개발을 우선 강조하는 국가로, 정부가 직업기술교육훈련, 도제과정 등 역량 중심의 자격체계를 개발하는 다양한 정책들을 추진해왔다. 그러나 인도네시아와 마찬가지로 노동 인력의 ICT 역량 강화를 위한 더 많은 국가적 노력이 요구되는데, ICT 역량을 지닌 청년 및 성인의 비율이 2017년 이후로 나아지지 않는 실정이다.

방글라데시는 인적자원개발을 농업, 공업, 에너지, 교통 분야와 함께 지속가능발전의 중점 분야로 설정하고, 교사훈련을 비롯한 양질의 직업기술교육훈련을 강조하면서 완전한 고용을 위한 지식, 기능, 창의력을 강화하는 훈련에 대한 정책을 추진해왔다.

이러한 국가별 직업기술교육훈련 관련 이슈를 SDG4.3.2. 이행현황을 중심으로 살펴보자. 베트남, 인도네시아, 필리핀은 35% 정도가 고등교육에 진학하고 그 외 국가들은 10-20%를 밑도는 수준이며, 고등교육 접근성이 충분하지 않다고 보고된다. 여기에 중등교육 이후 15-24세 청소년이 직업기술 프로그램에 참여하는 비율은 인도네시아 12.80%를 제외하고 3% 이하로 보고된다. 인도네시아는 2005년에 5% 내외였던 15-24세 청소년의 직업기술교육훈련 참여율이 꾸준하게 증가하는 국가 중 하나이다.

또한 직업기술을 익히고 실습하는 훈련 방식의 특성으로 인해 직업기술교육훈련은 코로나 팬데믹의 영향을 심각하게 받게 되었다. 2020년 ILO의 글로벌 설문조사에 따르면 응답자의 90%가 학교 폐쇄를 경험하면서 그중 98%가 직업기술교육훈련을 중단해야 하는 상황이었다. 스리랑카의 경우는 원격교육을 제공하는 직업기술교육훈련 기관이 36% 정도였으나 코로나 팬데믹 이후에는 92%로 크게 증가한 것에 비해 실제 컴퓨터를 보유한 가구는 20% 내외로, 가정에서 제한적으로 온라인 방식의 직업기술교육훈련을 경험하였다.

사회경제적 불평등과 교육의 질에 기반하여 이러한 개발도상국의 교육 현황은 생애주기에 따른 교육의 역할과 기능이 충분하고 균형적으로 발현되지 못하고 있음을 설명한다. 또한 직업기술교육훈련 분야의 개발 협력은 국제동향을 반영한 사업전략 마련, 현지화, 산업 및 고용과의 연계, 사업수행기관의 역량 등의 쟁점들이 노정되어 있다(유성상 외, 2017).

개발도상국의 이러한 상황에 대응하기 위해 국가적 차원의 노력과 함께 최근 지역사회의 직업훈련 프로그램 지원에 대한 논의가 이뤄지고 있다(UNESCO, 2021b). 소외 지역을 비롯하여 지역의 특수성이 고려된 다양한 직업훈련을 통해 직업기술의 점진적 성장을 도모하려는 시도다. 관련하여 인도네시아, 미얀마 등의 국가는 지역학습센터(Community learning centre, CLC)를 통해 관행적으로 습득해 온 농업 등의 직업기술을 변화시키거나 유관 기관 및 단체들과의 네트워크를 통한 지식과 기술 공유를 지원한다. 또한 지역사회의 인프라와 교육 여건을 고려하여 첨단 디지털 솔루션에만 의존하지 않고 텔레비전, 휴대전화 등의 여러 가지 접근 방식을 고려한 직업기술교육훈련 제공 방안도 강구할 필요가 있다.

라. 코로나 팬데믹의 영향

코로나 팬데믹은 교육뿐만 아니라 전 국가에 광범위한 영향을 미쳤고, 그 영향의 결과는 앞으로도 지속될 것으로 예상된다. 코로나 팬데믹 이전에는 SDG4에 기반하여 교육의 질을 개선해나가는 성과들이 점진적으로 나타나는 경향이 있었으나 팬데믹의 영향으로 대부분의 국가들은 목표 달성에 있어 하향세를 보였다. 팬데믹은 2015년 이후 달성한 SDG4의 교육 격차의 감소와 함께 교육의 질 개선과 같은 성과에 관해 아시아 지역의 교육을 수십 년 전으로 되돌릴 수 있다(UNESCO & UNICEF, 2021).

아시아-태평양 국가 중에서 56%가 초등교육을 통해 읽기와 수학 영역의 최소 숙련도를 충족하지 못하는데(UN, 2022), 코로나 팬데믹 동안은 광범위한 휴교로 인해 다양한 수준에서 학생들의 교육격차를 더욱 악화시켰다. 예를 들어, 파키스탄 초등학생의 읽기와 수학 능력을 살펴보면 2019년에 비해 2021년 코로나 팬데믹 이후에 상당히 낮아졌다(UNESCO & UNICEF, 2021).

코로나 팬데믹이 교육에 미친 즉각적인 영향은 전 세계적으로 광범위한 학교 봉쇄였으며, 수개월 봉쇄부터 필리핀과 방글라데시와 같이 1년 이상 봉쇄까지 다양하게 진행되었다(UNESCO & UNICEF, 2021). 학교 봉쇄에 따른 갑작스러운 비대면 수업은 지리적, 경제적으로 소외된 학생들의 사회적 분리, 정보격차 등의 구조적 문제를 야기하고, 결국 교육 불평등 문제가 더욱 심화되었다. 또한 개발도상국의 디지털 격차는 코로나 팬데믹에 대한 즉각적인 대응에도 영향을 미치지만 교육에 있어서 장기적인 영향이 이어질 것으로 우려된다(박수영 외, 2020).

이에 대응하기 위해 각 국가들은 학생들에게 인터넷, TV, 라디오 등의 하이브리드 수단을 통한 원격교육으로 전환하고 가정에서의 학습을 지원하기 위해 다양한 학습자원 및 자료를 포함하는 온라인 플랫폼, 학습관리시스템(LMS)을 개발하였다.

국가별 팬데믹 대응 사례들을 살펴보면, 인도네시아 교육부는 지역 통신사, ICT 기업과 협력하여 온라인학습을 위한 무료 서비스, 무료 데이터를 제공하거나 국영 TV 채널을 통해 학습 자료와 문화콘텐츠를 방송하였다. 필리핀에서는 교사와의 대면수업과 가정에서의 모듈식 학습이 함께 이루어졌고 그러한 과정에서 충분히 훈련된 교사의 지도가 요구되었다. 또한 베트남은 온라인 교수활동을 지원하는 정보 포털을 구축하고, 기존의 교육기업이 제공하는 이러닝 학습 플랫폼이 활용되었다(김혜정 외, 2022). 라오스는 UNICEF의 온라인 학습플랫폼을 기반으로 한 플랫폼을 구축하고 온라인 수업을 비롯한 애플리케이션, TV, 라디오 등을 연계하여 학교교육을 지원하였다.

최소한의 학습권 보장을 위한 이러한 긴급한 국가적 조치에도 불구하고 개발도상국들은 ICT에 접근할 수 없거나 가정 학습을 위한 적절한 지원이 필요한 어린이들에게 교육을 제공하는 것이 상당한 어려움이라고 보고된다(APEC, 2021). UNICEF에 따르면 초등학생부터 고등학생까지 31% 정도의 학생들이 학습에 필요한 ICT 장비의 부족으로 교육을 지속하지 못한 것으로 추정된다. 예를 들어, 방글라데시의 경우는 정부가 라디오, 텔레비전, 휴대폰, 인터넷을 통한 원격학습을 지원했음에도 불구하고, 50% 이상의 어린이가 ICT 장비를 사용할 수 없었으며 소외계층의 9%만이 텔레비전을 통한 원격학습이 가능했다(Rahman and Ahmed, 2021). 파키스탄 또한 60% 정도의 가정이 텔레비전을 보유하고 있으나 실제 텔레비전을 활용한 원격학습은 텔레비전 보유 가정의 절반 수준에서만 이루어졌다. 개발도상국에서의 원격학습 방식은 학교 봉쇄에 따른 임시적이고 불완전한 대체물로서만 기능하였고 그에 따라 학습 손실은 피할 수 없었다.

그리고 팬데믹 이후 학생들의 디지털 격차에 따른 적절한 지원이 요구되면서 교사의 디지털 리터러시 부족 등의 실제적인 문제들에 부딪히면서 교사교육을 통한 교사 역량 강화의 필요성이 더욱 강조되었다(UNESCO & UNICEF, 2021). 개학 이후 학교 운영에 관한 정부 및 이해관계자 간의 협의를 비롯하여, 학생들에게 제공해야 할 코로나 팬데믹 위생 교육 및 정신건강 교육, 대안적인 교수학습에 대한 준비와 실행, 팬데믹으로 인해 학교교육에서 소외된 학생 현황 파악 등의 새롭게 발생한 다양한 업무를 즉각적으로 수행할 수 있는 역량이 요구되기도 하였다.

그리하여 학생들의 교육복지를 보장하기 위해 필리핀, 인도네시아 등 아시아의 많은 국가들은 학부모와 교사, 그리고 가정과 학교와의 의사소통을 강화하려는 시도도 있었다. 나아가 향후 코로나 팬데믹으로 인한 학습결손을 해결하고 온/오프라인 학습 경로에 대한 접근성을 공평하게 확장하는 데 요구되는 기술들이 제 기능을 할 수 있도록 하려면 새로운 파트너와의 협력이 요구된다. 교사가 다양한 디지털 매체를 활용할 수 있도록 애플리케이션 기업을 비롯한 다양한 파트너 기관들의 지원을 비롯하여, 이해관계자 간의 온라인 커뮤니케이션의 활성화, 그리고 디지털 인프라가 절대적으로 열악한 지역의 물리적 환경 조성 등 다방면의 네트워크와 협력이 이루어져야 한다.

코로나 팬데믹 위기에서 얻은 교훈은 교육시스템 및 정책을 장기적이고 지속 가능한 관점에서 또 다른 위기에 탄력적으로 대응할 수 있도록 혁신하고 새로운 정책 방향을 설정하여야 한다는 것이다(ADB, 2021). 팬데믹이 종료된 이후 예전의 일상적인 학교 제도로 돌아가는 것이 아닌 열악한 교육 환경과 시스템의 결함에 대한 개선의 노력이 요구된다.

5. SDG4 달성과 지역격차

가. 국가 간 격차와 국가 내 지역격차

개발도상국은 공통적으로 도시 및 농촌 등의 지역에 따라 교육 기회와 교육의 질이 차별적으로 경험되는 문제를 안고 있으며, 여기에 교사, 학습환경 등의 교육의 질을 좌우하는 이슈들이 더해져 국가의 교육발전을 저해한다. 더욱이 국가 내 지역격차는 SDG4와 같이 글로벌 차원에서의 주요 모니터링 범위에서 벗어나 실제 지역격차의 심각성을 구체적으로 확인하기가 쉽지 않다. 국가 내 지역격차를 포함하는 하위 지표는 SDG4.5로, 취약상황에 처한 어린이를 포함한 취약계층의 모든 수준의 교육과 직업훈련에 대한 평등한 접근을 강조하는데, 개발도상국에서 자체적으로 지역 간 현황 데이터를 구축하고 모니터링 및 평가 등의 방식으로 관리하기가 용이하지는 않다.

대륙별, 국가별 빈곤수준은 빈곤선(poverty line)을 기준으로 비교했을 때 그 심각성이 명확하게 드러나는데, 국가 내 지역격차는 그 이상의 빈곤격차를 예상해 볼 수 있으나 데이터를 기반으로 한 지역 현황이 상대적으로 부족하다. 글로벌 차원에서 지역별 격차를 비교해보면, 아시아 지역은 사하라 이남 아프리카 지역에 비해 빈곤격차가 크게 감소하거나 낮은 수준으로 비교될 수 있다.

베트남, 캄보디아, 라오스, 파키스탄, 방글라데시, 네팔 등 일부 국가들의 지역격차를 살펴보면, 성별 격차 이상으로 지역격차가 초·중등교육 등록률에 강력한 요인으로 작용하고 있음을 알 수 있다(UNESCO & UNICEF, 2021).

또한 UIS(2021)에 따르면, 캄보디아, 라오스, 파키스탄 등의 국가들은 지역에 따른 초등교육 이수율이 상당한 차이가 있으며, 이러한 지역별 차이는 성별에 따른 이수율보다 더 심각한 차이로 나타난다. 그리고 가계의 소득격차가 초·중등교육 등록률에 있어 더 심각한 이슈로 작용하는 것으로 나타나는데(UNESCO & UNICEF, 2021), 개발도상국에 있어 수도 및 도심을 중심으로 지역격차와 소득격차는 밀접한 상관관계로 연계되므로 국가 내 지역 간 교육격차의 심각성은 충분히 유추 가능하다. 더불어 국가 내 지역격차는 소수민족 및 경제적 취약계층 이슈를 동반하게 되는데, 예를 들어 네팔의 경우는 카스트제도로 인한 계층화되어있는 사회문화로 제한적인 교육 접근성 문제가 가중되는 현실이다. 따라서 교육 기회의 장벽과 불평등을 해결하기 위해 지역, 경제 수준을 고려한 표적 조치가 필요하다.

나. 국가 내 지역격차 이슈

국가 내 지역격차는 교육 영역 내에서만 해결할 수 없는 쟁점으로서 10개 국가들이 사회적, 경제적 차원에서 구조적으로 해결해야 하는 공통적인 도전과제에 해당한다. 지역격차는 앞서 언급한 교육의 질을 좌우하는 4가지 쟁점들과 연계되거나 선행된 사회적 쟁점으로서 근본적으로 고려되어야 하는 개발도상국의 이슈라 할 수 있다.

관련하여 2부에서 다룬 국가별 현황 분석을 통해 국가 내 지역격차는 아시아 지역 개발도상국의 SDG4 이행수준을 좌우하는 핵심적인 쟁점임을 알 수 있었다.

먼저 비교적 SDG4 이행이 높은 수준으로 진행되는 인도네시아 또한 지역 간 빈부격차에 의한 학업성취의 불균형 문제가 지속되고 있다. 많은 인구와 수많은 섬들로 이루어진 국가 특성으로 인해 지방의 인프라 구축 및 발전에 있어서 다른 국가와는 다른 형태의 어려움을 겪고 있다(UNESCO, 2021b). 그에 따라 비도시 지역의 경우 교육에 대한 부모의 낮은 관심 등의 이슈들이 발생한다.

캄보디아는 국가 전체 예산 중 교육 분야의 비중이 낮아 교육의 질

차원에서 교원의 수 및 교원의 역량 부족 현상이 가장 큰 교육 이슈로 남아있는데, 특히 농촌 지역 교원 부족은 지역 간 교육격차를 심화시키고 있다. 게다가 2019년을 기준으로 1%의 초등학생들만이 자신의 모국어를 수업의 언어로 경험하고 있는데, 소수민족이 많은 농촌 지역에서는 모국어 수업 경험의 비중이 더 낮을 것이다.

라오스는 2017년을 기준으로 농촌과 최빈곤 가정의 초등학생 소녀 20%가 학교에 다니지 않은 데 비해 도시와 부유한 가정의 소년은 1%에 불과할 만큼(UN, 2022) 도시와 농촌 간의 지역격차가 크다. 또한 문해 인구 구성을 보면, 지역에 따른 문해율의 차이가 성별에 따른 차이보다 더 크다. 농촌 지역 여성이 농촌 남성보다 문해율이 낮고, 소수 민족 언어를 모국어로 사용하는 사람들은 대다수 민족보다 문해율이 극적으로 낮으며, 최빈 가정 여성의 문해율은 전국에서 가장 낮다. 더욱이 농촌 지역의 가구의 낮은 수준의 ICT 환경 및 디지털 접근성으로 인해 코로나 팬데믹의 상황에서 도농 간 학습격차가 더욱 심화되었다(UNESCO & UNICEF, 2021). 코로나 팬데믹 시기에 도시 지역 어린이의 34%가 온라인학습에 참여한 것에 비해, 농촌 지역 어린이의 온라인학습 참여율은 18%에 그쳤다(World Bank, 2020c).

미얀마의 경우, 중앙집권적 교육체제로 이루어져 있어 지방의 교사 채용 또한 중앙정부에서 관리하다 보니 지방의 소수민족언어를 사용하는 학생들이 학교교육에 접근하거나 적응하는 데 어려움을 겪는다(Tun, 2022). 또한 일부 지역이 쿠데타 및 내전시위로 인해 교육환경이 위협 요소에 노출되는 이슈, 지방 및 외곽 지역의 취학 전 교육의 접근성 및 형평성을 확보하는 이슈도 교육격차를 완화하기 위한 도전과제로 남아있는 실정이다.

파키스탄은 산간 지역 및 분쟁상황이나 재난에 영향을 받은 지역을 중심으로 학교 접근성으로 인한 높은 중도탈락률, 학교 밖 아동·청소년 비율 등이 주요 이슈로 나타난다. Riawan 외(2022)에 따르면, 수도인 이슬라마바드(Islamabad)의 학교 밖 아동·청소년 비율은 12%인 데 비해, 농촌 지역인 발루치스탄주(Balochistan)의 학교 밖 아동·청소년 비율은 70%에 이른다.

스리랑카는 자연재해로 인해 동북부 지역의 교육 인프라 및 환경이 열악하다. 스리랑카는 교사 처우가 다소 낮은 편인데 그중 동북부 지역의 교사 부족 문제가 심각하다. 더욱이 학생들의 적절한 통학수단이 마련되지 않아 교사와 학생 모두 어려움을 겪고 있는데 정부 차원에서 별다른 대응 방안을 마련하지 못하고 있다.

방글라데시는 1인당 국민총생산이 2020년 대비 2022년 3배가 넘는 경제 성장률을 보이고 빈곤과 관련한 인간개발지수 또한 개선되고 있으나 농촌 지역은 여전히 식량 부족을 경험하는 가정이 있고 심각한 교육 불평등을 경험하고 있다. 지역에 따른 교육형평성은 소득수준, 성차별과 함께 방글라데시의 핵심 도전과제로 보고된다(BANBEIS, 2022). 구체적으로 학교 밖 아동·청소년, 중도탈락률이 학교급이 올라갈수록 심각하게 나타나는데, 이러한 교육 기회의 불평등은 지역격차, 빈곤 등의 원인에 기인한다. 기초문해력이 없는 아동의 대다수는 농촌 지역에 거주하고, 많은 농촌 지역 아동들이 영유아교육에 등록하지 않고 있다.

그 외 네팔은 국가 차원에서 교육 분야의 점진적인 성과가 달성된 것에 비해, 지리적 특성으로 인한 사회적, 경제적 격차가 교육 기회와 학업 성취에 그대로 반영되고 있다. 또한 도서국가로서 지리적 여건에 의해 학습기회의 제한을 받는 필리핀 등 대부분의 국가들이 지역격차에 따라

연쇄적으로 발생하는 교육격차를 미해결 이슈로 안고 있는 실정이다.

따라서 개발도상국의 지역에 따른 교육격차 이슈는 지역개발과 긴밀한 연계성을 가지고 전반적인 삶의 질 향상을 위해 접근되어야 한다. 베트남의 경우는 그 외 9개 국가에 비해 지역격차에 대한 심각성이 상대적으로 적은 편으로 나타난다. 관련하여 세계은행 등의 국제기구들은 여러 가지 어려운 추진과정에도 불구하고 2000년대부터 시행한 베트남 도시개발 프로젝트들을 성과를 거둔 바 있는데, 그러한 성과가 교육 분야에도 영향을 미치고 있다고 볼 수 있다. 그러나 이러한 도시개발 프로젝트들이 도시의 빈민 지역에 제한적으로 추진되는 경우가 많고 지리적으로 외곽에 있는 농촌개발까지 아우르기는 어려운 여건이다.

이에 지방정부 및 지역사회, 개별 학교 수준에서 인구의 다양한 특성에 따른 데이터를 기반으로 한 자원 및 예산 배분이 요구된다. 관련하여 개발도상국 내 지역격차 이슈를 해소하기 위해 각 국가에서 이루어지는 교육통계시스템의 조사현황을 활용하는 방안이 있다. 네팔의 학교교육 기술보고서(technical review of school education), 라오스 교육체육부의 교육통계센터가 관리하는 교육통계, 방글라데시 통계청의 교육통계 자료를 비롯하여 베트남 교육훈련부, 스리랑카 교육부, 인도네시아 교육문화부와 통계청, 캄보디아 교육·청소년·체육부, 파키스탄 교육부의 교육기획 및 경영 아카데미(Academy of Educational Planning and Management), 필리핀 교육부에서 제공하는 국가 내 지역의 교육현황을 통해 지역 간 격차를 좀 더 면밀하게 들여다볼 수 있다. 다만 국가별 교육통계의 수집 및 관리가 상당한 편차가 있어 데이터 가용성을 높이기 위해서는 향후 많은 변화와 노력이 요구된다.

6. 아시아 개발도상국의 교육발전 전망

지금까지 아시아 개발도상국의 교육발전 현황을 종합하고, 교육의 질 개선과 SDG4 달성을 위한 교사의 질, ICT와 디지털 접근성, 직업기술교육훈련, 코로나 팬데믹의 영향을 비롯하여 국가 내 지역격차에 관한 국가별 이슈들을 살펴보았다. 이를 통해 그간의 글로벌 차원과 국가적 차원의 여러 노력에도 불구하고 앞으로 해결해야 할 도전과제들도 산재해 있음을 알 수 있었다. 현재까지의 이행 성과들은 충분하지 않았고 게다가 팬데믹의 여파로 인해 SDGs의 목표들이 2030년까지 달성되지 못할 것으로 예상된다. 이는 필리핀, 인도네시아, 베트남, 캄보디아, 라오스, 미얀마, 파키스탄, 스리랑카, 방글라데시, 네팔 등의 국가들이 안고 있는 교육 이슈와 도전과제들은 전례 없는 노력과 자원들을 동원해야만 좀 더 완화될 수 있음을 의미한다.

물론 성별에 따른 교육 접근성이 나아진 네팔과 스리랑카, 초등교육 취학률이 지속적으로 증가하는 라오스와 방글라데시, 자격을 갖춘 교사 수가 증가한 인도네시아, 캄보디아, 필리핀, 그리고 청소년과 성인의 문해율이 높은 수준으로 개선된 미얀마 등의 SDGs 달성은 괄목할 만한 성과다. 그럼에도 불구하고 소수민족을 비롯한 다언어 사회 특성을 비롯하여 양성평등 및 교육에 대한 낮은 사회적 인식, 도시와 농촌 간 불균형한 발전 등의 사회 문제는 교육 부문과 연계되어 양질의 학습을 저해하는 주요 이슈로 남아있다. 여기에 디지털사회의 도래, 팬데믹의 영향으로 인해 디지털 학습환경을 조성해야 하는 이슈, 지역 및 소득에 따른 학습환경의 차이로 인해 발생한 교육격차를 완화해야 하는 이슈들이 산재해 있다.

이에 따라 양질의 교육을 실현하기 위해 전통적인 교육의 관점을 넘어 더 나은 방식의 교육-학습 시스템을 재구상할 필요가 있다. 국가 차원에서 구축하는 교육시스템은 교육 이슈에 한정해서는 디지털 접근성, 인적자원개발 등의 이슈들을 달성하기에는 한계가 있기 때문이다. 교육을 통해 국가 발전을 이루어야 하는 개발도상국은 사회적, 경제적 차원에서 교육 이슈를 조화롭게 다루고 개별 정책 간의 연계성을 검토하는 혁신적인 공공 정책을 설계하고 구현해야 할 것이다. 더불어 경제적·지리적 격차와 불평등을 경험하는, 또는 다양하고 복잡한 성별, 문화적 이슈를 안고 사는 집단 및 개인의 교육권 실현을 방해하는 요인들을 구조적으로 분석할 수 있는 국가 역량이 그 어느 때보다 절실하다.

참고문헌

Abdalla, A., Raisuddin, A. N. M. & Hussein, S. (2004). Bangladesh Educational Assessment: Pre-primary and Primary Madrasah Education in Bangladesh.

Acevedo, S. (2008). "Measuring the Impact of Human Capital on the Economic Growth of South Korea, The Journal of the Korean Economy," 9(1), 113-139.

Adukia, A. (2017). Sanitation and Education. American Economic Journal: Applied Economics, 9 (2), 23-59.

Aghion, P., Leah, B., Caroline, H. & Jerome, V. (2009). "The Causal Impact of Education on Economic Growth: Evidence from the United States." Brookings Papers on Economic Activity, Brookings Institute.

Ahmad, M. (2004). Madrassa education in Pakistan and Bangladesh.

Aktar, M. (2013). Universal Pre-Primary Education in Bangladesh Background.

Alawattegam, K. K. (2020). Free education policy and its emerging challenges in Sri Lanka. European Journal of Educational Sciences, 7 (1), 1-15.

Albert, J. R. G., Orbeta, A. C., Paqueo, V. B., Serafica, R. B., Dadios, E. P., Culaba, A. B., Bandala, A. A. & Bairan, J. C. A. C. (2018). Harnessing government's role for the Fourth Industrial Revolution. Philippine Institute for Development Studies.

Alderman, H., Orazem, P. F., & Paterno, E. M. (2001). School quality, school cost, and the public/private school choices of low-income households in Pakistan. Journal of Human Resources, 36 (2), 304-326.

Andrabi, T., Das, J., & Zajonc, T. (2006). Religious School Enrollment in Pakistan: A Look at the Data. Comparative Education Review, 50 (3), 446-478.

Annual Status of Education Report (ASER). (2019). Annual Status of Education Report ASER-Pakistan 2019 (Rural). New Delhi: ASER Center.

Annual Status of Education Report (ASER). (2021). Annual Status of Education Report ASER-Pakistan 2021 (Rural). New Delhi: ASER Center.

Annual Status of Education Report Pakistan (ASER-Pakistan). (2019). Annual Status of Education Report (ASER). Lahore: ASER Pakistan Secretariat. https://aserpakistan.org/document/aser/2019/reports/national/ASER_National_2019.pdf

Archer, M. S. (1979). Social Origins of Educational Systems. London: Sage Publications Ltd.

Asian Development Bank (ADB). (2011). Capacity Development for Madrasah Education. Maxwell Stamp, ADB TA 7206-BAN. Manila: ADB.

Asian Development Bank (ADB). (2015). Innovative Strategies in Technical and Vocational Education and Training for Accelerated Human Resource Development in South Asia Bangladesh.

Asia-Pacific Economic Cooperation (APEC). (2021). Education Response to COVID-19 in the Asia-Pacific Region Challenges and Solutions. APEC Human Resources Development Working Group Education Network.

Bangladesh Bureau of Educational Information and Statistics (BANBEIS). (2022). Bangladesh Education Statistics 2021. Dhaka: MoE.

Bangladesh Bureau of Statistics (BBS). (2019). Multiple Indicator Cluster Survey 2019: Survey Findings Report. Dhaka: MoE.

Bangladesh Ministry of Education (Bangladesh MoE). (2020a). Education Sector Analysis for Bangladesh. Dhaka: MoE.

Bangladesh Ministry of Education (Bangladesh MoE). (2020b). Education Sector Plan for Bangladesh Fiscal Years 2020/21-2024/25.

Becker, G. (1964). Human capital: A Theoretical and Empirical Analysis, with Special Reference to Education. New York: Columbia University Press.

Boni, A. & Walker, M. (2013). Human Development and Capabilities: Re-imagining the university of the twenty-first century. New York: Routledge.

Brighouse, H. & Robeyns, I. (2010). Measuring Justice: Primary Goods and Capabilities. London: Cambridge University Press.

Bustos-Orosa, M. A. (2022). Early childhood education in the Philippines. In L. P. Symaco & M. Hayden (Eds), International Handbook on

Education in South East Asia (pp. 1-25). Springer International Handbooks of Education. Singapore: Springer. https://doi.org/10.1007/978-981-16-8136-3_3-1.

Chao Jr., R. Y. (2020). Higher Education Systems and Institutions, Myanmar, In P. N. Teiseira & J. C. Shin (Eds), The international encyclopedia of higher education systems and institutions (pp. 1321-1324). Dordrecht: Springer.

Chaudhury, N., Christiaensen, L., & Asadullah, M. N. (2006). Schools, Household, Risk, and Gender: Determinants of Child Schooling in Ethiopia (Working Paper No. 2006-06). Oxford: Centre for the Study of African Economies.

Cheema, A. R. (2021). *Pakistan SDGs Status Report*. Federal SDGs Support Unit, Ministry of Planning Development and Special Initiatives.

Chongcharoen, K. & Daungkaew, R. (2016). Higher Education Policies in Promoting ASEAN Community: The case of Myanmar. Proceedings of International Academic Conferences. International Institute of Social and Economic Sciences.

Chung, B. M. (2010). Development and Education. Seoul: SNU Press.

Congressional Research Service. (2022). Pakistan's 2022 Floods and Implications for U.S. Interests. CRS Reports.

David, C. C., Albert, J. R. G., & Vizmanos, J. F. V. (2018). Out-of-school children: Changing landscape of school attendance and barriers to completion [Discussion Paper]. Philippine Institute for Development Studies.

Denison, E. F. (1962). Education, Economic Growth, and Gaps in Information. Journal of Political Economy, 70(5), 124-128.

Department of Education (DepEd). (2022). Basic education development plan. Manila: DepEd.

Eberhard, D. M., Simons, G. F. & Fennig, C. D. (2019). Ethnologue: Languages of the World.

Economic and Social Commission for Asia and the Pacific (ESCAP). (2022).

Asia and the Pacific SDGs Progress Report 2022.

Eisenmon, T. & Schwille, J. (1991). Primary education in Burundi and Kenya: Preparation for secondary education or for self-employment? Elementary School Journal, 92, 23-40.

Fisher, M. H. (1984). Indirect rule in the British Empire: The foundations of the residency system in India (1764–1858). Modern Asian Studies, 18 (3), 393-428.

Freire, P. (1987). Pedagogy in Process: Letters from Guinea-Bissau. New York: Writers and Readers Ltd.

Gazdar, H. (2007). Class, caste or race: veils over social oppression in Pakistan. Economic and Political Weekly, 86-88.

Gellner, D. N. & Adhikari, K. P. (2020). Guarding the Guards: Education, Corruption, and Nepal's Commission for the Investigation of Abuse. Public Anthropologist, 2 (2), 177-200.

General Education Division (GED). (2015). Seventh Five year Plan July 2020 – June 2025: Accelerating Growth, Empowering Citizens. Bangladesh Planning Commission Ministry of Planning Government of the People's Republish of Bangladesh Dhaka.

General Education Division (GED). (2020a). Sustainable Development Goals Bangladesh Progress Report 2020. Bangladesh Planning Commission Ministry of Planning Government of the People's Republish of Bangladesh Dhaka.

General Education Division (GED). (2020b). 8th Five year Plan July 2020-June 2025: Promoting Prosperity and Fostering Inclusiveness. Bangladesh Planning Commission Ministry of Planning Government of the People's Republish of Bangladesh Dhaka.

Ghazali, A., Munjin, A., & Wardhani, K. S. (2021). Accelerating SDGs-4 achievement through education sector policies and planning in the Southeast Asian countries. UNESCO Jakarta. Jakarta, Indonesia: UNESCO Jakarta.

Global Partnership for Education (GPE). (2021.09.19.) *Nepal Covid-19 Response.*

GPE. https://www.globalpartnership.org/where-we-work/nepal
Goulet, D. & Hudson, M. (1971). The Myth of Aid: The Hidden Agenda of the Development Reports. New York: IDOC North America.
Goulet, D. (1985). Cruel Choice: A New Concept in the Theory of Development. New York: Lanham.
Government of Bangladesh. (2020). BANGLADESH: An Overview XXI.
Government of Pakistan (GoP). (2015). Pakistan Education Statistics, 2013-14. Academy of Educational Planning & Management, Ministry of Federal Education & Professional Training.
Government of Pakistan (GoP). (2018). SUSTAINABLE DEVELOPMENT GOALS (SDGsS) NATIONAL FRAMEWORK. PLANNING COMMISSION MINISTRY OF PLANNING, DEVELOPMENT & REFORM.
Government of Pakistan (GoP). (2021). Pakistan Education Statistics 2017-18. Academy of Educational Planning & Management, Ministry of Federal Education & Professional Training.
Government of Pakistan Finance Division (GoP Finance Division). (2021). Pakistan Economic Survey 2020-21. Islamabad: Government of Pakistan Finance Division.
Government of Pakistan Finance Division (GoP Finance Division). (2022). 75 Years Economic Journey of Pakistan. Islamabad: Government of Pakistan Finance Division.
Gundlach, E. (2001). "Education and Economic Development: An Empirical Perspective," Journal of Economic Development, 26(1), pp. 1-24.
Hanushek, E. & Ludger, W. (2010). Economics of Education, Amsterdam: Elsevier.
Harad, H. A., & Arriola, B. H. (2022). Challenges on the implementation of Arabic Language and Islamic Values Education (ALIVE) program. International Journal of Multidisciplinary Research and Publications, 4 (9), 17-26.
Higher Education Quality Enhancement Project (HEQEP) (2018). Strategic Plan for Higher Education in Bangladesh: 2018-2030. Dhaka: Government

of Bangladesh.

Hirsch Jr., E. D. (1987). Cultural Literacy: What Every American Needs to Know. Boston: Houghton Mifflin.

Huma, A. (2013). Adaptable program evaluation strategies for teacher education in Pakistan. International Journal of Humanities and Social Science, 3 (7), 298-305.

Huntington, S. (1968). Political Order in Changing Societies. New Haven: Yale University Press.

Indonesia Ministry of Education and Culture and the United Nations Children's Fund. (2017). SDG4 Baseline Report for Indonesia. Jakarta: KEMDIKBUD and UNICEF.

Indonesia Ministry of National Development Planning (Indonesia MoNDP). (2021). Indonesia's voluntary national review 2021.

International Centre for Technical and Vocational Education and Training of the United Nations Educational, Scientific and Cultural Organization (UNESCO-UNEVOC). (2018). TVET Country Profiles: Sri Lanka. https://unevoc.unesco.org/wtdb/worldtvetdatabase_lka_en.pdf

International Labour Organization & European Union (ILO & EU). (2015). TVET Reform: Gender Mainstreaming into Technical and Vocational Education and Training (TVET) in Bangladesh.

International Monetary Fund (IMF). (2021). World Economic Outlook. Washington: IMF.

Jaffrelot, C. (2004). A History of Pakistan and its Origins. Anthem press.

Khan, A. B. (2020). Bringing All the Girls to School: A Case for More Investment. Pakistan Coalition for Education (PCE) and Pakistan Youth Change Advocates (PYCA), Islamabad.

Khan, A. B. (2021). Public Investment in Education: Covid-19 and Other Emergencies in the Past. Pakistan Youth Change Advocates (PYCA), Islamabad.

Korea Desk. (2022a). Myanmar Weekly. 2022년 45호, 1-6.

Korea Desk. (2022b). Myanmar Weekly. 2022년 42호, 1-6.

LaRocque, N. & Sipahimalani-Rao, V. (2019). School Education in Pakistan: A Sector Assessment.
Lee, J. (1997). Economic Growth and Human Development in the Repulic of Korea, 1945-1992. Occasional Paper 24, UNDP.
Lee, J. (2002). Education Policy in the Republic of Korea: Building Block or Stumbling Block. Research Report of World Bank, No. 37164. World Bank.
Lewin, K. M. (2011). Making Rights Realities: Researching Educational Access, Transitions and Equity. CREATE Synthetic Report. Centre for International Education, University of Sussex.
Liu, J., & Bray, M. (2020). Private Subtractory Tutoring: The Negative Impact of Shadow Education on Public Schooling in Myanmar. International Journal of Educational Development, 76 (2020), 102213.
Lloyd, C. B., Mete, C., & Grant, M. J. (2006). The implications of changing educational and family circumstances for children's grade progression in rural Pakistan: 1997–2004 (Policy Research Division Working Paper No. 209). New York: Population Council.
Maber, E., Oo, H., & Higgins, S. (2018). Understanding the Changing Roles of Teachers in Transitional Myanmar, In M. T. A. L. Cardozo & E. J. T. Maber (Eds.), Sustainable Peacebuilding and Social Justice in Times of Transition (pp. 117-139). Cham: Springer International Publishing.
Magallanes, K. (2018). 필리핀의 K-12 학제개편 과정 분석: 「2013년 기본교육강화법」을 중심으로. 석사학위논문, 이화여자대학교, 서울.
Malala Fund. (2021). Girls' Education and Covid-19 in Pakistan. Education Champion Network, Pakistan.
McMahon, W. W. (2000). Education and Development: Measuring the Social benefits. Oxford: The Clarendon Press.
Mughal, A. W., Aldridge, J. & Monaghan, M. (2019). Perspectives of dropped-out children on their dropping out from public secondary schools in rural Pakistan. International Journal of Educational Development, 66, 52-61.

Mumtaz, Z., Jhangri, G. S., Bhatti, A., & Ellison, G. T. (2022). Caste in Muslim Pakistan: a structural determinant of inequities in the uptake of maternal health services. Sexual and Reproductive Health Matters, 29 (2).

Musa, S., & Ziatdinov, R. (2012). Features and historical aspects of the Philippines educational system. European Journal of Contemporary Education, 2 (2), 155-176.

Myanmar Ministry of Education (Myanmar MoE). (2016). National Education Strategic Plan 2016-21. Naypyitaw: Ministry of Education.

Nepal Ministry of Education, Science and Technology (Nepal MoEST). (2021). Nepal School Sector Development Plan 2021-Budget Review Meeting May 17 – 21, 2021 Aide Memoire. Kathmandu: Ministry of Education, Science and Technology.

Nepal SDGs Forum. (2022). Nepal Civil Society Perspective on the 2030 Agenda for Sustainable Development. https://nepalsdgforum.org/uploads/attachments/jzfui7z5waqsmiap.pdf

Orbeta Jr., A. C., & Paqueo, V. B. (2022). Philippine education: Situationer, challenges, and ways forward [Discussion Paper]. Philippine Institute for Development Studies.

Organization for Economic Co-operation and Development (OECD) & World Trade Organization (WTO). (2019). Aid for trade at a glance 2019.

Organization for Economic Co-operation and Development (OECD). (2001). Understanding the Digital Divide. Paris: OECD Publishing.

Organization for Economic Co-operation and Development (OECD). (2019). PISA 2018: Insights and interpretations. Paris: OECD Publishing.

Organization for Economic Co-operation and Development (OECD). (2021). OECD Economic Surveys: Indonesia 2021, Paris: OECD Publishing, https://doi.org/10.1787/fd7e6249-en.

Organization for Economic Co-operation and Development (OECD). (2022), Education at a Glance 2022: OECD Indicators, Paris: OECD Publishing, https://doi.org/10.1787/3197152b-en.

Ortiz, M. K. P., Melad, K. A. M., Araos, N .V. V., Orbeta Jr., A. C., & Reyes, C. M. (2019). Process evaluation of the Universal Access to Quality Tertiary Education Act (RA 10931): Status and prospects for improved implementation [Discussion Paper]. Philippine Institute for Development Studies.

Osman, K., Aziz, A. A., & Khairuddin, K. F. (2022). Sub-regional policy review on teachers, teaching and teaching profession to accelerate achieving SDG4 in Southeast Asian countries. Jakarta, Indonesia: UNESCO Jakarta.

Pakistan Bureau of Statistics. (2022). Sectoral Shares in GDP (at Current basic prices). https://www.pbs.gov.pk/sites/default/files/tables/national_accounts/2021-22/Table_7b.pdf

Parsons, T. (2007). American Society: Toward a Theory of Societal Community Edited by Giuseppe Sciortino. New York: Paradigm.

Peet, R., & Hartwick, E. (2009). Theories of Development: Contentions, Arguments, Alternatives (2nd ed.). New York: Guilford Press.

Philippine Statistics Authority (PSA). (2021). 2019 Functional literacy, education and mass media survey. Quezon City: PSA.

Philippines National Education and Development Authority (NEDA). (2019). 2019 Voluntary national review of the Philippines. Pasing City: NEDA.

Philippines National Education and Development Authority (NEDA). (2021). Updated Philippine Development Plan 2017-2022. Pasing City: NEDA.

Philippines National Education and Development Authority (NEDA). (2022). 2022 Voluntary national review of the Philippines. Pasing City: NEDA.

Rahman, A. (2019). Inspirational Growth of Bangladesh Economy and Role of Developmental Central Banking. Presentation made at the two-day symposium on Economic Growth, Development and Economic Stability held on 13-14 May 2019 organized by School of Management, Swansea University, UK.

Rahman, T. & Ahmed, R. (2021). Combatting the Impact of COVID-19 School Closures in Bangladesh. Washington, DC, World Bank.

Rao, N., Umayahara, M., Yang, Y., & Ranganathan, N. (2021). Ensuring access, equity and quality in early childhood education in Bangladesh, China, India and Myanmar: Challenges for nations in a populous economic corridor. International Journal of Educational Development, 82.

Reyes, C. M., Albert, R. G., Tabuga, A. D., Arboneda, A. A., Vizmanos, J. F. V., & Cavaero, C. C. (2019). The Philippines' voluntary national review on the sustainable development goals Discussion Paper]. Philippine Institute for Development Studies.

Riawan, M., Taniguchi, K. & Hiraoka, R. (2022). ADB Brief: Access Challenges to Education in Pakistan. Manila: ADB. https://www.adb.org/sites/default/files/publication/771091/adb-brief-207-access-challenges-education-pakistan.pdf

Riaz, M., Safdar, M., Akhtar, S., Bibi, M. & Ahman, A. (2015). Apprehension of Teachers about Enrollment and Absenteeism at Primary Level in Punjab Province. Journal of Policy Research, 1 (4).

Sali, A. H. A., & Marasigan, A. C. (2020). Madrasah education program implementation in the Philippines: An exploratory case study. International Journal of Comparative Education and Development, 22 (3), 201-217.

Sawada, Y., & Lokshin, M. (2001). Household schooling decisions in rural Pakistan. Policy Research Working Paper No. 2541. Washington, DC: World Bank.

Schultz, T. W. (1961). Investment in Human. The American Economic Review, 51(1), 1-17.

Sen, A. (1999). Development as Freedom. Oxford: Oxford University Press.

Sen, A. (2008). "The Importance of Basic Education." The Speech to the Commonwealth Education Conference, Edinburgh. October 28, 2008.

Sri Lanka Ministry of Education (Sri Lanka MoE). (2013). Education First Sri Lanka. https://moe.gov.lk/wp-content/uploads/2020/06/Education_First_SL.pdf

Sri Lanka Ministry of Education (Sri Lanka MoE). (2019). Annual Performance Report 2019. Isurupaya: Ministry of Education.

Sri Lanka Ministry of Education (Sri Lanka MoE). (2013). Education First Sri Lanka. https://moe.gov.lk/wp-content/uploads/2020/06/Education_First_SL.pdf

Sri Lanka Ministry of Education (Sri Lanka MoE). (2020). Annual School Census of Sri Lanka: Final Report 2020. https://moe.gov.lk/wp-content/uploads/2022/01/School-Census-Report-2020-V3.pdf

Sri Lanka Ministry of Education (Sri Lanka MoE). (2020). Sri Lanka: General Education Sector Development Plan (2020-2025). https://moe.gov.lk/wp-content/uploads/2021/08/General-Education-Sector-Development-Plan-2021-2025-1-1.pdf

Sri Lanka Ministry of Education (Sri Lanka MoE). (2021). Annual Performance Report 2021. Isurupaya: Ministry of Education. https://moe.gov.lk/wp-content/uploads/2022/10/3.-2021-Annual-Report-English.pdf

Sri Lanka Ministry of Sustainable Development, Wildlife and Regional Development (MSDWRD). (2018). Voluntary National Review on the Status of Implementing the Sustainable Development Goals.

Starkey, N., Wai, H. S., & Chazal, A. (2022). Education Cluster Strategy: Myanmar 2022-2025.

Stuart-Fox, M. (1998). Laos in Asean: Dilemmas of development and identity. Asian Studies Review, 22 (2), 223-237.

Su, E. T. (2019.07.22.), University admission: Deciding in the dark. Frontier. https://www.frontiermyanmar.net/en/university-admission-deciding-in-the-dark/

Suante, K. T. T. (2022). The history and politics of schooling in Myanmar. Pedagogica Historica, 1-18.

Tanaka, Y. & Khine, M. M. (2019). Education of Myanmar: Break away from military era traditions and make democratic and dynamic changes. In P. M. Sarangapani & R. Pappu. (Eds.), Handbook of Education Systems in South Asia (1-32). Singapore: Springer.

Tanaka, Y. (2022). Teacher Education System in Myanmar. In M. S. Khine

& Y. Liu (Eds.), Handbook of Research on Teacher Education: Innovations and Practices in Asia (55-77). Singapore: Springer.

Technical Education And Skill Development Authority (TESDA). (n.d). TVET fact sheet: TESDA TVET statistics 2017-2021. Manila: TESDA.

The Newspaper's Staff Reporter (2022.11.04.). *FBISE announces SSC Results.* DAWN. https://www.dawn.com/news/1718806

Thu, P. K. (2021). GTHS Curriculum Reform. Human Resources Development Section; Department of Technical and Vocational Education and Training: Naypyitaw, Myanmar, 1-38.

Tun, A. (2022). The Political Economy of Education in Myanmar: Recorrecting the Past, Redirecting the Present and Reengaging the Future. Economics Working Paper. Yusof Ishak Institute, No. 2022-5, 1-16.

Tun, M. M. & Juchelková, D. A. (2022). Preliminary Approach toward Development of the TVET Research and Development (R&D) Sector for Sustainable Development in Myanmar. Sustainability, 14, 54-74.

UNESCO Institute for Statistics (UIS). (2016). The world needs almost 69 million new teachers to reach the 2030 education goal. UIS Fact Sheet.

UNESCO Institute for Statistics (UIS). (2021). Nepal SDGs Progress Assessment Report.

UNESCO Institute for Statistics (UIS). (2022). SDG4 data. http://sdg4-data.uis.unesco.org/

UNESCO International Bureau of Education (UNESCO-IBE). (2011). World data on education. Geneva: UNESCO-IBE.

UNESCO International Institute for Higher Education in Latin America and the Caribbean (UNESCO-IESALC). (2020). Towards universal access to higher education: International Trends. Caracas: UNESCO-IESALC.

United Nations (UN). (2022). ASIA AND THE PACIFIC SDGs PROGRESS REPORT 2022 Widening disparities amid COVID-19. United Nations Publication.

United Nations Development Programme (UNDP). (2021). National Report 2020.

Progress of five-year-implimentation of Sustainable Development Goals.
United Nations Educational, Scientific and Cultural Organization & United Nations International Children's Emergency Fund (UNESCO & UNICEF). (2021). 5-year progress review of SDG4 – Education 2030 in Asia-Pacific. Bangkok, Thailand: UNESCO Bangkok.
United Nations Educational, Scientific and Cultural Organization (UNESCO). (2015a). Education for All National Review Report Nepal 2001-2015 (Country Report).
United Nations Educational, Scientific and Cultural Organization (UNESCO). (2015b). Education 2030 Incheon Declaration and Framework for Action.
United Nations Educational, Scientific and Cultural Organization (UNESCO). (2016). Education for People and Planet Creating Sustainable Future for All. Global Education Monitoring Report, 2016.
United Nations Educational, Scientific and Cultural Organization (UNESCO). (2020). Lao PDR UNESCO Country Strategy 2020-2021.
United Nations Educational, Scientific and Cultural Organization (UNESCO). (2021a). Nepal Case Study: Situation Analysis on the Effects of and Responses to COVID-19 on the Education Sector in Asia. https://unesdoc.unesco.org/ark:/48223/pf0000379515
United Nations Educational, Scientific and Cultural Organization (UNESCO). (2021b). Accelerating SDGs-4 achievement through education sector policies and planning in the Southeast Asian countries.
United Nations Educational, Scientific and Cultural Organization (UNESCO). (2022). 2021/2 Global Education Monitoring Report: Non-state Actors in Education.
United Nations Educational, Scientific and Cultural Organization Jakarta (UNESCO Jakarta). (2021). TVET: Acceleration pathways in the Southeast Asian countries. Jakarta, Indonesia: UNESCO Jakarta.
United Nations International Children's Emergency Fund & Southeast Asian Ministers of Education Organization (UNICEF & SEAMEO). (2020). SEA-PLM 2019 Main Regional Report: Children's learning in 6

Southeast Asian countries. Bangkok: UNICEF.

United Nations International Children's Emergency Fund (UNICEF). (2017). Strategy Note for the Country Programme of Cooperation between the Government of the Lao People's Democratic Republic and United Nations Children's Fund, 2017-2021.

United Nations International Children's Emergency Fund (UNICEF). (2018). SDGs and Children-Measuring Progress on Child Wellbeing in Lao PDR.

United Nations International Children's Emergency Fund (UNICEF). (2021). Bangladesh Education Fact Sheets 2020: Analysis for Learning and Equity using Bangladesh MICS 2019.

United Nations International Children's Emergency Fund & United Nations Educational, Scientific and Cultural Organization (UNICEF & UNESCO). (2013). "Making Education a Priority in the Post-2015 Development Agenda." Report of the Global Thematic Consultation on Education in the Post-2015 Development Agenda, UNESCO & UNICEF.

United States Commission on International Religious Freedom (USCIRF). (2022). Religious Freedom in Pakistan in 2022. Washington: USCIRF.

Walker, M. & Unterhalter, E. (2010). Amartya Sen's Capability Approach and Social Justice in Education. New York: Palgrave Macmillan.

Walters, P. B. (1980). "Education and Development: Towards a Dependence Interpretation." A paper presented at the Annual Meeting of the American Educational Research Association (AERA), Boston, US. April 10.

World Bank. (2017a). Lao PDR Systematic Country Diagnostic.

World Bank. (2017b). Pakistan Tertiary Education. SABER Country Report 2017. Washington: World Bank.

World Bank. (2019). Lao PDR Economic Monitor.

World Bank. (2020a). Project appraisal document on inclusive access and quality education project (P163389). Washington: World Bank.

World Bank. (2020b). The promise of education in Indonesia.

World Bank. (2020c). Monitoring COVID-19 Impacts on Households in Lao

PDR: Results Snapshot from a Rapid Monitoring Phone Survey of Households. Washington, DC, World Bank. (Report 1.)

World Bank. (2022a). Overcoming poverty and inequality in the Philippines: Past, present, and prospects for the future. Washington: World Bank.

World Vision. (2015). Country profile: Bangladesh. School Resources: Bringing the world into your classroom. Victoria: World Vision Australia.

관계부처 합동. (2022). 방글라데시 국가협력전략.

김영화. (2010). 교육사회학. 파주: 교육과학사.

김재원. (2017). 현대의 민족문제와 다문화주의: 판차실라의 나라 인도네시아. 민족연구, 30, 65-90.

김진희. (2016). 캄보디아와의 교육분야 개발협력 방안 연구 (Ⅱ): 교육의 질 향상을 위한 초등교원 역량 강화 (OR2016-05). [KEDI] 연구보고서, 1-244.

김창환. (2016). 개도국 교육지표 개발·협력 사업 (I): 중장기 실행전략 수립 (RR2016-24). [KEDI] 연구보고서, 1-338.

김혜정, 차중찬, 이필남. (2022). 코로나-19 기간 아시아 개발도상국의 교육정보화 정책 탐색. 인문사회21, 13(4), 3367-3382.

목광수. (2011). “아마티아 센의 정의론에 대한 비판적 고찰: 민주주의 논의를 중심으로”. 철학연구, 93, 149-174.

박성호, 김창환, 임후남, 이기준, 박근영, 김혜자, 한효정, 김본영, 오요섭, 이한승, 윤선애, 엽승현, 이찬의, 박환보, 송기상, Baatar, A., Tram, L. H. B., Chathurik, S., 윤혜신 (2019). 개도국 교육지표 개발·협력 사업(IV) 아시아 중점협력국가를 중심으로. 한국교육개발원.

박수영, 안미선, 조예은. (2020). 개발협력의 관점에서 본 코로나19의 영향과 대응방안. 개발과 이슈, 61.

박은홍. (2016). 미얀마, ‘질서 있는 이행’ 모델: ‘체제 내 변화’에서 ‘체제 변화’로의 진화. 동남아시아연구, 26 (1), 183-223.

박은홍. (2021). 미얀마 민주주의 전환의 구조적 문제점. 〈쿠데타 이후, 미얀마 민주주의의 미래〉 컨퍼런스 브로셔 (2021년 4월 19일), 동아시아연구원, 36-37.

박의수, 강승규, 정영수, 강선보. (2000). 교육의 역사와 철학. 서울: 동문사.

박희. (1992). 파키스탄의 사회변동과 종교·문화적 갈등구조. 사회과학연구, 12,

201-225.
버뱅크, 존. (2005). 네팔 (큐리어스 시리즈 46). (권태경 역). 휘슬러.
성기선, 유성상, 이혜주. (2014). 교육사회학. 서울: 한국방송통신대학교출판문화원.
송정남. (2014). 베트남 역사 읽기. 서울: 한국외국어대학교출판부지식출판원.
아마티아 센. (원용찬 역) (2008). 센코노믹스: 인간의 행복에 말을 거는 경제학. 서울: 갈라파고스.
안해정, 박효원, 서예원, 윤종혁, 박환보, 조혜승, 황주희, 신연재, 박승희. (2020). 지속가능개발목표 (SDGs) 달성을 위한 교육개발협력 연구 (IV): 교육형평성 제고 전략. 한국교육개발원.
안해정, 박효원, 윤종혁, 서예원, 정재원, 박환보, 장은하, 조순옥, 김신애. (2021). 지속가능개발목표 (SDGs) 달성을 위한 교육개발협력 연구 (V): 문해교육 실천 전략. 한국교육개발원.
안해정, 서예원, 김미숙, 윤종혁, 최정윤, 김철희, 박환보, 주인중, 이샛별. (2018). 지속가능개발목표 (SDGs) 달성을 위한 교육개발협력 연구 (II): 직업교육훈련 (TVET) 실천전략. 한국교육개발원.
안해정, 서예원, 윤종혁, 곽재성, 김선주, 박환보, 채재운, 최동주, 조혜진. (2019a). 지속가능개발목표 (SDGs) 달성을 위한 교육개발협력 연구 (III): 고등교육 실천 전략. 한국교육개발원.
안해정, 서예원, 이동엽, 방용환, Soth, S., & Samsideth, D. (2019b). 신남방 정책 추진을 위한 캄보디아와의 교육개발협력 방안: 초등교원 역량 강화를 중심으로 (OR2019-02). [KEDI] 연구보고서, 1-180.
안해정, 서예원, 최정윤, 김미숙, 윤종혁, 김창환, 이기석, 문무경, 박환보, 신윤정, 윤철경, 조지민, 김지윤. (2017). 지속가능개발목표 (SDGs) 달성을 위한 교육개발협력 연구 (I): 기초교육 실천 전략. 한국교육개발원.
에버렛 로저스 (2005). 개혁의 확산, 서울: 커뮤니케이션북스.
외교부. (2022). 인도네시아 개황. (ISSN 2005-4009)
유석춘. (1994). 필리핀의 사회제도: 가족, 종교, 교육. 동남아시아연구, 3, 91-126.
유성상, 유은지, 박인영. (2015), "한국교육발전론(1945-2000): 국가발전에 관한 오천석과 정범모의 교육의 역할을 중심으로". 미발간 서울대학교 BK21 플러스 연구발표자료, 2015년 8월 22일, 서울대학교.
유성상, 이재준, 남유진. (2014). 역량기반 대학교육 담론의 한계 및 대안적 논의 탐색. 평생학습사회, 11(2), 21-52.
유성상, 정봉근, 강규원. (2017). 국제교육개발협력 이론과 쟁점. 파주: 교육과학사.
유성상. (2007). 베트남의 교육현황 및 발전과제. 한국교육개발원.
유성상 (2014). '국제교육개발협력담론: 왜, 무엇을, 어떻게 할 것인가?'. 국제개발협력학회(KAIDEC) 춘계학술대회 발표자료.
유성상. (2019). 개발도상국의 마을교육공동체. 심성보, 김용련, 강연택, 김영철, 이영란, 박성희 외 (편), 마을교육공동체운동: 세계적 동향과 전망 (pp. 297-327). 서울: 살림터.
이상호, 이덕재. (2008), 불평등의 재검토, 서울: 한울아카데미.
이석희. (2007). 아시아 개발도상국가와의 교육협력에 관한 연구 (Ⅰ): 아시아 개발도상국가의 교육 실태 분석 (RR2007-28). [KEDI] 연구보고서, 1-472.
이홍우. (2009). 교육의 개념, 서울: 교육과학사.
장상호. (1997). 교육발전론 재검토. 교육원리연구, 2(1), 214-245.
정범모. (1968). 교육과 교육학. 서울: 배영사.
정용교. (2010). 필리핀 학교교육의 실태와 특징: 산베다 학교교육을 중심으로. 동남아시아연구, 20 (2), 101-133.
제프리 삭스. (김현구 역). (2006). 빈곤의 종말 (The End of Poverty), 서울: 21세기북스.
조정윤, 김민규, 이재준. (2022). 직업교육훈련(TVET) 분야 ODA 후속사업 발굴 연구. 한국산업인력공단.
존 듀이 (이홍우 역) (1996). 민주주의와 교육. 서울: 교육과학사.
채재은, 박환보. (2017). 교육 ODA 중장기 기본계획 수립을 위한 기초연구. 서울: 한국연구재단.
천유진. (2020). Higher Education Institutions as Gendered Organization: A Case Study of the Government Universities in Myanmar. 박사학위논문, 서울대학교, 서울.
카렌 암스트롱 (정영목 역). (2010). 축의 시대. 종교의 탄생과 철학의 시작. 서울: 교양인.
피터스, R. S. (이홍우 역) (1981). 윤리학과 교육, 서울: 교육과학사.
필립 맥마이클. (조효제 역) (2013). 거대한 역설: 왜 개발할수록 불평등해지는가. 서울: 교양인. (원저 2012년 출판)

한국국제협력단 ODA 연구원. (n.d.). 네팔 교육분야 현황. https://www.oda.go.kr/opo/cmcd/comm/downloadFile.do?P_STRE_FILE_NM=3A900E7C-F48A-509C-D0D7-5362BA0AA947.pdf

한국국제협력단. (2016). 미얀마 국가협력 전략. 성남: 한국국제협력단.

한국국제협력단. (2017). 파키스탄 UNESCO 소녀들의 기초교육권리 확충을 위한 교육역량 강화사업. 심층기획조사 결과보고서. 한국국제협력단 서남아태평양실.

한국국제협력단. (2022). 네팔 국가협력전략. http://www.odakorea.go.kr/articleFile/countryProfile/CPS/2022/NPL.pdf.

한국수출입은행. (2023). 2023 세계국가편람. 서울: 한국수출입은행.

홍문숙. (2017). Contextualizing Dropout Experiences of Youth Migrants in Transitional Myanmar. 박사학위논문, 서울대학교, 서울.

홍재우. (2014). 미얀마 종족갈등의 연대기: 좌절된 민주주의와 실패한 종족공동체. 국제지역연구, 18 (1), 53-84.

훼거랜드 & 사하 (윤정일, 강무섭 역). (1986). 교육과 사회발전. 서울: 대영문화사. (원저 1983년 출판)

웹사이트

Abbasi, K. (2015.04.22.). New report reveals one-tenth of all children enrolled in madressahs. DAWN. https://www.dawn.com/news/1177473

Abu Dhabi Department of Education and Knowledge (ADEK). (n.d.). Pakistani Curriculum. Department of Education and Knowledge. AEDK. https://www.adek.gov.ae/en/Education-System/Private-Schools/Curriculum/Pakistani-Curriculum.

Aung, M. H., Steinberg, D. & Aung-Thwin, M. A. (2024.01.12.). Myanmar. Britannica. https://www.britannica.com/place/Myanmar

Bari, F. (2019.05.03.). Higher education budget cuts. DAWN. https://www.dawn.com/news/1479952

Briones, L. M. (2019.12.03.). Secretary Briones' speech on the launch of

Sulong Edukalidad. Department of Education.
https://www.deped.gov.ph/2019/12/04/sulong-edukalidad/

Dalrymple, W. (2015.06.22.). The Great Divide: The violent legacy of Indian partition. The New Yorker.
https://www.newyorker.com/magazine/2015/06/29/the-great-divide-books-dalrymple

Dilas, D. B., Cui, J., & Trines, S. (2018.04.03.). Education System Profiles: Education in Nepal. WENR.
https://wenr.wes.org/2018/04/education-in-nepal

Evason, N., Memon, I. & Saeed, H. G. (2016). Pakistani culture. Cultural Atlas.
https://culturalatlas.sbs.com.au/pakistani-culture/pakistani-culture-family

Hunter, R. (2020.02.25.). Education in Pakistan. WENR.
https://wenr.wes.org/2020/02/education-in-pakistan

Inayat, N. (2019.03.06.). New Pakistani leader's education aims may include reining in religious schools. Religion News Service.
https://religionnews.com/2019/03/05/pakistani-prime-ministers

International Association for Language Education Policy Studies (INLEPS) (n.d.). Nepal Language Education Policy. Language Education Policy Studies.
http://www.languageeducationpolicy.org/regionasia/nepal.html

Liller, S. (2022.09.27.) Human Development Report 2021-22: Takeaways for Bangladesh. UNDP.
https://www.undp.org/bangladesh/blog/human-development-report-2021-22-takeaways-bangladesh

Malik, R. (2016.12.11.). Understanding and Responding to Disadvantage in Education. Devpakblog.
https://devpakblog.com/2016/12/11/understanding-and-responding-to-disadvantage-in-education/

Pakistan Bureau of Statistics. (n.d.). Agriculture Statistics. Pakistan Bureau of Statistics. https://www.pbs.gov.pk/content/agriculture-statistics

Pun, S. (2018.08.19.). Monastic schools: Filling a gap in the education

system. Frontier.
https://www.frontiermyanmar.net/en/monastic-schools-filling-a-gap-in-the-education-system/

Save the Children. (2022.01.01.). *Myanmar: Number of children out of school more than doubles in two years*. reliefweb.
https://reliefweb.int/report/myanmar/myanmar-number-children-out-school-more-doubles-two-years

Shahzad, F. (2017.10.16.). Colonial impact on our mindsets. The Express Tribune. TRIBUNE.
https://tribune.com.pk/story/1533047/colonial-impact-mindsets

Sigdel, B. (2020.5.22.). [전문가오피니언] 네팔의 경제 현황 및 전망. KIEP.
https://www.kiep.go.kr/aif/issueDetail.es?brdctsNo=303456&mid=a30200000000&search_option=ALL&search_keyword=&search_year=&search_month=&search_tagkeyword=&systemcode=02&search_region=&search_area=1&currentPage=7&pageCnt=10

Statista Research Department. (2023.12.21.). *Education in Indonesia - statistics & facts*. statista.
https://www.statista.com/topics/9229/education-in-indonesia/?#topicHeader__wrapper

TheAsiaN. (2019.03.18.). [아시아 교육제도-네팔] 공사립 격차 줄이며 초중등 교육개혁 안간힘…학교 '정치화' 숙제. TheAsiaN.
http://kor.theasian.asia/archives/204912

UNESCO Institute for Statistics (UIS). (2018). *Unleashing the potential of a young Pakistan*. Human Development Reports.
https://hdr.undp.org/content/unleashing-potential-young-pakistan

World Bank. (2009.09.29.). *Nepal: Community Management Rekindles Schooling*. The World Bank IBRD-IDA.
https://documents.worldbank.org/en/publication/documents-reports/documentdetail/678131467998256979/nepal-community-management-rekindles-schooling

World Bank. (2022b.04.05.) *The World Bank In Indonesia - Overview*. The

World Bank.
https://www.worldbank.org/en/country/indonesia/overview#1
World Bank. (2023a.10.04.). *The World Bank In Pakistan - Overview*. The World Bank. https://www.worldbank.org/en/country/pakistan/overview
World Bank. (2023b.10.04.) *The World Bank In Bangladesh-Overview*. The World Bank. https://www.worldbank.org/en/country/bangladesh/overview
대외경제정책연구원. (2021.05.17.). **캄보디아, 공교육 초고속 인터넷 환경 정비**. KIEP https://www.kiep.go.kr/aif/newsBriefDetail.es?systemcode=03&brdctsNo=315942&mid=a30100000000.
대외경제정책연구원. (2022.10.7.). **[이슈트렌드] 방글라데시 경제, 높은 성장률에도 여전히 취약하다는 평가 받아**. KIEP.
https://www.kiep.go.kr/aif/issueDetail.es?brdctsNo=336766&mid=a30200000000&systemcode=02
류찬영. (2022.08.19.). **잘 알려지지 않은 네팔 국가정보**. KOTRA.
https://dream.kotra.or.kr/kotranews/cms/news/actionKotraBoardDetail.do?SITE_NO=3&MENU_ID=410&CONTENTS_NO=1&bbsGbn=242&bbsSn=242&pNttSn=196145
스리랑카대사관. (2020.08.). **2020 8월 스리랑카 개황 06 사회문화교육**. 주스리랑카 대한민국 대사관.
https://overseas.mofa.go.kr/lk-ko/brd/m_2402/view.do?seq=1302319&page=1
외교부. (2019.11.22.). **캄보디아 개황**. 외교부.
https://www.mofa.go.kr/www/brd/m_4099/view.do?seq=367598
장준영. (2021.01.29.). **[이슈트렌드] 캄보디아, 인적자원 개발 노력 계속**. EMERiCs. https://www.emerics.org:446/issueDetail.es?brdctsNo=311993&mid=a10200000000&systemcode=03

찾아보기

인명

내용

『ㄱ』

『 ㅇ 』

『ㅈ』

『 ㅊ 』

『 ㅋ 』

『 ㅌ 』

『 ㅍ 』

『 ㅎ 』

『 기타 』

저자 약력

유성상

서울대학교 교육학과 및 대학원 글로벌교육협력전공의 교수다. 개도국과의 교육개발협력을 전문연구영역으로 삼고 있으며, 사하라이남 아프리카, 동남아시아, 남아시아, 라틴아메리카의 개도국과의 개발협력사업에 참여하고 있다. 저서로는 "교육과 국제개발협력", "국제교육개발협력: 이론과 쟁점" 등이 있으며 다수의 교육관련 역서가 있다.

방용환

건양대학교 국제교류원 교수로 고등교육 국제화 및 국제개발협력 교육분야(고등교육, TVET, 교육정책)를 연구하고 있으며, 다수의 교육분야 개발협력사업(교육부, KOICA, UNESCO, World Bank, UNICEF)에 참여하고 있다. 연구 및 사업 대상지역으로는 동남아시아(캄보디아)를 중점적으로 다루고 있다. 국제개발협력분야 K-MOOC 묶음강좌 'Roadmap to International Development Cooperation (RIDC)과 Global Education Cooperation Development(GECD)'개발 책임교수로 K-MOOC 강좌를 운영하고 있다.

박경희

우석대학교 교육학과의 교수다. 평생교육과 세계시민교육을 연구하고 있으며, 지역사회 고등·평생교육사업에 참여하고 있다. 주요 논문으로는 "Relationship between educational mismatches and job satisfaction: evidence from Korean young employees' lifelong learning", "University faculty's informal learning and professional reflections" 등 다수가 있다.

김가형

서울대학교 학습과학연구소 선임연구원이다. 국제교육개발협력 분야에서 교육과 발전, 다양한 지역 및 공간에서의 교육 가능성, 그리고 기술과 매체를 활용한 교육 확장을 주요 연구 영역으로 삼고 있다. 동남아시아와 아프리카에서 다양한 교육개발협력 프로젝트에 활발히 참여하고 있으며, 개발도상국의 ICT 교육 통합과 포용적 교육을 위한 비형식 교육의 가능성을 주제로 연구와 실천을 병행하고 있다.

모두를 위한 양질의 교육

2024년 12월 25일 1판 1쇄 인쇄
2024년 12월 30일 1판 1쇄 발행

저 자 : 유성상, 방용환
박경희, 김가형

발행자 : 한 정 주
발행처 : 교육과학사

경기도 파주시 광인사길 71
전화(031)955-6956~8/팩스(031)955-6037
Home-page : www.kyoyookbook.co.kr
E-mail : kyoyookbook@daum.net
등록 : 1970년 5월 18일 제2-73호

낙장 · 파본은 교환해 드립니다.
Printed in Korea.

정가 22,000 원
ISBN 978-89-254-1992-3

이 연구는 2022년도 서울대학교 아시아연구소 저술지원사업의 지원을 받아 수행되었음.